自然科学基础知识

学习指要

主编　周　劼　贺春梅
审稿　李星太

重庆大学出版社

图书在版编目(CIP)数据

自然科学基础知识学习指要 / 周劼, 贺春梅主编
. -- 重庆 : 重庆大学出版社, 2021.5(2023.8 重印)
ISBN 978-7-5689-1507-6

Ⅰ.①自… Ⅱ.①周… ②贺… Ⅲ.①学前教育—自
然科学—高等学校—教学参考资料 Ⅳ.①G613.3

中国版本图书馆 CIP 数据核字(2021)第 039559 号

自然科学基础知识学习指要

ZIRAN KEXUE JICHU ZHISHI XUEXI ZHIYAO

主 编 周 劼 贺春梅
策划编辑:唐启秀
责任编辑:杨育彪 版式设计:唐启秀
责任校对:王 倩 责任印制:张 策
*
重庆大学出版社出版发行
出版人:陈晓阳
社址:重庆市沙坪坝区大学城西路 21 号
邮编:401331
电话:(023) 88617190 88617185(中小学)
传真:(023) 88617186 88617166
网址:http://www.cqup.com.cn
邮箱:fxk@ cqup.com.cn (营销中心)
全国新华书店经销
重庆升光电力印务有限公司印刷
*
开本:787mm×1092mm 1/16 印张:15 字数:361 千
2021 年 5 月第 1 版 2023 年 8 月第 3 次印刷
ISBN 978-7-5689-1507-6 定价:39.80 元

编 委 会

前 言

2011年教育部在浙江省和湖北省率先开展教师资格“国考”改革试点工作，从2015年开始，教师资格考试已实行了全国统考。新形势下，完善并严格实施幼儿教师职业准入制度，是建设高素质、专业化教师队伍的重要措施。目前，中等职业学校作为幼儿教师职前教育的主要阵地，在幼儿教师的培养上发挥着重要作用。

“自然科学”是学前教育专业课程体系中的基础学科，包含《物理》《化学》《生物学》《地理》相关常识。这门课程的目标是帮助学生掌握简单的自然常识，并能运用自然科学知识解释日常生活中的一些自然现象，认识科学、技能、社会、环境的关系，增强社会责任感，形成科学的世界观、人生观和价值观，建立假设、探究、推理等思维方法。为了贯彻落实《中国教育现代化2035》和《教育部关于开展中小学和幼儿园教师资格考试改革试点的指导意见》，适应当前幼儿师范教育改革的要求和发展，让学生更好地掌握“自然科学”的相关知识和原理，我们编写了《自然科学基础知识学习指要》辅助练习材料，旨在帮助学生构建本学科知识体系，并通过大量的练习来加深理解和记忆，帮助学生应对各种考试，为其将来的实际工作打下坚实的理论基础。

本书结合《中小学和幼儿园教师资格考试标准(试行)》《幼儿园教育指导纲要(试行)》《幼儿园教师专业标准(试行)》《3—6岁儿童学习与发展指南》等相关文件要求，以毕毓俊主编、高等教育出版社出版的《自然科学基础知识》为编写依据，以篇的形式进行编写。本书分别编写了物理篇(含地理)、化学篇、生物篇、幼儿科学教育活动设计篇，各篇包括基本概念、知识要点、章节练习、模拟测试等。在“基本概念”和“知识要点”中，主要对本章节的基本概念和知识要点进行了总结与阐述，旨在帮助学生掌握和理解基本理论知识。根据学前教育转段职业技能测试和国家幼儿园教师资格考试的内容和形式要求，设计了大量形式丰富的练习题，各章节分别设有选择题、填空题、判断题、名词解释、简答题、计算题等，根据学生的学习特点和认知规律，遵循从简单到复杂的原则，逐步增加难度，让学生在反复训练中熟记和掌握相应的理论知识，提升实际运用能力。

本书由重庆市教育科学研究院周劼负责策划、重庆市云阳教师进修学院贺春梅主持编写并统稿，周诗明、白军、廖敏锋、汪志全、李源、赵福龙、陈萍、伍兰、冉江波、秦宗芳等老师在编写各章节练习题和模拟题方面做了大量工作。具体章节内容编写分工如下:重庆女子职业高级中学汪志全、重庆教育管理学校白军编写第一章,重庆市黔江区民族职业教育中心周诗明编写第二章,重庆市万州职业教育中心廖敏锋编写第三章,重庆市云阳教师进修学院贺春梅编写第一~三章检测题,重庆市万盛职业教育中心赵福龙、重庆市商务学校李源编写第四章及检测题,重庆市商务学校李源、重庆市荣昌职业教育中心陈萍编写第五章及检测题,重庆市永川职业教育中心伍兰、重庆市酉阳职业教育中心冉江波编写第六章及检测题,重庆市大足职业教育中心秦宗芳编写第七章;模拟测试题编写分工:秦宗芳编写模拟测试题一,赵福龙编写模拟测试题二,汪志全编写模拟测试题三,廖敏锋编写模拟测试题四,陈萍编写模拟测试题五,伍兰编写模拟测试题六,周诗明编写模拟测试题七,白军编写模拟测试题八,冉江波编写模拟测试题九,李源编写模拟测试题十,贺春梅编写模拟测试题十一。章节练习及模拟测试题参考答案见书末插页。

本书在编写过程中,参阅了大量的相关文献,在此,对文献作者表示衷心的感谢!由于编者水平有限,书中遗漏和瑕疵难以避免,敬请师生们在使用过程中提出意见和建议。

编　者

2020 年 9 月

目 录

物理篇

化学篇

生物篇

幼儿科学教育活动设计篇

物理篇

第一章

运动和力

第一节　简单的运动

■ 基本概念

1.**运动**:指一个物体相对于别的物体发生位置的改变。

2.**参照物**:在描述运动时假定不动的物体。

3.**质点**:在描述运动的过程中,在某些情况下为使问题简化,把物体看作一个有质量的点。

4.**位移**:指一个质点从起点指向终点的有向线段。线段的方向代表位移的方向,线段的长度代表位移的大小。

5.**矢量**:像位移这样既有大小又有方向的物理量。

6.**标量**:像路程这样只有大小没有方向的物理量。

7.**平均速度**:在变速运动中运动物体的位移和所用时间的比值。

8.**瞬时速度**:运动物体在某一时刻或通过某一位置时的实际速度。

知识要点

1.**关于运动和静止**:在宇宙空间中,万事万物都处于不停的运动变化之中,所以运动是绝对的,静止只是相对的。

【例】判断:小明说他坐在教室里一动不动,他是绝对静止的。(错误)

【解析】小明坐在教室里,在小明看来他和教室的位置没发生变化,所以他是静止的。但是放到宇宙空间中,小明生活在地球上,而地球每时每刻都在运动(自转和公转),所以小明又是运动的。小明的静止只是相对的,而运动是绝对的。

2.**参照物与物体运动状态的关系**:参照物是假定不动的物体。任何一个物体都可以被选作参照物。选择不同的参照物,会得出不同运动状态的描述。

【例】我们经常说"月亮被乌云遮住了",又说"月亮躲进了云层里",分别是选择什么为参照物?

【解析】“月亮被乌云遮住了”，是选定月亮为参照物，那么月亮保持静止，乌云和月亮之间发生位置的变化，乌云就是运动的。“月亮躲进了云层里”，是选定云层为参照物，那么云层保持静止，月亮就是运动的。可见，选择不同的参照物，会得出不同运动状态的描述。

3.**位移与路程的区别**：位移是矢量，既有大小，又有方向。路程是标量，只有大小，没有方向。在运动的过程中，位移始终小于等于路程。（两点之间，直线最短）

【例】已知 A 地到北京的直线距离为 4 000 km，假定乘坐飞机是沿直线飞行。现有甲乙两人都要从 A 地到北京去。甲乘坐高铁，时速为 300 km/h，花了 15 h 到达北京。乙乘坐飞机，花了 4 h 到达北京。请问甲乙两人经过的路程和发生的位移分别是多少？

【解析】甲经过的路程：300 km/h×15 h＝4 500 km

甲发生的位移：4 000 km（起点到终点的直线距离）

由于乙是做的直线运动，路程和位移相等，都是 4 000 km。

4.**平均速度和瞬时速度的区别**：平均速度描述的是整个运动过程的快慢，是位移与时间的比值。瞬时速度描述的是具体某一时刻的运动快慢。

【例】已知 B 地到北京的直线距离为 4 000 km，假定乘坐飞机是沿直线飞行。现有甲乙两人都要从 B 地到北京去。甲乘坐高铁，花了 10 h 到达北京。乙乘坐飞机，花了 4 h 到达北京。请问甲乙两人的平均速度分别是多少？

【解析】平均速度＝位移÷时间

甲的平均速度：4 000 km÷10 h＝400 km/h

乙的平均速度：4 000 km÷4 h＝1 000 km/h

5.**速率**：特指速度的大小。速率只有大小，没有方向，是标量。

练习题

★ 夯实基础

一、填空题

1.在“小小竹排江中游，巍巍青山两岸走”描述的场景中，前后两句分别是选择________、________为参照物。

2.我们坐在火车上，看到路旁的树和房屋高速地往后退。这时我们是选择________为参照物。

3.我们经常看到太阳东升西落，是以________为参照物。

4.人们生活在地球上，感觉不到地球在运动，这是因为我们相对于________是________的。

5.平时所说“月亮躲进了云层里”是以________为参照物，说“月亮被乌云遮住了”是以________为参照物。

6.坐船逆流而上，船上的人看到一座大桥迎面而来，这是以________为参照物。若他感到大桥向东运动，则以河岸为参照物，船是向________行驶的。

7.小明在公路上由北向南行走,一辆汽车由他身后向他前进的方向疾驶而过,那么小明相对于汽车是向________方向运动的。

8.小明在平直的跑道上跑步。他从 100 m 的起点跑到了终点。他发生的位移是________m,他跑过的路程是________m。

9.小明乘火车从重庆到北京,小东乘飞机也从重庆到北京。他们的出发点相同,终点也相同。他们两人运动过程中的________相同,________不同。

10.飞机从重庆飞往北京,要计算飞机飞行的平均速度,可以把飞机看作一个________。

11.物理学中,矢量指既有________,又有________的物理量。

12.物理学中,标量指只有________,没有________的物理量。

13.火车从重庆到天津的速度是 60 km/h,指的是________速度。列车经过一个隧道口的速度为 45 km/h,指的是________速度。

14.交通管理部门通常用抓拍的方法来限制超速行驶,抓拍的是车辆的________速度。交通管理部门通常还用区间测速的方式来限制超速行驶,请问区间测速测的是车辆的________速度。

二、判断题

1.只有静止的物体才能被当作参照物。 ( )

2.在描述同一个运动的过程中,我们可以同时选择两个参照物。 ( )

3.无论怎么选择参照物,静止的物体依然静止,运动的物体依然在运动。 ( )

4.路程始终大于位移。 ( )

5.两个物体的位移相同,路程不一定相同。 ( )

6.两个物体的路程相同,位移不一定相同。 ( )

7.一个运动的物体位移为零,路程也为零。 ( )

8.平均速度描述的是整个运动过程的快慢。 ( )

9.淘气以 10 m/s 的速度冲过终点线,这个速度是平均速度。 ( )

10.阳阳以 60 m/min 的速度走路去上学,这个速度是平均速度。 ( )

11.汽车驾驶室的速度指示仪指示的是汽车的即时速度。 ( )

12.甲乙两列并排停止的火车,突然甲车乘客感觉自己在倒退,那么可以判定乙车保持静止,甲车在后退。 ( )

三、选择题

1.小伟坐在从重庆开往成都的列车上,他说自己是静止的,则他选择的参照物是( )。

A.小伟自己　　B.小伟旁边的座位

C.窗外的树木　　D.车内走过的乘务员

2.兔子背着乌龟在陆地上奔跑,下列说法正确的是( )。

A.以地面为参照物,乌龟是静止的,兔子是运动的

B.以乌龟为参照物,兔子是运动的

C.以地面为参照物,乌龟和兔子都是运动的

D.以兔子为参照物,乌龟是运动的

3.一辆汽车正在高架桥上由南向北行驶,则( )。

A.以高架桥为参照物,该汽车是静止的

B.以该汽车为参照物,司机是运动的

C.以桥上路灯为参照物,司机向南运动

D.以司机为参照物,桥上路灯是运动的

4.观察图1-1-1中的烟和小旗,关于甲乙两车相对于房子的运动情况,下列说法中正确的是( )。

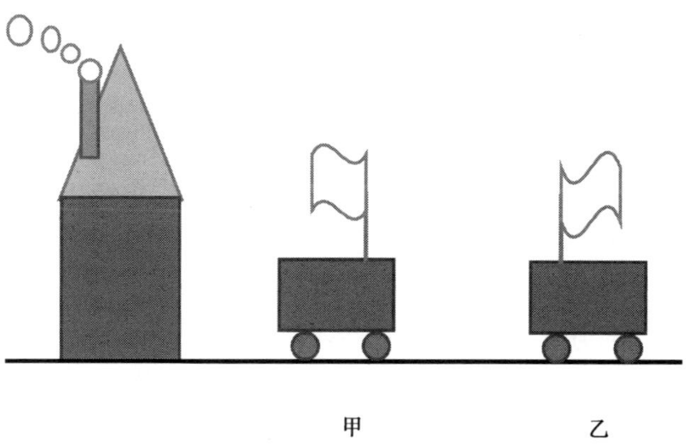

图1-1-1

A.甲车可能运动,乙车向右运动　　B.甲车可能静止,乙车向左运动

C.甲乙两车一定向左运动　　D.甲乙两车一定向右运动

5.下列各组物理量中,都是矢量的是( )。

A.位移、时间、速度　　B.速度、速率

C.速度、速度的变化　　D.路程、时间、位移

6.一个物体第一秒发生了2 m的位移,第二秒发生了3 m的位移,则下列说法正确的是( )。

A.物体的总位移一定大于2 m　　B.物体的总位移一定大于3 m

C.物体的总位移一定等于5 m　　D.无法判断

7.以下说法正确的是( )。

A.只有很小的物体才能视为质点

B.速度是矢量

C.研究物体运动时,只能以地面为参照物

D.一节课40 min,指的是下课时刻

8.以下关于平均速率和平均速度的说法正确的是( )。

A.平均速率等于平均速度

B.平均速率和平均速度都是矢量

C.平均速率和平均速度都是标量

D.平均速率等于路程和时间的比值,平均速度等于位移和时间的比值

★ **熟能生巧**

一、填空题

1.小明和小东一起乘车去春游,小勇站在大树下目送他们离开。小明看到________是运动的,________是静止的。小勇看到________是运动的,________是静止的。他们各自选择的参照物是________(选填"相同"或"不同")的。

2."月亮在白莲花般的云朵里穿行",是选择________为参照物。无云的夜晚,看到月亮停在天上一动不动,是因为____。

二、选择题

1.下列关于运动和静止的说法错误的是(　　)。

A.太阳的东升西落是机械运动

B.人造地球同步卫星相对于地球是静止的

C.小明家的房屋一直都是静止的

D.宇宙空间中的万事万物都处于不停的运动变化之中

2.在站台前有甲乙两列静止的火车,突然坐在乙车上的乘客发现站台和甲车都在以相同的速度运动,那么,他选择的参照物是(　　)。

A.甲车　　B.乙车　　C.站台　　D.无法判断

3.下列关于参照物的说法正确的是(　　)。

A.只有静止的物体才能被选作参照物

B.我们通常把研究对象选作参照物

C.参照物就是绝对静止的物体

D.选取不同的参照物,得到的结果可能不同

4.一列蒸汽火车沿平直轨道行驶,风自东向西吹,路边的人看到火车烟囱冒出的烟是竖直向上的,由此可以判断,火车的运动方向应该是(　　)。

A.自西向东　　B.自东向西　　C.静止不动　　D.无法确定

第二节　简单运动的规律

■ 基本概念

1.**匀变速直线运动**:做直线运动的物体,速度均匀地增大(或减小)的运动。在相等的时间内,速度的变化相等。

2.**加速度**:用来表征做匀变速直线运动的物体速度变化的快慢。加速度是用速度的

变化量与时间的比值来表示。加速度是矢量,它的方向跟初速度的方向相同或相反。

3.**匀加速直线运动**:做直线运动的物体,速度均匀地增大的运动。此时,加速度的方向跟初速度的方向相同。

4.**匀减速直线运动**:做直线运动的物体,速度均匀地减小的运动。此时,加速度的方向跟初速度的方向相反。

5.**自由落体运动**:物体只在重力作用下并在真空中从静止开始下落的运动。

6.**重力加速度**:物体受到重力作用产生的向下的加速度。方向是竖直向下,大小通常取9.8 m/s^2。

知识要点

1.**加速度的计算方法**:物体速度的改变量与所经历时间的比值。

$$计算公式: a=\frac{v_t-v_0}{t}(v_0\text{ 代表初速度},v_t\text{ 代表末速度})$$

2.**末速度的计算公式**:$v_t=v_0+at$

3.**位移公式**:$s=v_0t+\frac{1}{2}at^2$

推导过程:平均速度为 $\bar{v}=\frac{v_0+v_t}{2}=\frac{v_0+v_0+at}{2}=v_0+\frac{1}{2}at$

$$s=\bar{v}\cdot t=\left(v_0+\frac{1}{2}at\right)\cdot t=v_0t+\frac{1}{2}at^2$$

4.**自由落体运动的相关计算公式**:

$$物体下落的高度: h=\frac{1}{2}gt^2(g=9.8\ m/s^2)$$

$$自由落体运动的末速度: v_t=gt$$

【例】一名小学生在光滑的滑梯上端从静止开始下滑,滑梯长 3 m,用了 2 s 滑到末端,求他在滑行中的加速度和到达末端的速度。(忽略摩擦力)

【解析】小学生坐滑梯滑行,是在重力作用下做匀加速度直线运动,初速度为零,发生的位移为 3 m,时间为 2 s,根据位移公式 $s=v_ot+\frac{1}{2}at^2$ 代入相关物理量:

$$3\ m=0+\frac{1}{2}a\times(2\ s)^2=2a$$

$$a=1.5\ m/s^2$$

$$v_t=v_0+at=0+1.5\ m/s^2\times2\ s=3\ m/s$$

【例】一物体在一高楼的顶端从静止开始自由下落,经历了 3 s 落到地面。若不计空气阻力,则该楼高度为多少米?到达地面的速度为多少?

【解析】物体做自由落体运动,根据自由落体运动的下落高度计算公式:

$$h=\frac{1}{2}gt^2=\frac{1}{2}\times9.8\ m/s^2\times(3\ s)^2=0.5\times9.8\ m/s^2\times9\ s^2=44.1\ m$$

又根据自由落体运动的末速度计算公式：

$$v_t = gt = 9.8\ \text{m/s}^2 \times 3\ \text{s} = 29.4\ \text{m/s}$$

练习题

★ 夯实基础

一、填空题

1.做匀加速直线运动的物体，其加速度的方向跟________相________。

2.做匀减速直线运动的物体，其加速度的方向跟________相________。

3.做匀加速直线运动的物体，末速度________（选填“大于”“小于”或“等于”）初速度。

4.做匀减速直线运动的物体，末速度________（选填“大于”“小于”或“等于”）初速度。

5.做自由落体运动的物体的初速度为________。

6.做自由落体运动的物体到达地面时的速度为________（选填“最大值”或“最小值”）。

7.著名实验“一大一小两个铁球同时落地（忽略空气阻力）”告诉我们，物体在重力的作用下做自由落体运动，向下的加速度是________的（选填“相同”或“不同”），下落的时间跟物体的________无关。

二、判断题

1.物体的速度越大，物体的加速度就越大。（　　）

2.物体的加速度越大，物体的速度就越大。（　　）

3.初速度为零的物体，其加速度也为零。（　　）

4.物体的加速度代表速度的变化量。（　　）

5.物体的加速度代表速度变化的快慢。（　　）

三、选择题

1.关于匀变速直线运动，下列说法中正确的是（　　）。

A.相同时间内位移的变化相同　　B.相同时间内速度的变化相同

C.相同时间内加速度的变化相同　　D.相同路程内速度的变化相同

2.物体由静止开始做匀加速直线运动，加速度为 3 m/s²，5 s 后速度为（　　）。

A.6 m/s　　B.10 m/s　　C.15 m/s　　D.20 m/s

3.一个物体做匀加速直线运动，初速度为 5 m/s，加速度为 2 m/s²，10 s 后速度为（　　）。

A.10 m/s　　B.12 m/s　　C.20 m/s　　D.25 m/s

4.一物体做匀减速直线运动，初速度为 20 m/s，4 s 后静止，则其加速度大小为（　　）。

A.4 m/s²　　B.5 m/s²　　C.10 m/s²　　D.20 m/s²

四、计算题

1.一物体由静止做匀加速直线运动，加速度为 1 m/s^2，7 s 后发生的位移是多少？

2.一小球以 20 m/s 的速度沿光滑斜面向上做匀减速直线运动，加速度为 5 m/s^2。如果斜面足够长，当小球的速度减小为零时，经过了多长时间？

3.汽车正常行驶时速度为 30 m/s，关闭发动机后，开始做匀减速直线运动，2 s 后速度为24 m/s，求汽车的加速度。

★ 熟能生巧

一、选择题

1.下列说法正确的是(　　)。

A.加速度增大，速度一定增大　　B.速度变化量越大，加速度一定越大

C.物体有加速度，速度就增大　　D.物体的速度很大，加速度可能为零

2.在平直公路上，汽车以 15 m/s 的速度做匀速直线运动，从某时刻开始刹车，在阻力作用下，汽车以 2 m/s^2 的加速度做匀减速直线运动，最后停止不动，则从刹车到停止，汽车的位移为(　　)。

A.50 m　　B.56.25 m　　C.75 m　　D.150 m

3.一个物体从某一高度做自由落体运动，3 s 时间刚好落到地上，g 取 10 m/s^2，则它开始下落时距地面的高度为(　　)。

A.5 m　　B.15 m　　C.20 m　　D.45 m

二、计算题

1. 一个物体从 80 m 高处自由下落，那么：

(1)该物体经多长时间落到地面？

(2)到达地面的速度是多少?

(g 取 10 m/s^2)

2.一辆汽车以 90 km/h 的速率在学校区域内行驶,并且速率保持不变。当这辆违章超速行驶的汽车经过警车时,警车立即从静止开始以 2.5 m/s^2 的加速度追赶。求:

(1)警车出发多长时间后两车相距最远?

(2)警车何时能截获超速车?

(3)警车截获超速车时,警车的速率为多少?位移为多少?

第三节　牛顿第一定律

基本概念

1.**牛顿第一定律**:一切物体总保持匀速直线运动状态或静止状态,直到有外力迫使它改变这种状态为止。

2.**惯性**:物体具有保持原来的匀速直线运动或静止状态的性质。

概念解析

1.**牛顿第一定律的含义**:如果物体不受外力的作用,它的运动状态就不会改变,即原来是静止的将继续保持静止,原来是运动的还将以原来的速度运动下去。

【例】扔出一个小球让它在水平地面上沿直线向前滚动,速度为 v。假设地面是光滑的,不存在任何摩擦力和空气阻力,则小球会怎么运动?如果小球与地面之间存在摩擦力,结果又会是怎样的?

【解析】第一种情况,因为小球在水平面上不受外力作用,所以它会一直做匀速直线运动。第二种情况,因为小球在水平面上受到了摩擦力,所以它的速度会越来越慢,最后会停止。

2.**惯性的大小**:实验证明,质量是惯性大小的唯一量度。

【例】交管部门会对在高速公路上的车辆进行限速。现有一段高速路,对大车限速为

80 km/h，对小车限速为 120 km/h。同样的路段，为什么大车和小车的限速不一样？

【解析】因为物体的惯性大小与物体的质量有关：大车质量大，惯性大，如果速度太快，遇到紧急情况，很难及时停下来，就会酿成大祸；反之，小车质量小，惯性小，尽管车速较快，但是遇到紧急情况，更容易停下来。所以对大车和小车的速度限制是不一样的。

3.**在平衡态的箱体空间中物体的运动状态分析**：当物体在匀速运动的空间中随其做匀速直线运动时，物体在该空间内相对于该空间的所有运动形式和该空间静止时的运动情况相同。

【例】在一艘做匀速直线运动的游轮上，某同学朝各个方向用相同的力进行立定跳远，则下列说法中正确的是(　　)。

A.朝与游轮运动方向一致的方向跳得最远

B.朝与游轮运动方向相反的方向跳得最远

C.朝与游轮运动方向一致的方向跳得最近

D.朝各个方向跳的距离都一样

【解析】由于游轮是做匀速直线运动的，这位同学在游轮上也做匀速直线运动，他和游轮之间保持相对静止状态。所以无论他在游轮上朝哪个方向跳，跳的距离都是一样的，因此答案选 D。

练习题

★ 夯实基础

一、选择题

1.关于惯性的理解和现象解释，以下说法正确的是(　　)。

A.高速飞行的子弹具有惯性，穿入木头静止后惯性消失

B.汽车驾驶员和前排乘客系安全带，是为了减小汽车行驶中人的惯性

C.行驶中的公交车紧急刹车时，乘客会向前倾，是由于惯性力的作用

D.百米赛跑运动员到达终点不能马上停下来，是由于运动员具有惯性

2.如图 1-3-1 所示，小车上的木块突然向左倾倒，发生这一现象的原因是(　　)。

A.小车突然向左运动

B.小车突然向右运动

C.向右运动的小车突然停下

D.以上原因都有可能

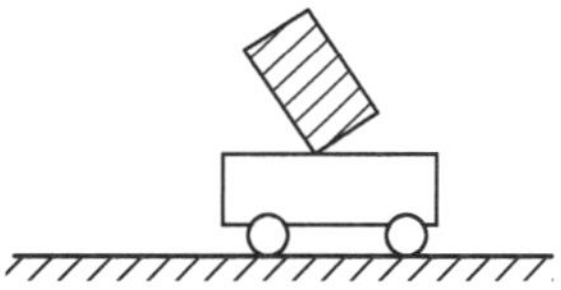

图 1-3-1

3.小明乘船在桂林旅游时，在船向前匀速行驶的过程中看到了远处美丽的象鼻山，激动地从船板上竖直向上跳了起来，如图 1-3-2 所示，下列说法正确的是(　　)。

A.他会落入船尾侧水中，因为船有惯性

B.他会落到原起跳点之前，因为人有惯性

图 1-3-2

C.他会落在原起跳点,因为人有惯性

D.如果起跳时船正做减速运动,他有可能落入船尾侧水中

4.从 2011 年 3 月 19 日 18 时 45 分起,法国、美国、英国等西方国家开始对利比亚实施代号为“奥德赛黎明”的军事打击,如图 1-3-3 所示,从一架沿水平方向匀速飞行的飞机上先后落下三颗炸弹,在不计空气阻力的条件下,在炸弹未落地之前,站在地面上的人看到飞机和三颗炸弹的运动情况是(　　)。

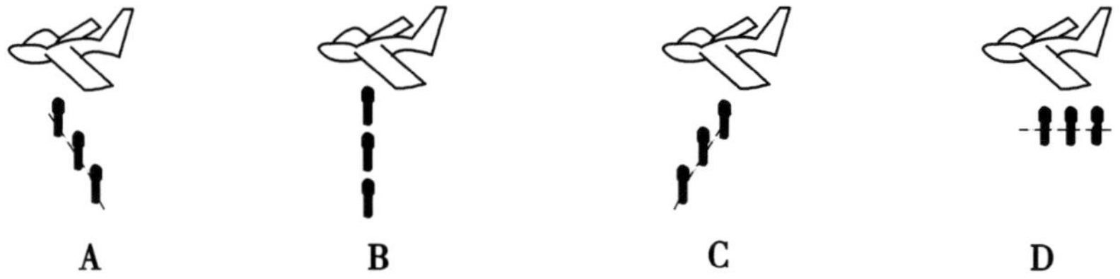

图 1-3-3

5.关于惯性,下列说法正确的是(　　)。

A.人走路时没有惯性,被绊倒时有惯性

B.汽车行驶时有惯性,停车后没有惯性

C.系安全带可以减小驾驶员的惯性

D.一切物体在任何情况下都有惯性

二、填空题

1.如图 1-3-4 所示是一颗子弹一瞬间将水珠击穿时的情景,这一过程的瞬间,水珠的上半部分由于________仍保持原来的位置不动。

图 1-3-4

2.如图 1-3-5 所示,甲图中盛有水的烧杯随小车一起水平向右做匀速直线运动,当烧杯中的水面出现如图乙所示的状态时,则小车此时正在做________(选填“加速”“减速”或“匀速”)直线运动,做出上述判断的根据是水具有________。

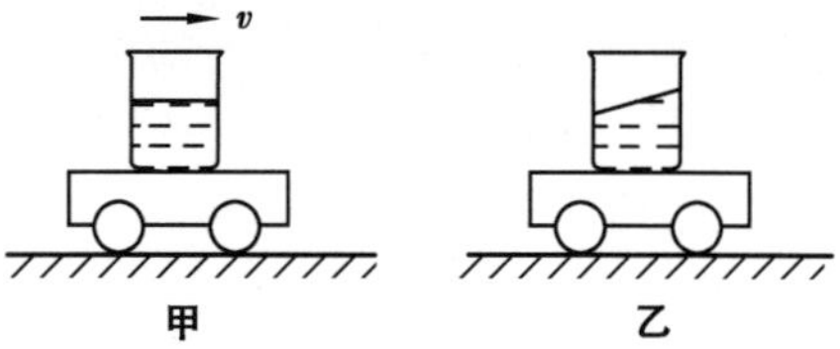

图 1-3-5

3.如图 1-3-6 所示,在一辆表面光滑的小车上,放有质量分别为 m_1、m_2 的两个小球,随车一起做匀速直线运动。当车突然停止运动后,两小球________(选填“会”或“不会”)相碰。(设车无限长,其他阻力不计)

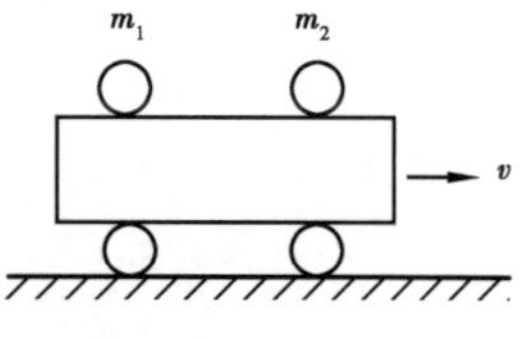

图 1-3-6

三、简答题

1.如图 1-3-7 所示，将扑克牌盖在玻璃杯上，再把 1 元的硬币放在扑克牌上，用手指迅速将扑克牌水平弹出，硬币会怎样？请用学过的物理知识解释这一现象。

图 1-3-7

2.如图 1-3-8 所示，这组照片如实记录了一位骑车人因自行车前轮突然陷入一个水坑而倒地的过程，请用学过的物理知识解释此情景。

图 1-3-8

★ 熟能生巧

一、填空题

1.要想改变物体的运动状态，必须对物体施以________的作用，力是________物体运动状态的原因。

2.物体从________变为运动或从________变为静止，物体速度的________或________发生变化，都叫作运动状态的改变。

3.一切物体在没有受到外力作用的时候，总保持______________或______________，这就是牛顿第一定律，又叫作________。

4.当汽车突然启动的时候，由于乘客具有________，他会向跟车行________的方向倾倒；向北行驶的汽车突然刹车时，车上的乘客会向________倾倒。

5.沿水平方向匀速飞行的轰炸机，要击中地面目标，应在________（选填“目标正上方”或“到达目标上方前”）投弹。

6.在平直公路上匀速行驶的汽车受到的阻力________（选填“大于”“小于”或“等于”）汽车的牵引力。

7.用钢丝绳系上一个重力为 500 N 的物体，当钢丝绳拉着它匀速上升时，绳对物体的拉力是________ N,当钢丝绳拉着物体静止时,绳对物体的拉力是________ N,当钢丝绳拉着物体以 2 m/s 的速度匀速下降时,绳对物体的拉力是________ N。

8.放在水平桌面上静止的物体,受到________和________两个力的作用,它们的施力物体是________和________,这两个力的关系是________。

9.重力为 10^4 N 的车厢,在 10^3 N 水平拉力的作用下做匀速直线运动,车厢受到的阻力是________ N;若将拉力增大,则车厢速度将________(选填"增大""减小"或"不变");若拉力减小,则车厢速度将________(选填"增大""减小""不变")。

二、选择题

1.下列实例中有关惯性的说法正确的是(　　)。

A.短跑运动员跑到终点时不能立刻停下是因为运动员具有惯性

B.汽车驾驶员在驾驶汽车时系上安全带是为了减小自然的惯性

C.以较大速度运动的物体停下来比较困难说明惯性与速度有关

D.跳远运动员助跑起跳是为了增大惯性

2.下列情形中哪个情景跟惯性无关?(　　)

A.运动员投出篮球,离开手后篮球在空中继续运动

B.骑自行车刹车时,人会向前倾

C.短跑运动员比赛时穿钉鞋

D.行驶的列车在发动机熄火后,滑行进入车站

3.骑自行车行驶太快,容易造成交通事故,这是因为(　　)。

A.运动快,所以惯性大,因此难停下来

B.刹车时产生的惯性不够大,所以难停下来

C.由于惯性,即使紧急刹车,也需要向前运动一段距离才能停下来

D.由于受到惯性力的作用,自行车难以停下来

4.下列提示语中,不是为了防止惯性带来危险的是(　　)。

A.珍爱生命,远离酒驾　　B 车辆起步,站稳扶好

C.学校路段,减速慢行　　D.保持车距,安全行驶

5.关于惯性,以下说法正确的是(　　)。

A.百米赛跑运动员到达终点时不能马上停下来,是由于运动员具有惯性

B.汽车驾驶员和乘客需要系上安全带,是为了减小汽车行驶中人的惯性

C.行驶中的公交车紧急刹车时,乘客向前倾,是由于惯性力的作用

D.高速公路上车辆严禁超速,是因为速度越大惯性越大

6.系安全带可以减小因汽车紧急刹车对人员造成的伤害,下列说法正确的是(　　)。

A.刹车时人的惯性会消失

B.刹车时人的惯性会增大

C.刹车时人会受到向前的惯性力

D.刹车时人由于惯性会向前倾

7.关于惯性,下列说法正确的是(　　)。

A.速度大的物体不能很快地停下来,是因为物体速度越大,惯性越大

B.小球在做自由落体运动时,没有惯性

C.乒乓球的运动状态容易改变,是因为乒乓球的惯性较小

D.物体受到的外力越大,惯性越小;受到的外力越小,惯性越大

8.下列几种事例中,利用惯性的是(　　)。

A.成熟的苹果从树上掉下来

B.小车驾驶员系上安全带

C.锤头松了,把锤柄的一端在物体上撞击几下

D.跳伞运动员落地前打开降落伞

9.下列现象中,不能用惯性知识解释的是(　　)。

A.拍打衣服时,灰尘脱离衣服

B.人从行驶的车上跳下来容易摔倒

C.短跑运动员到达终点后不能立即停下来

D.用力将物体抛出去,物体最终要落到地面

10.公安部门要求小型客车的驾驶员和前排乘客必须使用安全带,汽车安全带的作用是(　　)。

A.防止惯性的产生

B.防止汽车启动时把人从后面甩出去

C.防止汽车速度突然增大时,人向前"冲去"

D.急刹车时,对人体运动起到缓冲作用

★ 综合运用

一、选择题

1.正在运动着的物体,如果它所受的一切外力同时消失,那么它将(　　)。

A.立即停下来　　B.先慢下来,然后再停下来

C.改变运动方向　　D.沿原来的运动方向做匀速直线运动

2.关于力和运动的关系,下列说法中正确的是(　　)。

A.力是维持物体运动状态的原因

B.力是改变物体运动状态的原因

C.只有在力的作用下物体才能运动

D.只要有力作用在物体上,物体的运动状态就一定改变

3.物体在平衡力的作用下,下列说法中哪个正确?(　　)

A.物体一定处于静止状态

B.物体一定做匀速直线运动

C.物体的运动状态一定发生变化

D.物体的运动状态一定不发生变化

4.下列现象中,不属于惯性现象应用的是(　　)。

A.用手拍打衣服上的灰尘

B.锤头松了,将锤柄在地上撞几下

C.运动员采用助跑跳远

D.骑自行车时为了减速捏车闸

5.我国公安部规定,小型客车前排的司机和乘客都应系上安全带,这主要是为了减轻在下列哪种情况出现时,可能对人体造成伤害?(　　)

A.车速太快　　B.车速太慢　　C.突然启动　　D.紧急刹车

二、简答题与计算题

1.人跑步时,当脚碰到障碍物会摔倒,这是为什么?

2.重力为 10^4 N 的汽车在公路上做匀速直线运动,它受到的阻力是车重的 0.03 倍,则汽车发动机产生的牵引力是多大?

第四节　力和重力

基本概念

1.**力**:指物体对物体的作用。

2.**重力**:物体由于受到地球的吸引而产生的力。

知识要点

1.**力的作用总是相互的**:力总是成对出现的,有施力物,也有受力物,二者也可以互相转化。力的单位是牛顿(N)。

【**例**】判断:放在水平地面上的桌子只受到地面对它的支持力,这个力是单独存在的。(错误)

【解析】水平地面上的桌子,同时受到重力和地面对它的支持力。重力的施力物体是地球,受力物体是桌子;支持力的施力物体是地面,受力物体也是桌子。这一对力是平衡力,大小相等,方向相反,作用在同一物体上。所以桌子保持静止状态。

2.**力的三要素:**力的大小、方向、作用点。

【例】图 1-4-1 画出水平地面上静止的桌子的受力情况。

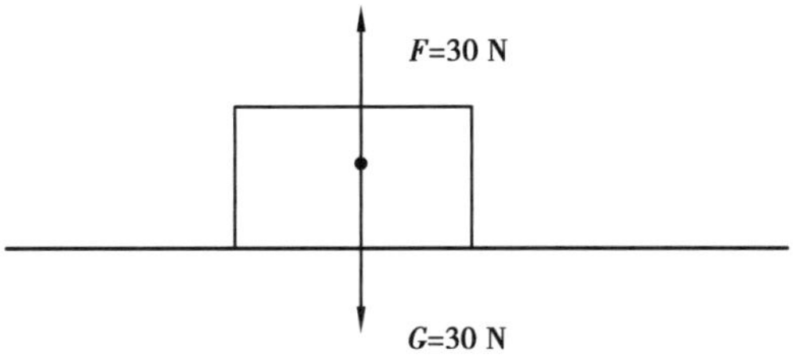

图 1-4-1

3.**重力的方向总是竖直向下的:**可用此特点制成重锤线。

4.**重心:**重力的作用点。重心与物体的形状和质量分布有关。形状改变,重心会跟着改变;质量分布改变,重心也会跟着改变。

【例】一块砖头,重心在它的几何中心,如果削掉砖头的一个角,那么它的重心就会发生改变,就会偏离它的几何中心。

一根圆柱形柱子,下半端由钢筋和水泥铸造而成,上半端是由木质材料制成,那么这根圆柱的重心就不在它的几何中心,而是靠近密度分布较大的那一端。

练习题

★ 夯实基础

一、填空题

1.宇宙间任何两个物体,大到天体之间,小到灰尘之间,都存在________的力,这就是________。

2.________________叫作重力,地球上的所有物体,都会受________作用。

3.已知物体的质量,计算物体受到的重力的公式是________,其中 G 表示物体的________,它的单位是________,m 表示物体的________,它的单位是________,公式表示的物理意义是____。

4.g =________,它的物理意义是____。

5.重力为 2 N 的物体放在手掌中,对物体施力的物体有________和________;手向上运动再突然停止,物体被竖直上抛,此时物体受到________个力的作用,施力物体为________。(空气阻力不计)

6.一物体在月球上所受重力等于地球上所受重力的 1/6,将 12 kg 的物体放到月球上，其质量为________ kg，重力为________ N。

7.建筑房屋时，用来检查墙壁是否竖直的重锤线是根据________________制成的。

8.质量是 10 kg 的木块放在斜面上，则它受到的重力是________ N，方向为________，施力物体是________，受力物体是________。

9.起重机要吊起 100 kg 的钢件，使其向上以 1 m/s 的速度做匀速直线运动，钢丝绳受到的拉力为________，若让物体以 2 m/s 的速度匀速上升，钢丝绳受到的拉力为________。

10.重力为 5 N 的电灯，由灯绳吊着在竖直方向静止不动，电灯受________力和________力作用，施力物体分别是________和________，这两个力的关系是__________。

二、判断题

1.氢气球放开后会升上天空，所以空中飞行的气球不受重力。 (　　)

2.质量为 2 kg 的物体受到的重力是 19.6 N。 (　　)

3.力并不总是成对出现，物体受到的重力就不是成对出现。 (　　)

4.因为宇宙间的任何两个物体间都存在万有引力，所以两个桌子间也存在万有引力。 (　　)

5.假如没有重力，人用脚一蹬地就会离开地球。 (　　)

三、选择题

1.下列说法中正确的是(　　)。

A.放在支持面上的物体，其所受重力的方向总是与支持面垂直

B.树上的苹果在下落时受到重力，落到地面后静止时不受重力作用

C.重力产生的原因是地球的吸引

D.地球吸引物体，物体不吸引地球

2.从手中推出的铅球，在空中飞行时，若不计空气阻力，它受到的力是(　　)。

A.重力和推力　　B.重力　　C.冲力　　D.惯性力

3.一只鸡蛋的重力接近于(　　)，一个中学生的重力大约是(　　)。

A.5 N　　B.50 N　　C.500 N　　D.0.5 N

4.一个铁球沿斜面滚下，铁球所受重力的方向是(　　)。

A.沿斜面向下　　B.垂直于斜面向下

C.竖直向下　　D.以上三种说法都不对

5.关于重力，下列说法正确的是(　　)。

A.物体受到的重力，跟它所含物质的多少成正比

B.物体受到的重力大小跟常数 g 成正比

C.物体受到的重力和物体的质量是一回事，不必加以区别

D.不同物体受到的重力跟它的质量的比值是不相等的

6.关于物体的重心，下列说法中正确的是(　　)。

A.任何有规则形状的物体，它的几何中心必然与重心重合

B.重心就是物体内最重的一点

C.重心总是在物体上,不可能在物体之外

D.重力在物体上的作用点,叫作物体的重心

四、作图题

1.如图 1-4-2 所示,斜面上物体的质量是 5 kg,画出物体受到的重力。

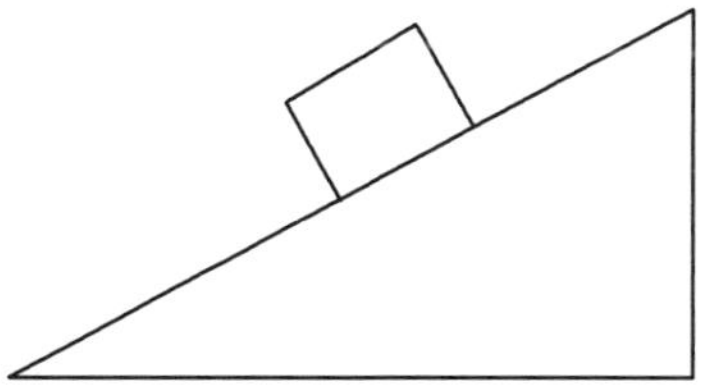

图 1-4-2

2.如图 1-4-3 所示,物体的重力是 20 N,试画出物体所受的力。

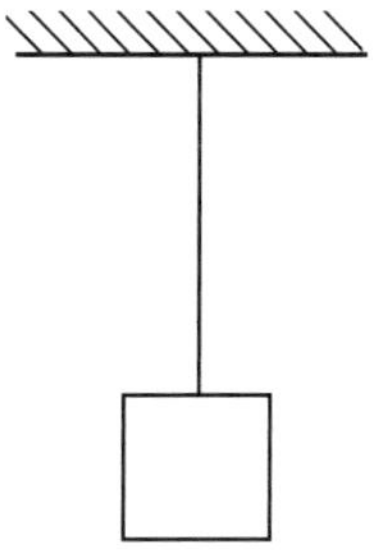

图 1-4-3

五、计算题

质量是 500 g 的物体,能否用量程为 0~5 N 的弹簧秤测量其重力?

★ 熟能生巧

一、选择题

1.如果没有重力作用,下列哪个现象不会发生?(　　)

A.河里的水不会流动　　B.玻璃杯摔而不碎

C.杯中的水倒不进嘴　　D.大山压顶不弯腰

2.实验室中的物品,重力约为 1 N 的是(　　)。

A.一枚一元硬币　B.两个鸡蛋　C.三枚回形针　D.四张实验桌

3.关于 $g=9.8$ N/kg 的物理意义,下列说法正确的是(　　)。

A.1 kg 等于 9.8 N

B.g 的大小是一个定值,保持不变

C.1 kg 的物体在地球上受到的重力为 9.8 N

D.1 N 等于 9.8 kg

4.一个物体重 2 N,那么,在下列情况下它受到的重力不是 2 N 的是(　　)。

A.将它竖直向上抛起　　B.将它放到水里,它浮起

C.将它放到月球或木星上　　D.将它放到高速行驶的列车上

5.下列关于重心的说法中,正确的是(　　)。

A.物体所受重力的作用点叫作重心

B.物体在重心处才受到重力作用

C.形状规则的物体,重心在它的几何中心上

D.球体的重心总在球心上

二、填空题

1.用绳提一物体,绳对物体的拉力的方向是________的;绳对人的手的拉力的方向是________的。

2.如图 1-4-4 所示,小球重为 G,放在两光滑平面间,其中一个平面水平,另一平面倾斜,与水平方向的夹角为 60°,则球对斜面的压力为________。

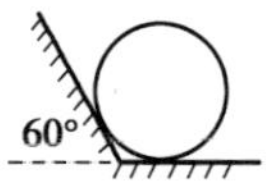

图 1-4-4

★ 综合运用

一、选择题

1.利用铅垂线和三角尺判断桌面是否水平,如图 1-4-5 所示的做法正确的是(　　)。

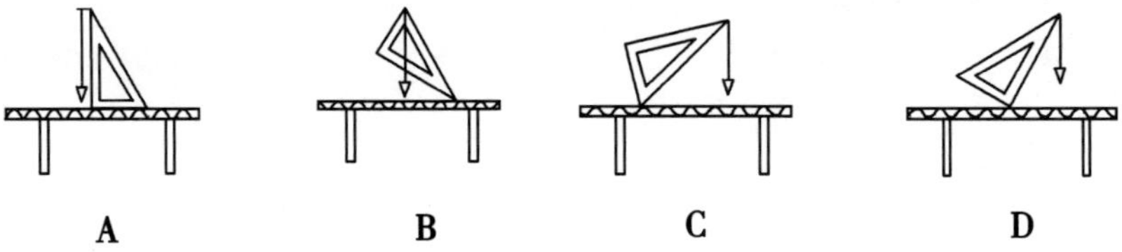

图 1-4-5

2.关于"不倒翁"不倒的原因正确的是(　　)。

A.重心很高　　B.重心很低

C.重心不在物体上　　D.里面有特殊装置

3.图 1-4-6 中,能正确表示物体所受重力与质量关系的是(　　)。

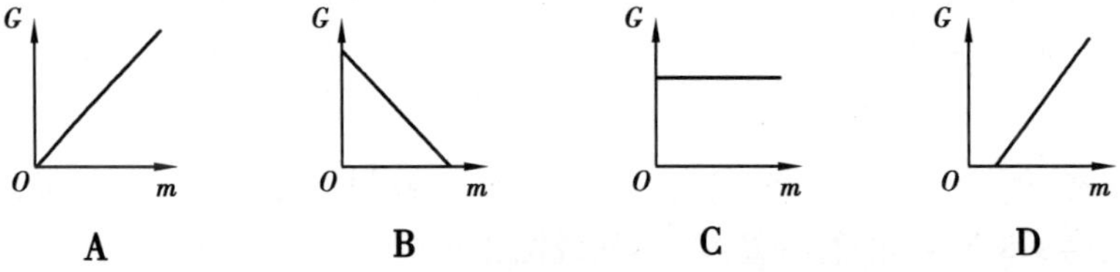

图 1-4-6

幼儿教育学学习指要（第2版）
幼儿心理学学习指要（第2版）
自然科学基础知识学习指要
幼儿卫生学学习指要

物理篇

第一章　运动和力

第一节　简单的运动

【夯实基础】

一、填空题

1.河岸　竹排

2.火车

3.地球

4.地球　静止

5.云层　月亮

6.船或船上的人　西

7.由南向北

8.100　100

9.位移　路程

10.质点

11.大小　方向

12.大小　方向

13.平均　瞬时

14.瞬时　平均

二、判断题

1.×　2.×　3.×　4.×　5.√　6.√　7.×　8.√　9.×　10.√　11.√　12.×

三、选择题

1.B　2.C　3.D　4.B　5.C　6.D　7.B　8.D

【熟能生巧】

一、填空题

1.小勇(或大树)　小东　车(或小明和小东)　大树　不同

2.云朵　天空中没有明显的参照物作对比

二、选择题

1.C　2.B　3.D　4.B

第二节　简单运动的规律

【夯实基础】

一、填空题

1.运动方向　同

2.运动方向　反

3.大于

4.小于

5.0

6.最大值

7.相同　质量

二、判断题

1.×　2.×　3.×　4.×　5.√

三、选择题

1.B　2.C　3.D　4.B

四、计算题

1.解析：

$S_7=\frac{1}{2}a\cdot 7^2=\frac{1}{2}\times 1\times 49=24.5(\text{m})$

2.解析：由 $v_0=at$ 得 $t=v_0\div a=20\div 5=4(\text{s})$

3.解析：由 $a=\frac{v_t-v_0}{t}=\frac{24-30}{2}=-3(\text{m/s}^2)$

【熟能生巧】

一、选择题

1.D

2.B

解析：由 $v_t^2-v_0^2=2aS$　得 $S=\frac{v_t^2-v_0^2}{2a}=\frac{0-15^2}{2\times(-2)}=56.25(\text{m})$

3.D

解析：$h=\frac{1}{2}gt^2=\frac{1}{2}\times 10\times 3^2=45(\text{m})$

二、计算题

1.解析：$h=\frac{1}{2}gt^2$

代入数据得 $t=4$ s

$$v=gt=10\times 4=40(\text{m/s})$$

2.解析：90 km/h = 25 m/s

(1)警车速度小于汽车速度时，两车距离在不断增加；警车速度大于汽车速度时，两车的距离在不断减小；只有当警车速度恰好等于汽车速度时，两车距离最远。$v_{警}=at=v_{汽}$　$2.5t=25$　$t=10$ s

(2)设追上车辆花时间为 t,这时,警车的位移 $S=\frac{1}{2}at^2$

违章车的位移 $S=25t$

$\frac{1}{2}\times2.5t^2=25t$

$t=20$ s

(3)$v_t=at=2.5\times20=50$(m/s)

$S=25\times20=500$(m)

第三节　牛顿第一定律

【夯实基础】

一、选择题

1.D　2.B　3.C　4.B　5.D

二、填空题

1.惯性

2.减速　惯性

3.不会

三、简答题

1.答:硬币会掉入水杯中。因为扑克牌和硬币最初都处于静止状态,当扑克牌瞬间受力水平弹出时,硬币由于惯性还会保持原来的静止状态,所以失去了扑克牌的支撑就会掉入水杯中。

2.答:因为在开始状态,人和自行车都保持同一速度向前运动,当自行车前轮突然陷入水坑停止运动时,由于惯性人和车身还会保持原来的快速运动,所以会向前摔倒在地。

【熟能生巧】

一、填空题

1.力　改变

2.静止　运动　大小　方向

3.匀速直线运动　静止状态　惯性定律

4.惯性　相反　北

5.到达目标正上方前

6.等于

7.500　500　500

8.重力　支持力　地球　桌面　平衡力

9.10^3N　增大　减小

二、选择题

1.A　2.C　3.C　4.A　5.A　6.D　7.C　8.C　9.D　10.D

【综合运用】

一、选择题

1.D　2.B　3.D　4.D　5.D

二、简答与计算题

1.答:因为人跑步时,全身都处于快速运动状态。当脚下碰到障碍物停止运动时,由于惯性人的身体还会保持原来的快速运动,所以人会向前摔倒。

2.解析:

由于汽车做匀速直线运动,它受到的是平衡力,它受到的阻力与牵引力相等。

$$F = f = 10^4 \times 0.03 = 300(\mathrm{N})$$

第四节　力和重力

【夯实基础】

一、填空题

1.相互作用　万有引力

2.物体由于受到地球的引力而产生的力　重力

3.$G=mg$　重力　N　质量　kg　物体受到的重力与它的质量成正比

4.9.8 N/kg　1 kg 的物体受到的重力为 9.8 N

5.地球　手掌　1　地球

6.12 kg　19.6

7.重力的方向总是竖直向下

8.98　竖直向下　地球　木块

9.980 N　980 N

10.重　拉　地球　灯绳　大小相等,方向相反,作用在同一直线上

11.800 N

二、判断题

1.×　2.√　3.×　4.√　5.√

三、选择题

1.C　2.B　3.D　C　4.C　5.A　6.D

四、作图和实验题

1.
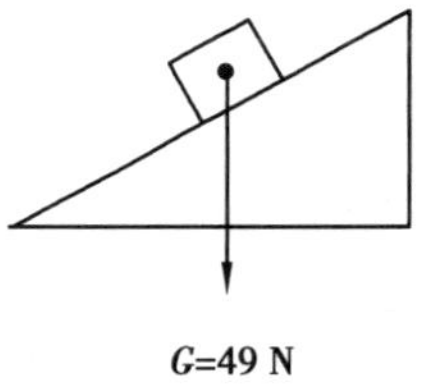

2.
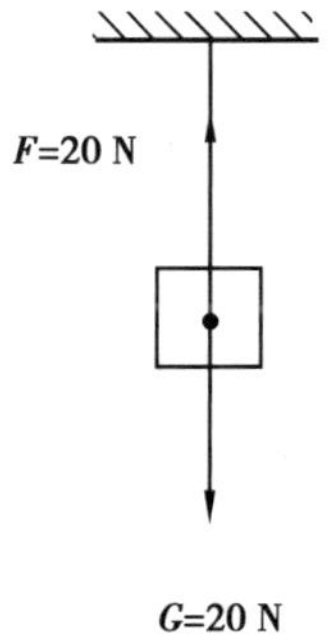

五、计算题

解：$G=mg=0.5\times9.8=4.9$ N

因此可以用量程为0~5 N的弹簧秤测量它的重力。

【熟能生巧】

一、选择题

1.B　2.B　3.C　4.C　5.A

二、填空题

1.竖直向上　竖直向下

2.0

【综合运用】

一、选择题

1.A　2.B　3.A　4.D

二、简答题和计算题

1.解：钢板的总体积：

$v = 2\times1\times0.01\times10 = 0.2\ (m^3)$

钢板的质量：$m = \rho V=7.8\times10^3\times0.2 = 1.56\times10^3$(kg)

钢板的重力：$G=mg=1.56\times10^3\times9.8\approx 1.53\times10^4$(N)

绳子承受的拉力大于所有钢板的重力，这根绳子可以提起这些钢板。

2.答：这是利用重力的方向是竖直向下的原理制成的。如果所测平面是水平的，则重锤线静止时必定竖直向下，它将与木板上的画线重合。如果所测平面不是水平的，则重锤线静止时必然偏离原来的画线。当重锤线向画线左侧偏离时，表明所测平面左低右高；重锤线向画线右侧偏离时，表明所测平面左高右低。

第五节　弹力和摩擦力

【夯实基础】

选择题

1.C　2.C　3.B　4.A　5.C　6.D

【熟能生巧】

一、填空题

1.弹性形变

2.弹簧的量程　大　长　弹簧秤

3.竖直向下　重锤线

4.发生在两个相互接触的物体之间的阻碍相对运动或相对运动趋势的力

5.重心

6.大　正压力　大　容易　光滑　小

7.滚动　滚动摩擦力　滑动摩擦力

8.3 920　左　不变

9.0.5　2 000

10.10 cm

11.弹簧受到500 N的拉力时伸长1 m　0.4

二、选择题

1.B　2.C　3.D　4.C　5.A

三、计算题

解：

物体 A 对地面的压力：100−40＝60(N)

弹簧的伸长量：40÷500＝0.08(m)

【综合运用】

一、选择题

1.D　2.C　3.A

二、填空题

1.(1)增大　增大摩擦系数

(2)减小　减小摩擦系数

(3)减小　减小正压力

(4)增大　滚动摩擦小于滑动摩擦

2.小　不变

3.静止　静摩擦力　40　运动　滑动摩擦力　50

第六节　力的合成与分解

【夯实基础】

一、判断题

1.×　2.×　3.×　4.√　5.√

二、作图题

1.

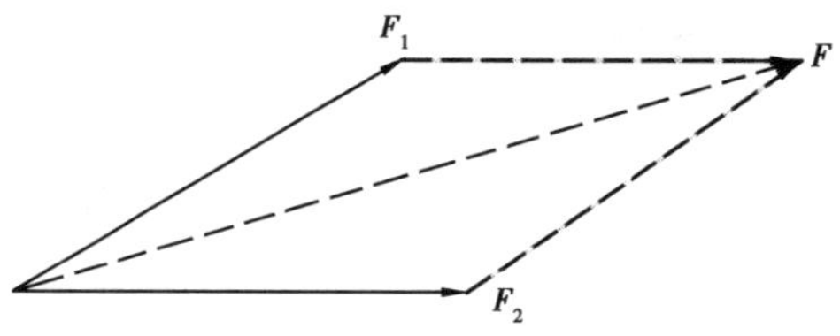

图 1-6-2

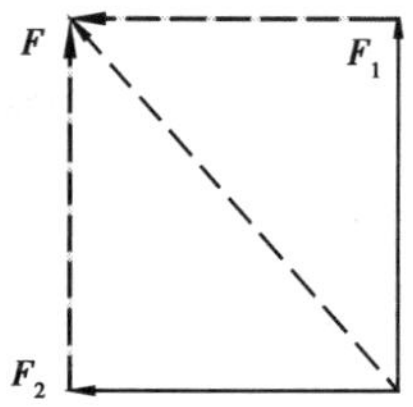

图 1-6-3

2.

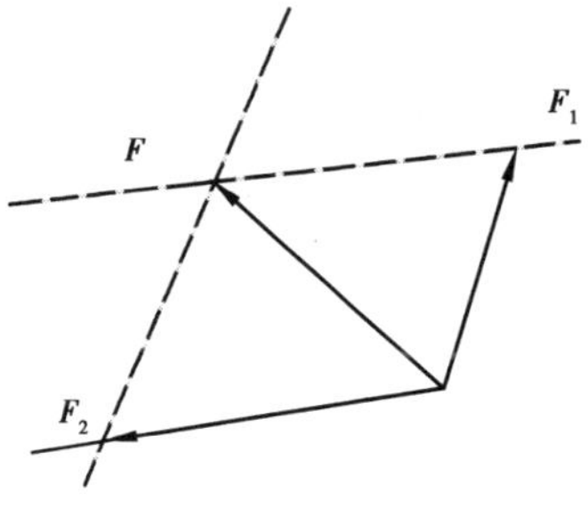

图 1-6-4

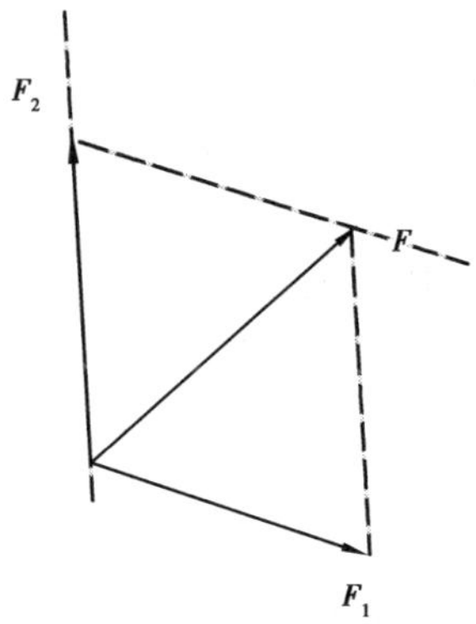

图 1-6-5

【熟能生巧】

一、选择题

1.C　2.D　3.C　4.C　5.B

二、填空题

1.4 N　向左

2.12 N　2 N

3.5 N　直角三角形

4.6 N　4 N

【综合运用】

1.E　2.9 N　0 N　8 N

第七节　牛顿第二定律

【夯实基础】

一、选择题

1.B　2.D　3.D　4.B　5.C

二、判断题

1.×　2.×　3.×　4.√　5.×

三、计算题

1.10 m/s^2　2.25 m/s^2

【熟能生巧】

一、选择题

1.A　2.B　3.C　4.C　5.A

二、填空题

1.变化快慢　m/s^2

2.正比　反比　合外力方向

3.2.5 kg　F_2

4.2 m/s^2　120 N

三、计算题

1.6 m/s^2　3 N　2.2.5 kg

【综合运用】

1.48 N　2.120 N　15 kg

第八节　牛顿第三定律

【夯实基础】

一、填空题

1.作用力　反作用力

2.相等　相反　同一条直线

3.相等　相反　同一条直线

4.不同　产生　消失　性质

二、选择题

1.C　2.D　3.D　4.A　5.A

【熟能生巧】

一、选择题

1.B　2.A　3.D　4.D　5.D

二、判断题

1.√　2.×　3.×　4.√　5.×

【综合运用】

选择题

1.C　2.C　3.C　4.D

第九节　动量

【夯实基础】

选择题

1.C　2.C　3.C　4.B

【熟能生巧】

一、填空题

1.速度　时间

2.越小　越大

二、判断题

1.×　2.×　3.×　4.×　5.√

三、选择题

1.D　2.D　3.B

第十节　超重和失重

【夯实基础】

一、填空题

1.等于　大于　超重　小于　失重

2.不变

3.超重　向上

二、判断题

1.×　2.×　3.√　4.√　5.×

三、选择题

1.C　2.A　3.B　4.C　5.C

【熟能生巧】

一、选择题

1.C　2.C　3.C　4.A　5.D

二、计算题

1 171.8 N

【综合运用】

1.500 N　2.600 N　3.350 N　4.0

第一章检测题（一）

一、填空题

1.一切

2.形状　大小　质点

3.竖直向下

4.静止　匀速直线运动

5.改变

6.力

7.零　重力加速度(g)

8.上　下　下　g

二、选择题

1.A　2.D　3.A　4.C　5.A　6.B　7.C　8.A　9.B　10.B

三、判断题

1.×　2.√　3.√　4.×　5.×　6.×　7.√　8.√　9.√　10.×

四、综合题

1.略

2.解：由自由落体运动公式 $h=\frac{1}{2}gt^2=\frac{1}{2}\times10\times3^2=45$ m

第一章检测题（二）

一、填空题

1.绝对　相对

2.几何中心　悬挂法

3.邻边　对角线　平行四边形法则

4.受力物体

5.质量

6.大小相等　方向相反

7.两个　同一

8.相同　相反

二、选择题

1.D　2.C　3.C　4.D　5.B　6.D　7.B　8.B　9.A　10.D

三、判断题

1.√　2.√　3.×　4.×　5.√　6.×　7.×　8.√　9.×　10.×

四、综合题

1.略

2.解：由牛顿第二定律得：$F_{合}=ma=(25+5)\times2=60$ N

第二章　电与磁的初步知识

第一节　电荷　电荷之间的相互作用　静电感应　放电现象

【夯实基础】

一、填空题

1.两　正　负　电荷量

2.电荷量　距离　连线

3.点电荷

4.强弱

5.电场力

6.排斥　吸引

二、名词解释

略

【熟能生巧】

一、填空题

1.强　弱

2.强　弱

二、选择题

1.C　2.A　3.C

三、综合题

略

【能力提升】

一、填空题

1.$2F$

2.$\frac{F}{4}$

二、选择题

1.A　2.B　3.A

第二节　导体和电流

【夯实基础】

一、填空题

1.正电荷　直流电

2.自由电子

3.阻碍

4.温度　长度　横截面积

5.电压　电阻

二、选择题

1.C　2.C　3.D　4.D　5.D　6.A

【熟能生巧】

一、填空题

1.自由电子　负离子

2.绝缘体

3.半导体

4.电流强度　电流

5.大　长度　横截面积

二、选择题

1.C 2.C 3.B 4.D 5.A

三、综合题

$L=30$ m

【能力提升】

一、选择题

1.D 2.A 3.D

二、判断题

1.× 2.√ 3.× 4.× 5.×

三、综合题

1.16 Ω

2.3 A

第三节 电功 电功率

【夯实基础】

一、填空题

1.内能 机械能 化学能 光能

2.内能

3.2 700 J

4.55 A 48.4 Ω 1 000 W 6 kW · h 2.16×10^7 J

5.正比 $Q=I^2Rt$

6.$60\sqrt{2}$ C

7.5

8.60.5

二、选择题

1.A 2.C 3.B 4.A 5.A 6.C

【熟能生巧】

一、填空题

1.1 936 6.25 W 暗些

2.40 W 24 000

二、选择题

1.C 2.D 3.C

【能力提升】

一、选择题

1.B 2.B 3.C 4.C 5.C 6.C

二、判断题

1.× 2.× 3.× 4.× 5.×

三、综合题

解:暑假:1.5×5×45=337.5 kW · h

寒假:2.5×12×60=1 800 kW · h

共:337.5+1 800=2 137.5 kW · h

电费:2 137.5×0.8=1 710 元

第四节 电路的简单连接

【夯实基础】

一、填空题

1.两个电阻并列连接　相同的电压

2.电压　电流

3.1∶1　2∶1　2∶1

4.电压表　并联　大

5.5 Ω　5 Ω

二、选择题

1.D　2.B　3.D　4.C　5.A　6.A

【熟能生巧】

一、填空题

1.4∶9

2.电压　电流相等

3.正比　阻值　功率

4.电压相等　电流　倒数

5.反比　阻值　功率

二、判断题

1.×　2.√　3.×　4.√　5.×

【能力提升】

一、选择题

1.C　2.A　3.D　4.D

二、综合题

(1)解:由欧姆定律知:$I=\frac{U}{R_1+R_2}=\frac{12}{4+2}=2\ \mathrm{V}$

(2)$R_{总}=5\ \Omega$　$I=2.4\ \mathrm{A}$

第五节 闭合电路欧姆定律　安全用电　有关磁的知识

【夯实基础】

判断题

1.√　2.√　3.×　4.√　5.×　6.×　7.×　8.√　9.×　10.×　11.×

【熟能生巧】

判断题

1.×　2.×　3.√　4.×　5.√　6.×

【能力提升】

判断题

1.×　2.√　3.×　4.×　5.√　6.×　7.×　8.√　9.√

第二章检测题（一）

一、填空题

1.排斥　吸引

2.强弱　强　弱

3.正电荷　相反

4.功

5.电流　电压

6.靠近　接触

7.2∶1　1∶1

8.$I=\frac{U}{R}$

二、选择题

1.A　2.C　3.C　4.B　5.C　6.A　7.D　8.B　9.B　10.A

三、判断题

1.√　2.√　3.×　4.×　5.×　6.×　7.×　8.×　9.×　10.√

四、综合题

1.略

2.解：由 $U=IR$ 得 $U=110\times0.2=22$ V

第二章检测题（二）

一、填空题

1.电场　B 的电场

2.尖端放电

3.正比　反比　$R=\rho L/S$

4.电量多　电量少

5.正　负

6.正比　反比　库仑定律

7.1∶1　1∶2

二、选择题

1.C　2.C　3.C　4.B　5.B　6.A　7.C　8.C　9.D　10.C

三、判断题

1.√　2.×　3.×　4.√　5.√　6.×　7.√　8.×　9.×　10.×

四、综合题

1.解：根据 $P=\frac{U^2}{R}$ 得 $R=\frac{U^2}{P}$

所以 $R_1=\frac{220^2}{40}=1\ 210\ \Omega$

所以 $R_2=\frac{220^2}{100}=484\ \Omega$

2.略

第三章 物质结构 能量守恒 天文知识初步

第一节 机械能

【夯实基础】

一、选择题

1.D 2.D 3.D 4.C 5.D

二、填空题

1.物体受到力的作用 沿力的方向移动一段位移

2.2 500 J

3.12.5 J

三、判断题

1.√ 2.√ 3.×

四、简答题

1.功:在物理学中,当一个物体受到力的作用并在力的方向上发生一段位移,我们说这个力对物体做了功。

2.功的物理意义:做了多少功,就有多少能量发生了转化,功是能量转化的量度。

3.机械能守恒定律:在只有重力做功的情况下(即没有摩擦和其他阻力),物体发生动能和势能的转化时,机械能的总量保持不变。

【熟能生巧】

一、选择题

1.C 2.C 3.D 4.D 5.D

二、填空题

1.增大 减小 不变

2.做功

3.70 J

三、判断题

1.× 2.√ 3.×

【综合运用】

一、选择题

1.A 2.C 3.D 4.C 5.B

二、填空题

1.减小 增大 不变 减小 不变 减小

2.0 500

三、判断题

1.× 2.√ 3.×

四、简答题

因为使劲拍皮球就增加了皮球的初速度,从而增加了皮球的机械能,所以跳起的高度比原位置还高。

第二节　分子的运动　内能

【夯实基础】

一、选择题

1.C　2.D　3.D

二、填空题

1.内

2.减少　热传递

三、判断题

1.×　2.×

四、名词解释

分子热运动:物体里的分子在永不停息地做着无规则运动,由于这种无规则运动的剧烈程度跟物体的温度有着密切的关系,因此通常把分子的无规则运动叫作分子热运动。

【熟能生巧】

一、选择题

1.C　2.A　3.D

二、填空题

1.热传递　缓慢

2.升高　做功

三、判断题

1.√　2.×

【综合运用】

一、选择题

1.D　2.A　3.D

二、填空题

1.温度　温度　剧烈

2.内　机械

三、判断题

1.×　2.×

四、简答题

布朗粒子的线度越小,表面积越小,在某一瞬间跟它相撞的分子数越少,颗粒受到的来自各方向的冲击力就越不平衡。另一方面,随着颗粒线度的减小,它的体积和质量比表面积减小得更快,因而冲击力引起的加速度更大。所以颗粒越小,布朗运动越显著。

第三节　能量的转化和守恒定律

【夯实基础】

一、选择题

D

二、填空题

电能　内能

三、判断题

√

四、名词解释

能量的转化和守恒定律：能量既不能凭空产生，也不能凭空消失，它只能从一种形式转化为别的形式，或者从一个物体转移到别的物体。

【熟能生巧】

一、选择题

B

二、填空题

能量既不能凭空产生，也不能凭空消失，它只能从一种形式转化为别的形式，或者从一个物体转移到别的物体。

三、判断题

√

【综合运用】

一、选择题

D

二、判断题

×

三、简答题

符合。发动机熄火后的这一过程中，在摩擦力的作用下，汽车逐渐停了下来，所以汽车将自身具有的动能转化为内能。

第四节　太阳家族——太阳系　太阳

【夯实基础】

一、选择题

1.C　2.C

二、填空题

1.哥白尼

2.水星

三、判断题

1.×　2.√

四、名词解释

万有引力定律：宇宙间任何两个质点，都彼此相互吸引，引力的大小与它们质量的乘积成正比，而与它们之间距离的平方成反比。

【熟能生巧】

一、选择题

1.D　2.C

二、填空题

1.光球层　色球层　日冕层

2.土星

三、判断题

1.√　2.×

【综合运用】

一、选择题

1.B　2.B

二、判断题

1.√　2.×

三、综合题

由 $t=s/v$ 可算出约需要 29 920 000 h，即 3 415 年时间才能到达。

第五节　地球　地球卫星

【夯实基础】

一、选择题

1.A　2.B

二、填空题

1.地壳　地幔　地核

2.扁球　赤道　两极

三、判断题

1.√　2.×

四、简答题

为了调整历法年的平均长度，使其与回归年的长度相符合，有时就需要调整个别月份的长度或增加一年中的月数。这个被调整的月份或增加的月份就被称为“闰月”。在中国传统的阴阳历中以朔月的长度 29.530 6 日为 1 个月的平均值，全年 12 个月，同回归年的长度 365.242 2 日相差约 10 日 21 时，需要置闰，使阴阳历各个月份和天象物候保持对应的关系。我国古六历中用 3 年闰 1 个月，5 年闰 2 个月，19 年闰 7 个月的闰月法，每逢闰年所加的月便称为“闰月”。

【熟能生巧】

一、选择题

1.D　2.B

二、填空题

1.珠穆朗玛峰

2.西　东

三、判断题

1.√　2.×

【综合运用】

一、选择题

1.C　2.C

二、填空题

1.观测天体、预报气象、广播通信、空中城郭

2.公转

三、判断题

1.√　2.×

四、简答题

在 19 个阴历年中设 12 个平年，每年为 12 个朔望月，设 7 个闰年，每一闰年为 13 个朔望月。这就是说，19 年中总共 12×12+13×7＝235 个朔望月，总共的日数为 29.530 6×235＝6 939.691 0，另外，19 个太阳年的总日数为 365.242 2×19＝6 939.601 8 日，比较总日数，相差仅为 0.089 2 日。

第六节　日食和月食　恒星　四季星空

【夯实基础】

一、选择题

1.A　2.A

二、填空题

1.六千多　2.88

三、判断题

1.√

2.×

四、名词解释

星座：古代人为了观察方便，把天上的星星分类编组，以明亮的星星为主，用想象的线条连接起来，把天空划分为许多区域，称为星座。

【熟能生巧】

一、选择题

1.C　2.A

二、填空题

1.生光

2.狮子座

三、判断题

1.√　2.√

【综合运用】

一、选择题

1.D　2.B

二、判断题

1.×　2.√

三、简答题

由于地球的体积大、本影很长，最短时也可达到 1 360 000 km，这比月球和地球之间的距离大得多，所以，发生月食时，月球只能进入地球的本影内，而永远也不会进入地球的伪本影中去，即永远不会有月环食发生。

第三章检测题（一）

一、填空题

1.受到力　在力的方向上发生位移

2.温度　温度　剧烈

3.分子的扩散

4.电　机械

5.能量　转化过程　能量　转化　量度

6.能量不能凭空产生

7.做功

二、选择题

1.C　2.C　3.D　4.A　5.B　6.A　7.C　8.B　9.C　10.D

三、判断题

1.√　2.×　3.×　4.√　5.×　6.×　7.×　8.×　9.√　10.√

四、综合题

1.答：虽然做功和热传递在改变物体的内能上是等效的，但是它们之间还是有本质的区别。做功使物体的内能改变，是其他形式的能和内能之间的转化。热传递则不同，它是物体间内能的转移。

2.答：日食发生时，根据月球圆面同太阳圆面的位置关系，可以分为 5 个阶段，分别是初亏、食既、食甚、生光、复圆。

第三章检测题（二）

一、填空题

1.凭空产生　凭空消失　转化　转移　总量

2.日珥　氢气流

3.世界屋脊

4.昼夜的交替　四季的变换

5.没有　无法

6.朔　望

7.距离的二次方

二、选择题

1.C　2.C　3.D　4.C　5.A　6.B　7.C　8.D　9.B　10.B

三、判断题

1.×　2.×　3.×　4.×　5.√　6.√　7.√　8.√　9.×　10.√

四、综合题

1.答：当太阳、月球、地球三者恰好或几乎在一条直线上时，月球的影子就会扫到地面上来，那么，被月影扫过的地区的人们就会看到太阳被黑东西遮住，这种现象就被称为日食。日食发生在“朔”日，即农历初一。

月球的影子可分为本影、伪本影和半影三部分。在本影的范围内，观测者看到太阳全部被月球遮住，这叫日全食；在伪本影的范围内，观测者看到月球不能全部遮住太阳，太阳边缘还剩下一圈光环，这叫日环食；在半影的范围内，观测者看到太阳只有一部分被月球遮住，这叫日偏食。

2.略

化学篇

第四章　有关碱、酸、盐和常见元素的知识

【夯实基础】

一、选择题

1.C　2.B　3.B　4.A　5.B　6.C　7.C　8.D　9.A　10.C　11.C　12.C　13.B　14.A　15.D　16.A　17.D　18.A

二、填空题

1.阴离子　氢氧根离子　氨水、氢氧化钠、氢氧化钙

2.阳离子　氢离子　盐酸、硫酸、硝酸

3.中和　金属离子　酸根离子　氯化钠、碳酸钠、碳酸氢钠

4.醋酸

5.氯化钠　NaCl

6.-1

7.金属

8.氨

9.Fe_2O_3

三、判断题

1.×　2.×　3.√　4.√　5.×　6.√　7.√　8.×　9.√　10.×　11.√　12.×　13.×　14.√　15.√　16.√

四、名词解释

1.酸:电解质电离时生成的阳离子全部是氢离子的化合物叫作酸。

2.碱:电解质电离时生成的阴离子全部是氢氧根离子的化合物叫作碱。

3.盐:金属离子和酸根离子组成的化合物叫作盐。

4.盐类的水解:在溶液中盐的离子跟水电离出的 H^+ 和 OH^- 生成弱电解质的反应,叫作盐类的水解。

5.碘:单质碘的分子式是 I_2,是一种黑紫色的固体,它的蒸气呈紫红色,有刺激性气味。

6.铁:是自然界中分布最广的金属元素之一。纯净的铁是光亮的银白色金属,具有良好的延展性、导热性和坚韧性,在化合物里通常显+2 或+3 价。

【熟能生巧】

一、选择题

1.C　2.A　3.B　4.A　5.C　6.D　7.C　8.B　9.C　10.C　11.C　12.B　13.D　14.B　15.C　16.B

二、填空题

1.红　蓝　不变　红

2.NaOH　烧碱　潮解　$NH_3 \cdot H_2O$　氨气　氨气　水

3.吸水性　脱水性　氧化性　大量的水冲洗　稀碳酸钠溶液

4.碳酸钠　苏打　Na_2CO_3　碱

5.$NaHCO_3$　小苏打　碱　胃酸过多　分解并放出二氧化碳　胀大而疏松多孔

6.7　<　>　=

7.次氯酸

8.氢氟酸

9.氢气

10.Al^{3+}

三、判断题

1.√　2.×　3.√　4.√　5.√　6.√　7.×　8.√　9.√　10.×　11.×　12.√　13.×

【综合运用】

1.答:浓硫酸的强氧化性使铁制容器表面形成一层致密的氧化膜,保护铁容器不再受到酸的腐蚀,所以可以用铁制容器来盛放浓硫酸。不能用铁制容器盛放稀硫酸,因为在金属活动顺序中,铁排在氢的前面,所以铁和稀硫酸要发生置换反应,但不会形成保护膜,从而使铁制容器被腐蚀。

2.答:身上或衣物上不小心沾上了碱液,应立即用大量的水冲洗,然后再用3%的硼酸溶液冲洗。

3.答:工业三酸是指盐酸、硫酸、硝酸。工业两碱是指烧碱氢氧化钠、纯碱碳酸钠。

4.答:在金属活动顺序表中位于氢前面的金属原子都能置换出酸分子中的氢原子,并放出氢气。位于氢后面的金属原子不能置换出酸分子中的氢原子。例如铁可以和酸发生置换反应放出氢气,铜就不能。

5.答:取三种溶液于三支试管中,分别滴加紫色石蕊试液,溶液变红的是稀硫酸溶液,溶液变蓝色的是氢氧化钠溶液,还是显示紫色的是氯化钠溶液。

6.答:固态物质在加热时,不经熔化就直接变成蒸气,蒸气遇冷又直接凝结成固体,这种不经液态而直接变成气态的现象叫作升华。碘就具有这种特性。

7.答:$S + O_2 \xlongequal{点燃} SO_2$

$2SO_2 + O_2 \xlongequal{} 2SO_3$

$SO_3 + H_2O \xlongequal{} H_2SO_4$

第四章检测题（一）

一、选择题

1.A　2.B　3.D　4.B　5.D　6.A　7.A　8.B　9.D　10.D　11.B　12.D　13.A　14.A　15.D

二、填空题

1.金属离子　氢氧根离子

2.氢离子　酸根离子

3.金属离子　酸根离子

4.水　硼酸

5.氢氧根离子　氢离子

6.中和　氢离子　氢氧根离子

7.大量的水　碳酸钠

三、判断题

1.√　2.√　3.×　4.×　5.√　6.×　7.√　8.√　9.√　10.×

四、综合题

1.答:酸具有以下共同的化学性质:

(1)酸能使指示剂变色。

紫色石蕊遇酸变红色,无色酚酞遇酸不变色。

(2)酸能和金属氧化物起反应,生成盐和水。

$6HCl + Fe_2O_3 = 2FeCl_3 + 3H_2O$

(3)酸能和碱起中和反应,生成盐和水。

$H_2SO_4 + 2NaOH = Na_2SO_4 + 2H_2O$

(4)酸能和盐起反应,生成新盐和新酸。

$HCl + AgNO_3 = AgCl \downarrow + HNO_3$

(5)酸能和活泼金属起反应,生成盐并放出氢气。

$2HCl + Zn = ZnCl_2 + H_2 \uparrow$

酸具有通性的原因:不同的酸都能电离出相同的氢离子(H^+)。

2.答:碱具有以下共同的化学性质:

(1)碱能使指示剂变色。

紫色石蕊遇碱变蓝,无色酚酞遇碱变红。

(2)碱能和非金属氧化物起反应,生成盐和水。

$2NaOH + CO_2 = Na_2CO_3 + H_2O$

(3)碱能和酸起中和反应,生成盐和水。

$NaOH + HCl = NaCl + H_2O$

中和反应的实质是碱中的 OH^- 和酸中的 H^+ 结合生成水。

(4)碱能和盐起反应,生成新盐和新碱。

$3NaOH + FeCl_3 = 3NaCl + Fe(OH)_3 \downarrow$

(5)碱能发生分解反应。

$Cu(OH)_2 \overset{\triangle}{=} CuO + H_2O$

由于不同的碱都能电离出相同的氢氧根离子,因此碱类都具有相似的性质。

3.答:配制好的农药波尔多液(主要含 $CuSO_4$),不能用铁质容器盛放。因为在金属活动顺序中,铁排在铜的前面,所以铁和 $CuSO_4$溶液会发生置换反应,将铜置换出来,从而使药液失效。

$CuSO_4 + Fe = FeSO_4 + Cu$

第四章检测题(二)

一、选择题

1.C 2.D 3.D 4.B 5.C 6.C 7.D 8.C 9.C 10.C 11.D 12.D 13.A 14.D 15.C

二、填空题

1.甲酸 肥皂水 氨水

2.氢 氢气

3.0.9%

4.7 酸 碱

5.磷酸二氢钠 磷酸

6.12

7.碳

8.高温

9.SO_2

三、判断题

1.× 2.× 3.× 4.× 5.× 6√ 7.× 8.√ 9.√ 10.×

四、综合题

1.答:取三支试管,分别加入三种溶液,然后再向三种溶液中分别滴加紫色石蕊试液,溶液变红的是盐酸,溶液变蓝的是氢氧化钠,溶液显示紫色的是氯化钠溶液。

2.答:明矾属于铝盐,在水中完全电离,电离出的 Al^{3+} 水解产物可以吸附水中悬浮的杂质,并形成沉淀使水澄清,所以可以作为净水剂使用,从而起到净水的效果。

3.答:由于铝既能与酸反应又能与碱反应,所以家用铝制品不宜存放酸性或碱性较强的物质。

$2Al + 6HCl = 2AlCl_3 + 3H_2\uparrow$

$2Al + 2NaOH + 2H_2O = 2NaAlO_2 + 3H_2\uparrow$

第五章 有趣的有机化学

【夯实基础】

一、选择题

1.A 2.A 3.D 4.D 5.D 6.C 7.C 8.D 9.C 10.C 11.A 12.C 13.C 14.B 15.A 16.D 17.C 18.B 19.B 20.B 21.B

二、填空题

1.碳

2.甲烷

3.CH_4

4.丙三醇

5.酒精 96% 含乙醇 99.5%以上的酒精

6.3%~5% 6%~20% 8%~15% 35%~70%

7.70%~75%

8.3%~5%

9.脂肪 油

10.皂化

11.高级脂肪酸的钠盐

12.碳水

13.不能水解成更简单的糖 葡萄糖、果糖、核糖

14.多糖

15.盐析

16.氨基酸

17.变性

18.黄

19.结晶牛胰岛素

20.亲水 憎水

21.酯化 酯

22.葡萄糖

23.色、香、味　人体健康　量

三、判断题

1.×　2.×　3.×　4.×　5.×　6.×　7.√　8.√　9.×　10.×　11.×　12.√　13.×　14.×　15.√　16.√　17.√　18.×　19.√　20.×　21.×

四、名词解释

1.有机物：含碳元素的化合物。

2.甲烷：是最简单的有机物，是烃中烷烃（通式是 C_nH_{2n+2}）的代表物，是组成和结构最简单的烷烃，分子式是 CH_4。

3.醇类：由烃基（R—）和羟基（—OH）构成的化合物。

4.羧酸：由烃基（R—）和羧基（—COOH）构成的化合物。

5.糖类：多羟基羰基（醛基）化合物。

6.蛋白质：组成人体一切细胞、组织的重要成分，是生命的物质基础，没有蛋白质就没有生命。

7.食品添加剂：为了改善食品的色、香、味和营养性能，防止食品腐败变质，延长食品的有效保存期，能直接或间接变为食品的一种成分或影响食品特征的一类物质。

8.酯化反应：酸跟醇起作用，生成酯和水的反应叫作酯化反应。

9.单糖：不能水解生成更简单的糖。

10.低聚糖：糖类水解后能生成几个分子单糖的糖。

11.多糖：由很多个单糖分子按照一定的方式，通过在分子间脱水结合而成。

【熟能生巧】

一、选择题

1.D　2.C　3.D　4.C　5.A　6.A　7.B　8.C　9.C　10.B　11.D　12.B　13.C　14.D　15.D　16.C　17.D　18.D　19.C　20.D　21.D　22.D　23.A　24.C

二、填空题

1.碳、氢

2.黑暗

3.乙炔

4.C_2H_5OH　无　透明　有特殊香味　酒精　70%～75%

5.CH_3COOH　醋酸　无　有强烈刺激性

6.单糖、低聚糖、多糖　葡萄糖、果糖、核糖　蔗糖、麦芽糖　淀粉、纤维素

7.酸　碱

8.C、H、O、N　P　S

9.C、H、O

10.蓝

三、判断题

1.×　2.√　3.√　4.×　5.×　6.×　7.×　8.√　9.√　10.×　11.√　12.×　13.√

【综合运用】

1.答：甲烷的化学性质：(1)纯净的甲烷在空气里安静地燃烧，生成 CO_2 和 H_2O，并释放出大量热；(2)甲烷和氯气混合物放在光亮的地方会发生取代反应，依次生成一氯甲烷、二氯甲烷、三氯甲烷、四氯甲烷；(3)甲烷在高温条件下会发生裂解反应，分别生成炭黑或乙炔。

甲烷的用途：是一种很好的气体燃料，在农村也可以利用甲烷作燃料和照明使用，对解决农村的能

源问题、改善农村环境卫生及提高肥料质量等方面都有重要意义。

2.答：$CH_4 + Cl_2 \xrightarrow{光} CH_3Cl + HCl$

$CH_3Cl + Cl_2 \xrightarrow{光} CH_2Cl_2 + HCl$

$CH_2Cl_2 + Cl_2 \xrightarrow{光} CHCl_3 + HCl$

$CHCl_3 + Cl_2 \xrightarrow{光} CCl_4 + HCl$

3.答：白酒存放的时间越长越好，是因为白酒中溶有少量氧气，氧气能逐渐将乙醇氧化成乙酸，乙酸又能逐渐与乙醇发生酯化反应生成乙酸乙酯的缘故。

4.答：纯酒精能使蛋白质凝固。如果用纯酒精消毒，乙醇能使细菌表面的蛋白质凝固，形成一层保护膜。这些膜保护细菌，阻碍了酒精的进一步渗入。所以，用纯酒精杀菌的效果反而不好。而70%～75%的酒精却能渗透到细菌体内，达到良好的消毒目的。

5.答：甘油能与水混溶，并且有强烈的吸水性。它能防止皮肤上水分的挥发，而且还能从空气中夺来水分，使皮肤保持湿润不干裂。用浓度大的甘油护肤，效果就不好了，因为浓度过大，甘油不仅吸收空气中的水分，还会夺取皮肤上的水分，使皮肤干裂。

6.答：水壶中的水垢的主要成分是碳酸盐，例如碳酸钙等。乙酸是一种有机酸，它的酸性比碳酸大。

$$CaCO_3+2CH_3COOH=Ca(CH_3COO)_2+H_2O+CO_2\uparrow$$

7.答：单糖：不能水解为更简单的糖叫单糖，比如葡萄糖、果糖等。

低聚糖：能水解生成几个分子单糖的糖叫低聚糖，比如蔗糖、麦芽糖等。

多糖：由很多个单糖分子按照一定的方式，通过在分子间脱水结合而成，比如淀粉、纤维素等。

8.答：(1)太阳散发出来的紫外线使蛋白质变性可以杀死很多细菌，晾在室外，不仅为了晒干，还为了能够杀死衣服上的细菌。

(2)用灼烧的方法，纯毛织物产生具有烧焦羽毛的气味。

(3)重金属盐能使蛋白质变性凝固，所以可以用硫酸铜制造杀菌剂。

(4)这是应用蛋白质变性的性质。加热可以使细菌的蛋白质变性，失去活性。所以用煮的方法可以使器械消毒。

(5)人畜的血液中血红蛋白是蛋白质，铜、汞、铅等重金属盐进入血液中后，会使血红蛋白变性凝固，失去生理功能，而使人畜中毒甚至死亡。人畜误服了重金属盐后，应立刻服用大量的高蛋白食物，如牛奶、豆浆等，使重金属盐能尽早与这些食物中的蛋白质作用，以降低毒性。

9.答：食品的色泽只是食品的外观表现形式，与食品口味无关，所以不能说食品的色泽越鲜艳，食品越好吃。

食品添加剂不是越多越好，添加剂的量应有目的地控制。

第五章检测题（一）

一、选择题

1..B　2.C　3.C　4.B　5.C　6.D　7.D　8.A　9.D　10.A　11.C　12.A　13.A　14.D　15.A

二、填空题

1.C_nH_{2n+2}

2.一氯甲烷

3.甲烷

4.酒精　无　透明有特殊香味　70%～75%

5.醋酸　无　刺激性气味,3%~5%,冰醋酸

6.C、H、O,单糖、低聚糖、多糖

7.防腐剂,漂白剂,抗氧剂,凝固剂,膨松剂,营养强化剂

三、判断题

1.√　2.×　3.×　4.×　5.×　6.√　7.√　8.×　9.√　10.√

四、综合题

1.答:一般来说,有机物具有下列不同于无机物的特点:

(1)有机物难溶于水,易溶于酒精、汽油等有机溶剂;而许多无机物是易溶于水的。例如:黄豆油不溶于水,但可溶丁苯。

(2)绝大多数有机物受热易分解,且易燃烧;而绝大多数无机物是不易燃烧的。例如:甲烷、乙醇等都是易燃品。

(3)绝大多数有机物是非电解质,不易导电,熔点低。例如:石油、油脂等在常温下不导电,是黏稠状液体。

(4)有机物所起的化学反应比较复杂,一般比较慢,并伴有副反应发生。例如:家庭发面,如不用"面引子"(活性酶),发面的时间就会较长。

2.答:食品添加剂是为了改善食品的色、香、味和营养性能,防止食品腐败变质,延长食品有效保存期,把能直接或间接变为食品的一种成分或影响食品特征的一类物质。

食品中适当加入一些添加剂,能改变食品的色、香、味,增加人的食欲。只要不超过添加剂的安全使用量食品添加剂不会对人体产生危害。有利于健康。

3.答:酒能解腥味,腥味是由于含有三甲胺(腥味),而三甲胺属于脂肪胺类,它易溶解于酒(乙醇),难溶于水,加热时随酒一起挥发掉,所以腥味就被除掉。为此,做鱼加点酒,味道更鲜美。

4.答:酯化反应是酸跟醇起作用,生成酯和水的反应。

在炒菜时,适当加醋和酒,炒出来的菜会格外香的原因是:醋(乙酸)与酒(乙醇)在热锅里发生酯化反应,生成了有香味的乙酸乙酯。所以,炒菜加酒和醋会格外香。

5.答:这是应用蛋白质变性的性质。加热可以使细菌的蛋白质变性,失去活性。所以用煮沸的方法可以使器械消毒。

第五章检测题(二)

一、选择题

1.B　2.A　3.A　4.C　5.C　6.D　7.D　8.A　9.B　10.C　11.C　12.D　13.C　14.C　15.D

二、填空题

1.立即发生爆炸

2.低　挥发　小　二氧化碳　水　热

3.羧基,有机

4.碳水,葡萄糖,蓝

5.烧焦羽毛

6.小苏打,氧化钙、硫酸钙或氧化镁等

7.氨基酸

8.变性

9.黄

10.结晶牛胰岛素

11.酯化,酯

三、判断题

1.× 2.× 3.× 4.√ 5.× 6.√ 7.√ 8.× 9.× 10.×

四、综合题

1.答:白酒中酒精的沸点为 75 ℃ ,也就是说煮到 75 ℃的时候白酒就已经挥发得差不多了。

2.答:人们吃的食物中精米、精面、糖、肉、蛋和奶里的纤维素少,粗粮、瓜果、蔬菜里的纤维素多。

人们吃的各种食物除含脂肪、蛋白质、糖类、维生素、矿物质等营养成分外,剩下的就是纤维素,即残渣。人体无法消化和吸收这些渣滓,于是通过大肠排出体外。那些常吃精粮和肉、蛋制品的人,他们的肠蠕动慢,这样大便在大肠里停留的时间长,大肠过多地吸收粪便里的有毒物质,在肠道内不断刺激肠黏膜,久而久之,可能得大肠(结肠或直肠)癌。所以,纤维素是对人体健康很有用的物质,每天都应吃一点含纤维素的食物。

3.答:蛋白质变性在现实生活中的应用:

(1)煮沸的方法使器械消毒。

(2)加温后食物蛋白质变性,杀菌,易消化。

(3)重金属因蛋白质变性而来活(灭菌,消毒),如硫酸铜制造杀菌剂。

(4)晾晒使细菌、病毒中蛋白质变性而灭活。

(5)动物、昆虫标本固定保存、防腐。

4.答:食品中适当加入一些添加剂,能改变食品的色、香、味,增加人的食欲。只要不超过添加剂的安全使用量食品添加剂不会对人体产生危害,对添加剂的量,有目的地控制是可以的。

5.答:人的唾液中含有一种能够分解淀粉的蛋白质,叫淀粉酶。米饭的主要成分是淀粉。吃到嘴里的米饭嚼的时间越长,既能使饭粒变小,又增长了饭粒在嘴中停留时间,使淀粉酶能更有效地把淀粉分解成葡萄糖。所以,米饭在嘴里越嚼越甜。

生物篇

第六章　有趣的生物

第一节　生命的结构基础——细胞

【夯实基础】

一、填空题

1.选择透过性膜　流动

2.基质　细胞器

3.能量　细胞进行有氧呼吸　95%

4.蛋白质　氨基酸　蛋白质

5.细胞壁　细胞分泌物

6.有丝分裂

7.核膜　染色质　核仁　核液　贮存　复制

8.DNA　蛋白质

9.支持　保护　纤维素　果胶

10.质体　叶绿体 a　叶绿体 b　胡萝卜素　叶黄素

11.叶绿素 a

12.叶绿体　液泡　叶绿体

13.花青素

14.原生质　细胞膜　细胞质　细胞核

15.细胞液

16.罗伯特・虎克

17.细胞

18.无机化合物　有机化合物　水　无机盐　糖类　脂类　蛋白质　核酸

19.单糖　低聚糖　多糖　生物体进行生命活动的主要能源

20.脂肪　类脂　固醇　类脂中的磷脂

二、选择题

1.A　2.A　3.A　4.D　5.B　6.B　7.B　8.B　9.A

三、名词解释

染色质:在细胞核中分布着一些易被碱性染料染成深色的物质,这些物质主要是由 DNA 和蛋白质组成,这些物质叫作染色质。

四、问答题

1.答:细胞的化学成分及鲜重含量:

①在无机物当中，水的鲜重达到 80%~90%；无机盐占鲜重含量 1%~1.5%。

②在有机物当中，糖类由 C、H、O 组成，占鲜重含量 1%~1.5%；脂类由 C、H、O 组成，个别还含有 N、P，占鲜重含量 1%~2%；蛋白质由 C、H、O、N 组成，占鲜重含量 7%~10%；核酸由 C、H、O、N、P 组成，占鲜重含量极少。

2.答：细胞中的化合物存在形式和功能：

①水：含量最多。分为自由水和结合水。功能：自由水是细胞内良好的溶剂，可以运送营养物质和代谢废物。

②无机盐：含量很少，大多数无机盐以离子形式存在于细胞中。功能：是细胞中某些复杂化合物的重要组成部分；有些对维持生物体的生命活动、维持细胞的形态和功能有重要作用。

③糖类：广泛分布在动植物细胞当中。分为单糖、低聚糖和多糖。功能：是生物体进行生命活动的主要能源。

④脂类：包括脂肪、类脂、固醇。功能：脂肪是生物体内储存能量的重要物质，动物脂肪还有减少热量散失、维持体温恒定的作用。类脂中的磷脂是构成细胞膜和细胞内膜结构的重要物质。固醇包括胆固醇、性激素和维生素 D，在维持生物体正常的新陈代谢中起着积极作用。

⑤蛋白质：约占细胞干重的 50%。功能：有些是构成细胞和生物体的重要物质；有些对生物体和细胞的新陈代谢有调节作用。

⑥核酸：主要存在细胞核中，也少量存在线粒体和叶绿体中，分为 DNA 和 RNA 两类。功能：是一切生物的遗传物质，对生物体的遗传性、变异性和蛋白质的合成有极其重要的作用。

3.答：细胞膜的作用：

①将细胞内物质与细胞外环境分开，保护细胞内部作用。

②选择吸收细胞所需要的物质。

③排出代谢废物。

4.答：动物细胞与植物细胞的区别与联系：

①动植物细胞都有细胞膜、细胞质、细胞核。

②植物细胞有细胞壁，动物细胞则没有；植物细胞有叶绿体，能进行光合作用，有液泡。所以植物细胞与动物细胞既有相同点，又有不同点。

③动物细胞的结构特点适应于奔跑、游动或飞翔；而植物细胞的结构特点适应于吸水，进行光合作用。

第二节　生命的自我更新——新陈代谢

【夯实基础】

一、填空题

1.吸收　运输　利用　散失

2.根　根毛区细胞　渗透作用

3.吸收　运输　利用　C、H、O　N、P、K　离子状态　选择性吸收

4.光合作用　有氧呼吸　无氧呼吸

5.呼吸作用　有氧呼吸

6.食物消化　营养吸收　中间代谢　废物排出　释放　转移　利用

7.ATP

8.循环系统　氧气　营养物质　组织细胞　排泄系统　二氧化碳

9.二氧化碳　水　水　氧气　葡萄糖

10.葡萄糖　二氧化碳　水　能量　氨基酸　尿素　甘油　脂肪酸　二氧化碳　水

二、选择题

1.C　2.C　3.D　4.B

三、名词解释

1.新陈代谢:生物体与外界环境间的物质与能量的交换,以及生物体内物质和能量的转变过程。

2.同化作用(合成代谢):生物体把从外界环境中摄取的营养物质转变成自身的组成物质,并储存能量。

3.异化作用(分解代谢):生物体把自身组成的一部分物质分解释放出其中的能量,并把代谢的最终产物排出体外。

4.光合作用:绿色植物通过叶绿体,利用光能,把二氧化碳和水合成储藏能量的有机物,并且释放出氧气的过程。

5.内环境:人体内的细胞外液,构成人体内细胞生活的液体环境。

四、简答题

1.答:食物的消化:

①食物的消化需要进行物理性消化和化学性消化。

②哺乳动物(包括人类)摄取的食物,在消化管中经过牙齿的咀嚼、舌的搅拌、胃肠的蠕动等,将食物磨碎,并且与消化液混合,这就是物理性消化。

③在物理性消化的基础上,进一步进行化学性消化。食物中含有的大分子有机营养物质,通过消化液中消化酶的作用,分解为可以吸收的小分子有机物,如淀粉分解为葡萄糖,脂肪分解为甘油和脂肪酸,蛋白质分解为氨基酸,这就是化学性消化。

④在植食动物所摄取的食物中,还含有丰富的纤维素,而纤维素依靠纤维素酶的作用进行发酵,分解成可以被吸收的小分子有机物。这种通过微生物的作用,使纤维发酵的过程,就是微生物消化。

2.答:新陈代谢的意义:①生命的最基本特征;②生物与非生物最根本的区别;③生物体的自我更新过程。

3.答:①呼吸作用类型:不能简单看成是光合作用的逆过程,包括有氧呼吸和无氧呼吸两种形式。

②有氧呼吸:植物细胞在氧气的参与下,把糖类等有机物彻底氧化分解,产生二氧化碳和水,同时释放出大量能量的过程。有氧呼吸是高等植物的主要呼吸形式。

$$C_6H_{12}O_6+6O_2 \xrightarrow{\text{酶}} 6CO_2+6H_2O+\text{能量}$$

③无氧呼吸:在无氧的条件下,植物细胞把糖类等有机物分解成不彻底的氧化产物,同时释放出少量能量的过程。微生物的无氧呼吸又称为发酵。

a.产生酒精:$C_6H_{12}O_6 \xrightarrow{\text{酶}} 2C_2H_5OH+2CO_2+\text{能量}$;

b.产生乳酸:$C_6H_{12}O_6 \xrightarrow{\text{酶}} 2C_3H_6O_3+\text{能量}$。

第三节　生物的生殖和发育

【夯实基础】

一、填空题

1.无性生殖　有性生殖　有性生殖

2.分裂生殖　孢子生殖　出芽生殖　营养生殖

3.胚　胚乳　胚　胚后

4.分裂生殖　出芽生殖　孢子生殖　营养生殖

5.扦插　分根　嫁接

6.遗传性　生活力　变异性

7.子叶　胚芽　胚轴　胚根

8.休眠

二、选择题

1.A　2.D　3.A　4.A　5.C　6.D　7.D　8.B　9.B　10.D　11.D　12.C　13.D　14.D　15.B

三、名词解释

1.无性生殖:不经过生殖细胞的结合,由母体直接产生出新个体的生殖方式。

2.有性生殖:经过两性生殖细胞的结合产生合子,由合子发育成新个体的生殖方式。

3.孢子生殖:有的生物,其身体长成以后,能产生一种细胞,这种细胞不经过两两结合,就可以直接形成新个体。这种细胞叫作孢子,这种生殖方式叫作孢子生殖。

4.配子生殖:由亲体产生的有性生殖细胞——配子,两两相配成对、互相结合,成为合子,再由合子发育成新个体的生殖方式。

四、简答题

1.答:无性生殖分为以下几类:

①分裂生殖:又叫裂殖,是生物由一个母体分裂成两个子体的生殖方式。

②孢子生殖:有的生物,其身体长成以后,能产生一种细胞,这种细胞不经过两两结合,就可以直接形成新个体。这种细胞叫作孢子,这种生殖方式叫作孢子生殖。

③出芽生殖:又叫芽殖,是由母体在一定部位生出芽体的生殖方式。

④营养生殖:由植物体的营养器官产生出新个体的生殖方式。

2.答:①胚的发育:从受精卵发育成幼体。

首先进行卵裂。两次纵向、一次横向卵裂,结果形成 8 个细胞的胚。

然后形成囊胚。动物极细胞分裂较快,植物极细胞分裂较慢,卵裂到一定时期,胚内就形成一个球状的囊胚腔。

最后形成原肠胚。动物半球细胞分裂较快,细胞向下移动,覆盖在植物半球的外面。植物半球细胞内陷,囊胚腔缩小,内陷细胞凹陷成原肠腔。这样的胚就叫作原肠胚,原肠胚外面生有胚孔。

这样蛙胚就具备了外胚层、中胚层、内胚层三个胚层,进一步发育出各种组织、器官和系统。

②胚后发育:从卵膜孵化出来,再到性成熟。

蛙受精卵发育成的幼体——蝌蚪,与成体蛙有显著差异;蝌蚪生活在水中,用鳃呼吸,无四肢,有尾;蛙则可以生活的陆地上,用肺呼吸,有四肢,尾消失。蛙的幼体和成体区别很大,而且形态的改变又是集中在短期内完成的,这种胚后发育叫作变态发育。

第四节　生命活动的调节

【夯实基础】

一、填空题

1.生长素　赤霉素　细胞分裂素　脱落酸　乙烯　生长素

2.顶芽　抑制

3.神经　激素

4.内激素　外激素

5.内分泌器官　生长发育

6.蜕皮激素　保幼激素　脑激素

7.反射　反射弧

二、选择题

1.B　2.B　3.A　4.C　5.C　6.D　7.C　8.A

三、简答题

1.答:植物之所以具有向光性,与单侧光引起的生长素分布不均匀有关系。

光线能够使生长素在背光一侧比向光一侧分布多,因此背光一侧比向光一侧生长得快,结果茎就朝向生长慢的一侧弯曲,即朝向光源一侧弯曲,使植物的茎显示出向光性。

2.答:植物生长素的生理作用:

(1)促进生长;

(2)促进果实发育;

(3)促进扦插的枝条生根。

3.答:甲状腺素是由甲状腺分泌的,它的主要作用:

(1)促进新陈代谢,加速体内物质的氧化分解;

(2)促进动物个体的生长发育;

(3)提高神经系统的兴奋性。

4.答:昆虫的内激素包括蜕皮激素、保幼激素和脑激素。蜕皮激素能够调节昆虫的蜕皮。保幼激素使昆虫保持幼虫的性状,抑制成虫性状的出现。脑激素能够促使蜕皮激素和保幼激素的分泌。昆虫从卵到成虫的几个阶段,都是受到以上三种激素的协调作用所控制的。

第五节　遗传和变异

【夯实基础】

一、填空题

1.遗传　变异　物种

2.脱氧核糖核酸(DNA)　染色体

3.沃森　克里克　双螺旋模型

4.腺嘌呤　鸟嘌呤　胞嘧啶　胸腺嘧啶

5.性别决定

6.性染色体　遗传　性别　血友病　色盲

二、选择题

1.B　2.D　3.B　4.B　5.A　6.C　7.D　8.B　9.B　10.C　11.A　12.A　13.D

三、简答题

1.答:作为遗传物质,DNA 有以下特点:

(1)分子结构具有相对的稳定性;

(2)能够进行自我复制,使前后代保持一定的连续性;

(3)能够指导蛋白质的合成,从而控制新陈代谢的过程和性状;

(4)能够产生可遗传的变异。

2.答:DNA 分子的复制是指以亲代 DNA 为模板来合成子代 DNA 的过程。DNA 分子是边解旋边复制的。首先,DNA 分子利用细胞提供的能量,在解旋酶的作用下,把两条扭成螺旋的双链解开,这个过程叫“解旋”。然后,以解开的每段链(母链)为模板,以周围环境中游离的脱氧核苷酸为原料,在有关酶的作用下,按照碱基互补配对原则,合成出与母链互补的子链。随着解旋过程的进行,新合成的子链不断延伸,同时每条子链与其对应的母链相互盘绕成螺旋结构,形成一个新的 DNA 分子。

3.答:可遗传的变异有三种来源,分别是基因重组、基因突变、染色体变异。

4.答:现代遗传学认为:基因是控制生物性状的遗传物质的功能单位和结构单位,是有遗传效应的DNA 片段。基因对性状的控制是通过 DNA 控制蛋白质的合成来实现的。

第六节　生命的起源和生物的进化

【夯实基础】

一、填空题

1.甲烷(CH_4)　氨(NH_3)　水蒸气(H_20)　氢(H_2)　硫化氢(H_2S)　氰化氢(HCN)

2.原始新陈代谢　繁殖

3.对环境能适应的　对环境不适应的　适者生存,不适者被淘汰

4.生存斗争　适者生存　淘汰　自然选择　生存斗争

二、选择题

1.D　2.B　3.B　4.D　5.B　6.B　7.D　8.D

三、简答题

1.答:生命的化学进化过程可以分成下列四个阶段:

(1)从无机小分子物质生成有机小分子物质;

(2)从有机小分子物质形成有机高分子物质;

(3)从有机高分子物质组成多分子体系;

(4)从多分子体系演变为原始生命。

2.答:达尔文的自然选择学说,其主要内容有四点:

(1)过度繁殖;

(2)生存斗争;

(3)遗传和变异;

(4)适者生存。

3.参考"适者生存"的内容,把概念展开进行叙述。

第七节　生物与环境

【夯实基础】

一、填空题

1.阳光　温度　水

2.体色　视觉　生长发育　生活习性　繁殖

3.不同种　共生　寄生　竞争　捕食

4.色彩鲜艳　容易识别　预先示警

二、选择题

1.B　2.B　3.A　4.B　5.D　6.B　7.C　8.D　9.A

三、简答题

1.答:生物与环境之间的关系包括两个方面:

(1)环境对生物的影响。生物无论生活在什么样的环境中,都受到环境中各种因素的影响。这些影响生物形态、生理和分布等的因素叫生态因素。生态因素包括非生物因素和生物因素。

①非生物因素包括阳光、温度和水等。

②生物因素包括种内关系和种间关系。种内关系包括种内互助和种内斗争。种间关系包括共生、

寄生、竞争和捕食。

(2)生物对环境的适应。很多生物在外形上都具有明显的适应环境的特征,包括:

①保护色;

②警戒色;

③拟态。

生物对环境的适应,既有普遍性,也有相对性。

2.答:警戒色的特点是色彩鲜艳,容易识别,能够对敌害起到预先示警的作用;而保护色与周围环境色彩是协调一致的。

第八节　生物多样性及其保护

【夯实基础】

一、填空题

1.遗传多样性　物种多样性　生态系统多样性

2.物种丰富　特有的和古老的物种多　经济物种丰富　生态系统多样

3.就地保护　迁地保护　加强教育和法制管理

二、选择题

1.A　2.A　3.A　4.A　5.B　6.D　7.B　8.A

三、简答题

1.答:生物多样性的价值包括以下三个方面:

(1)直接使用价值。

①很多野生动植物具有药用价值。例如:青蒿素、五灵脂、海螵蛸等是常用的药物。

②许多野生动植物是重要的工业原料。例如:霍霍巴的种子提炼的油脂可替代鲸油作为高级润滑油的原料。

③生物多样性具有科学研究价值。例如:杂交育种,培育农作物、家畜家禽的新品种。

④生物多样性还具有美学价值。例如:秀丽山川、花鸟鱼虫、美丽的自然风景。

(2)间接使用价值。生物多样性具有重要的生态功能。野生生物之间具有相互依存和相互制约的关系,它们共同维系着生态系统的结构和功能。

(3)潜在使用价值。大量野生生物的使用价值目前还不清楚,但是这些野生生物具有巨大的潜在使用价值。

2.生物多样性的保护,包括以下三个主要方面:

(1)就地保护。主要是建立自然保护区,比如青海湖鸟岛自然保护区。

(2)迁地保护。例如动物园、植物园、水族馆和濒危物种繁育中心等。迁地保护是就地保护的补充,为即将灭绝的生物提供了生存的最后机会。

(3)加强教育和法制管理。我国相继颁布了《中华人民共和国森林法》《中华人民共和国野生动物保护法》《中国自然保护纲要》等。

【能力提升】

一、选择题

1.D　2.D　3.C　4.A　5.C　6.A　7.D　8.C　9.A　10.C　11.A　12.C　13.B　14.B　15.D

二、判断题

1.√　2.×　3.√　4.×　5.×　6.×　7.×　8.×　9.√

三、简答题

1.答:人在一生(60 岁)中与外界环境交换的物质主要有四种。其中水大约为 50 t、糖类为 10 t、脂类为 1 t、蛋白质为 1.6 t。物质交换的总质量大约相当于人体质量的 1 200 倍。

2.答:①胚的发育:受精卵分裂一次,形成两个细胞,其中接近球孔的一个细胞叫基细胞,另一个叫顶细胞。顶细胞经过多次分裂,形成了球状胚体。基细胞经过几次分裂,形成一行细胞,构成胚柄。胚柄下端是一个大型泡状细胞,它从周围吸取营养物质,供球状胚体发育。球状胚体继续发育,在顶部形成两个突起,并逐渐长大,形成两片子叶;中间一些具有分裂能力的细胞形成胚芽;胚体下部具有分裂能力的一些细胞形成胚根,胚根与胚芽之间的细胞形成胚轴。

子叶、胚芽、胚轴、胚根这四部分构成了荠菜的胚。

②胚乳发育:被子植物的卵细胞受精时,两个极核也与另一个精子结合,经过多次分裂,形成许多个胚乳细胞,整个组织就是胚乳。

③胚和胚乳都在胚珠中发育,整个胚珠发育成种子。在适宜的条件下,种子萌发,长成具有根、茎、叶、花的植株。

3.答:植物的顶芽优先生长而侧芽受抑制的现象叫作“顶端优势”,这是因为顶芽产生的生长素向下运输,大量地积累在侧芽部位,使这里的生长素浓度过高,从而使侧芽部位的生长受到抑制的缘故。如果摘掉顶芽,侧芽部位的生长素浓度降低,侧芽所受的抑制作用就会解除,不久侧芽就可以发育成枝。园艺上常根据顶端优势的原理进行果树整枝修剪。

4.答:DNA 分子的复制是指以亲代 DNA 为模板来合成子代 DNA 的过程。DNA 分子是边解旋边复制的。

首先,DNA 分子利用细胞提供的能量,在解旋酶的作用下,把两条扭成螺旋的双链解开,这个过程叫“解旋”。

其次,以解开的每段链(母链)为模板,以周围环境中游离的脱氧核苷酸为原料,在相关酶的作用下,按照碱基互补配对原则,合成出与母链互补的子链。

最后,随着解旋过程的进行,新合成的子链不断延伸,同时每条子链与其对应的母链相互盘绕成螺旋结构,形成一个新的 DNA 分子。

5.生命的化学进化过程可以分成下列四个阶段:

(1)从无机小分子物质生成有机小分子物质;

(2)从有机小分子物质形成有机高分子物质;

(3)从有机高分子物质组成多分子体系;

(4)从多分子体系演变为原始生命。

6.答:生态因素包括阳光、温度和水等非生物因素,也包括生物因素(影响该生物生存的其他生物)。其中阳光对生物的生存起决定性作用,其他非生物因素和生物因素对生物的生存也必不可少。

7.答:生物多样性面临威胁的主要原因包括以下四个方面:

(1)生存环境的改变和破坏。这是我国生物多样性面临威胁的主要原因。

(2)掠夺式的开发利用。

(3)环境污染。

(4)外来物种入侵。

第六章检测题（一）

（总分:100 分,考试时间:90 分钟）

一、选择题(每小题 3 分,共 45 分)

1.C　2.B　3.D　4.A　5.B　6.D　7.A　8.A　9.B　10.A　11.C　12.D　13.C　14.B　15.B

二、名词解释(每小题 5 分,共 10 分)

1.新陈代谢:生物体与外界环境间的物质与能量的交换,以及生物体内物质和能量的转变过程。

2.生物多样性:地球上所有的植物、动物和微生物,它们所拥有的全部基因以及各种各样的生态系统。

三、判断题(每小题 2 分,共 30 分)

1.×　2.×　3.×　4.√　5.×　6.×　7.√　8.×　9.×　10.×　11.×　12.×　13.√　14.×　15.√

四、简答题(每小题 5 分,共 15 分)

1.答:①当蛙的精卵细胞受精后形成受精卵,分为动物极和植物极。

②动物极在受精卵的上端,含卵黄较少,颜色较深,比重小些。

③植物极在受精卵的下端,含卵黄较多,颜色较浅,比重大些。

④以上特点使受精卵的动物半球朝上,便于吸收大量的阳光热量,以保证受精卵发育时所需的温度条件。

2.答:达尔文的自然选择学说,其主要内容有以下四点:

(1)过度繁殖;

(2)生存斗争;

(3)遗传和变异;

(4)适者生存。

3.答:外激素是由昆虫体表的腺体分泌到体外的一类挥发性的化学物质,其主要作用是作为化学信号来影响和控制同种的其他个体,使它们发生反应,又称为“信息激素”。目前研究较多的是性外激素,这类激素能引诱同种异性个体前来交尾。

第六章检测题（二）

（总分:100 分,考试时间:90 分钟）

一、选择题(每小题 3 分,共 45 分)

1.C　2.C　3.C　4.D　5.B　6.C　7.C　8.C　9.B　10.A　11.C　12.C　13.B　14.A　15.C

二、名词解释(每小题 5 分,共 10 分)

1.有性生殖:经过两性生殖细胞的结合产生合子,由合子发育成新个体的生殖方式,这是生物界普遍存在的生殖方式。

2.碱基互补配对原则:碱基对的组成有一定的规律,即腺嘌呤(A)一定与胸腺嘧啶(T)配对、鸟嘌呤(G)一定与胞嘧啶(C)配对,碱基之间这种一一对应的关系叫作碱基互补配对原则。

三、判断题(每小题 2 分,共 30 分)

1.×　2.×　3.√　4.√　5.√　6.×　7.×　8.√　9.√　10.×　11.√　12.√　13.×　14.×　15.√

四、简答题(每小题 5 分,共 15 分)

1.答:绿色植物的新陈代谢包括:①水分代谢:水分的吸收、运输、利用、散失。

②矿质代谢:矿质元素的吸收、运输、利用。

③有机物与能量代谢：植物通过光合作用合成有机物、储存能量；又通过呼吸作用分解有机物、释放能量，供给生命需要。

动物的新陈代谢包括：

(1)物质代谢。

①食物消化：包括物理性消化和化学性消化，将大分子物质分解成小分子可吸收的有机物。

②营养吸收：消化系统吸收营养物质，包括水、无机盐、维生素、甘油和脂肪酸、氨基酸、糖。

③中间代谢：包括糖类、脂类、蛋白质的代谢，还有循环系统运输营养到组织、细胞。

④废物排出：包括呼吸系统排出二氧化碳、排泄系统排出废物和水。

(2)能量代谢。

物质代谢过程中伴随着能量代谢，包括能量的释放、转移、利用等。

2.答：原始大气的主要成分有甲烷(CH_4)、氨(NH_3)、水蒸气(H_2O)、氢(H_2)，此外还有硫化氢(H_2S)和氰化氢(HCN)。

3.答：生物的基本特征：

①生物体具有严整的结构；

②生物体都有新陈代谢作用；

③生物体都有生长现象；

④生物体都有应激性；

⑤生物体都能生殖和发育；

⑥生物体都有遗传和变异的特性；

⑦生物体都能适应一定的环境，也能影响环境。

历年高考真题

一、选择题

1.C 2.D 3.A 4.C 5.A 6.C 7.C 8.D 9.D 10.A 11.D 12.A

二、判断题

1.√ 2.√ 3.× 4.× 5.× 6.√ 7.× 8.√ 9.× 10.×

三、论述题

答：无性生殖：不经过生殖细胞的结合，由母体直接产生出新个体的生殖方式。分为以下几类：

①分裂生殖：又叫裂殖，是生物由一个母体分裂成两个子体的生殖方式。

②孢子生殖：有的生物，其身体长成以后，能产生一种细胞，这种细胞不经过两两结合，就可以直接形成新个体。这种细胞叫作孢子，这种生殖方式叫作孢子生殖。

③出芽生殖：又叫芽殖，是由母体在一定部位生出芽体的生殖方式。

④营养生殖：由植物体的营养器官产生出新个体的生殖方式。

幼儿科学教育活动设计篇

第七章　幼儿科学教育活动设计

【夯实基础】

一、选择题

1.C　2.D　3.A　4.C　5.B　6.B　7.A　8.D　9.B　10.A

二、填空题

1.幼儿　活动　动手动脑　自主表现

2.显性知识　技能　情感的体验　态度

3.核心　灵魂

4.安全　物质　精神

5.趣味性

6.生成性目标

7.科学教育目标　出发　活动归宿

8.教育目标　科学教育活动内容　科学教育活动形式

9.科学性　教育性　适宜性

10.生命　农业　环保

三、判断题

1.×　2.×　3.×　4.√　5.×　6.×　7.√　8.√　9.√　10.√　11.√　12.×　13.√　14.√　15.×

四、名词解释

1.科学教育活动设计：是教师的经验、知识、结构、组织能力，以及对科学教育内容、教法熟练程度等的集中反映，是一种创造性劳动。

2.适宜性原则：教师在设计科学教育活动时，必须符合幼儿的年龄特点，以及符合本班幼儿的智力、体力、知识的实际水平。

五、简答题

1.答：①安全性；②科学性；③趣味性；④适宜性；⑤参与性；⑥融合性；⑦材料选择与环境创设。

2.答：①确定教育目标；②选择活动内容；③策划方式方法；④准备材料和布置环境；⑤确定活动题目；⑥编写活动过程。

3.答：当心触电　当心辐射　十字交叉　注意危险　火车道口　步行街　禁止行人通过

【熟能生巧】

一、选择题

1.D　2.D　3.C　4.A　5.D　6.A　7.B　8.D

二、判断题

1.√　2.×　3.×　4.√　5.×

三、简答题

答:设计科学活动方案时,要完成的目标为:要保持永久的好奇心和探索欲望;要发展幼儿探究解决问题的能力;要增进幼儿表达和交流的能力;让幼儿感知数量关系;要关爱环境,珍惜生命,产生初步的环境意识等五个方面。

【综合运用】

提示:①活动目标明确,符合年龄特点和内容性质。

②准备的活动材料、教具、学具充分,能为教学目标服务。

③活动步骤层次分明,体现幼儿自主性、操作性及教师的指导性。

(范例仅供参考)

1.中班科学活动:吹泡泡

活动目标:①学会吹泡泡并了解泡泡的特性。

②知道不同形状的吹泡棒吹出的泡泡都是圆形的。

③培养幼儿的观察力,体验吹泡泡的乐趣。

活动准备:泡泡液、各种形状的吹泡棒(圆形、三角形、正方形、梯形、8字形等)

活动过程:

(1)教师拿出套圈在泡泡液里一蘸,轻轻一吹就会吹出气球一样大的泡泡,提问:这是什么?幼儿说出名称引出主题,激发幼儿的探究兴趣。

(2)教师讲解泡泡水、吹泡棒,介绍吹泡泡的方法及注意事项,让幼儿操作用圆形吹泡棒练习吹泡泡,观察泡泡的特点。

幼儿回答后教师小结:圆形、透明、七彩色、易破裂。

(3)教师拿出为小朋友准备的魔法袋,里面装了好多东西,我们来看看有些什么?

幼儿说出吹泡棒的形状(三角形、正方形、梯形、8字形),教师提问:猜一猜它们吹出来的泡泡又会是什么形状的?

幼儿再次操作,仔细观察验证自己的猜想,教师巡回指导。

小结:原来不光圆形的吹泡棒吹出的泡泡是圆形的,其他形状的吹泡棒吹出的泡泡也是圆形的,泡泡真神奇!

(4)玩抓泡泡的游戏,感受吹泡泡的乐趣。

活动延伸:今天我们一起玩了吹泡泡的游戏,生活中还有哪些物品能吹出泡泡,回家和父母一起玩、一起探索。

2.中班科学活动:有趣的野生动物

活动目标:

①了解一些野生动物生活习性,感知物种多样性。

②形成保护野生动物的意识。

活动准备:

①有趣的野生动物PPT。

②幼儿对非家养动物有一些基本了解。

活动过程:

(1)开始部分。

由可能携带SARS病毒的蝙蝠引起对野生动物了解的兴趣。

教师提问:小朋友们,你知道SARS病毒在传播给人类之前存在哪里吗?

演示PPT带病毒的“危险分子”部分,介绍目前普遍认为携带SARS病毒的是野外的蝙蝠。

（2）基本部分。

①了解野生动物的概念，区分野生动物。

演示 PPT“野生动物知多少”部分，提问：什么叫野生动物？哪些是野生动物？

小朋友回答后教师总结：野生动物是指在大自然的环境下生长且未被驯化的动物。家猪、宠物猫、宠物鸟、人工繁殖的大熊猫不是野生动物；野猪、野外生活的猫科动物、麻雀、燕子、野外的大熊猫是野生动物。人类的祖先，很久很久以前也是生活在野外的，也住在树上、山洞里，所以从本质上来说，人和动物们都是地球的孩子，没有什么不一样。

②了解几种有代表性的野生动物的生活习性。

a.老虎：除了动物园里人工繁育的老虎，其他老虎主要都属于野生动物。野生老虎生活在山林里，游泳很厉害却不会爬树，喜欢单独活动，但因为人类猎杀和栖息地的减少，所以野生老虎是濒危动物。

b.蝙蝠：蝙蝠主要栖息在远离城市人群的山洞中，生存环境很暗，晚上活动，飞行时躲避树木、石头，捕捉食物都靠声波。蝙蝠即便是携带很多病毒，也伤害不到它自己。蝙蝠还是捕鼠能手，能帮助大自然传播花粉，是真正有益于人类的生物，只要人类不去捕捉和食用蝙蝠，它们真的可以默默地做人类的好朋友。

可请幼儿讲讲自己知道的其他有趣的野生动物的生活习性。

③配对游戏：给动物找家，一一配对。

④请小朋友说说保护野生动物的方法：禁止捕猎、拒绝野味等。

3.结束部分。

今天我们了解了很多有趣的野生动物，每一种动物在大自然中都有自己的作用，保护野生动物就是保护人类自己。

活动延伸：

回家后给父母讲讲你了解的野生动物，认识更多的野生动物并学会一起保护它们。

模拟测试题

自然科学模拟测试题（一）答案

一、选择题（每小题 3 分，共 30 分）

1.A　2.D　3.D　4. D　5.B　6.B　7.C　8.C　9.C　10.A

二、判断题（每小题 3 分，共 24 分）

1.×　2.×　3.√　4.√　5.√　6.×　7.×　8.×

三、综合题（共 10 分）

答：受精卵经过细胞的分裂、组织的分化和器官的形成，直到发育成性成熟的个体，这就是生物的个体发育。（2 分）

被子植物的个体发育包括胚的发育和胚乳的发育两个过程。（2 分）

（1）胚的发育：胚由受精卵发育而来，在胚珠中完成。受精卵分裂一次形成两个细胞，顶细胞经多次分裂形成球状胚体，继续发育形成胚，包括子叶、胚芽、胚轴、胚根四部分。基细胞经几次分裂构成胚柄供球状胚体发育。（2 分）

（2）胚乳的发育：胚乳由受精极核发育而来，也在胚珠中完成。卵细胞受精时，两个极核与另一个精子结合，经多次分裂形成胚乳细胞，整个组织就是胚乳。（2 分）

胚和胚乳都在胚珠中发育，整个胚珠发育成种子。在适宜的环境下，种子的胚进而长成具有根、茎、叶和花等的植株。（2 分）

自然科学模拟测试题（二）答案

一、选择题(每小题3分,共30分)

1.D 2.A 3.C 4.B 5.B 6.D 7.D 8.B 9.A 10.D

二、判断题(每小题3分,共24分)

1.× 2.√ 3.× 4.× 5.× 6.√ 7.√ 8.×

三、综合题(共10分)

答:糖类可以分为单糖、低聚糖和多糖。

(1)不能水解成更简单的糖叫作单糖,主要代表物有葡萄糖、果糖和核糖。

(2)糖类水解后能生成几个分子单糖的糖叫作低聚糖,主要代表物有蔗糖和麦芽糖。

(3)多糖是由很多个单糖分子按照一定的方式,通过分子间脱水结合而成的,主要代表物有淀粉和纤维素。

自然科学模拟测试题（三）答案

一、选择题(每小题3分,共30分)

1.C 2.D 3.C 4.D 5.B 6.C 7.B 8.B 9.D 10.A

二、判断题(每小题3分,共24分)

1.× 2.√ 3.× 4.√ 5.√ 6.√ 7.√ 8.×

三、综合题(共10分)

答:(1)认识了解电源总开关,学会在紧急情况下关闭总电源。

(2)不用手或导电物(如铁丝、钉子、别针等金属制品)去接触、探试电源插座内部。

(3)不用湿手触摸电器,不用湿布擦拭电器。

(4)电器使用完毕后应拔掉电源插头;插拔电源插头时不要用力拉拽电线,以防止电线的绝缘层受损造成触电;电线的绝缘皮剥落,要及时更换新线或者用绝缘胶布包好。

(5)发现有人触电要设法及时关闭电源;或者用干燥的木棍等物将触电者与带电的电器分开,不要用手去直接救人。

(6)不随意拆卸、安装电源线路、插座、插头等。

(7)不接触低压带电体,不靠近高压带电体。

(8)触电后掌握简单的急救常识,将触电者放在通风处,必要时进行心肺复苏如人工呼吸,同时拨打急救电话。

自然科学模拟测试题（四）答案

一、选择题(每小题3分,共30分)

1.C 2.C 3.D 4.C 5.B 6.D 7.A 8.C 9.C 10.C

二、判断题(每小题3分,共24分)

1.√ 2.√ 3.× 4.√ 5.× 6.× 7.× 8.×

三、综合题(共10分)

大班科学活动:辨认生熟鸡蛋

活动目标:

①学会积累,记录不同的探索方法,知道解决问题的方法有很多种。

②参与鸡蛋生熟的探究活动,并在大家面前讲述自己的探究结果。

③感知蛋壳的工艺艺术,对蛋壳的工艺艺术产生兴趣。

活动对象:幼儿(大班)。

活动地点:活动室。

活动准备:纸盒、玩具小鸡、生鸡蛋若干、熟鸡蛋若干,手电筒、放大镜、盘子若干、盐水、彩笔、黑板、粉笔、蛋壳制作的工艺品、不倒翁、脸谱等。

活动过程:

(1)启发思考。

提问:小鸡是从哪里来的?小鸡的妈妈是谁?可爱的小鸡是鸡妈妈用鸡蛋孵出来的,是用我们平时吃的鸡蛋吗?熟鸡蛋能孵出小鸡吗?

(2)尝试探究。

提问:如何区分生鸡蛋和熟鸡蛋?并引导幼儿观察两种鸡蛋的区别。

小结:生鸡蛋是液态,可以流动,蛋清是透明的;熟鸡蛋是固态的,不会流动,蛋清是白色的。

提问:在不碰碎蛋壳的情况下,如何区分生蛋和熟蛋呢?利用教师提供的工具并做好标记。

小结:最后探究出区分的方法——①用鼻子闻;②用放大镜看;③用手电筒照;④用手转一转;⑤放入盐水中。以上几种方法都能区分出生熟鸡蛋。

鼓励幼儿大胆讲述怎样做标记,采用了什么方法,并记录发现的结果。

(3)总结评价。

对于幼儿采用不同的探索方法给予鼓励,并引入卵生动物的概念,让幼儿知道什么是卵生动物。

(4)图片欣赏。

鸡蛋是我们平常最常见的营养食物,除了供我们食用外还可以将鸡蛋做成很多工艺品。展示用鸡蛋做成的工艺品供幼儿欣赏。

活动延伸:

将今天学会区分生熟鸡蛋的方法教给自己的爸爸、妈妈。

自然科学模拟测试题(五)答案

一、选择题(每小题3分,共30分)

1.B 2.C 3.D 4.B 5.D 6.D 7.A 8.C 9.B 10.C

二、判断题(每小题3分,共24分)

1.× 2.√ 3.× 4.√ 5.√ 6.√ 7.× 8.×

三、综合题(共10分)

中班科学活动:可爱的小动物

活动目标:

①初步了解各种小动物的特征,并运用各种材料将自己打扮成各种小动物。

②鼓励幼儿在游戏中大胆创造和表现,充分展现自我,感受做中玩、玩中乐的愉悦。

③引导幼儿在活动中学会与同伴合作互助、相互交流,体验游戏的快乐。

活动准备:

①通过教室内的环境布置,让幼儿积累有关常见小动物的基本特征和生活习性。

②材料、工具等。

③儿歌《可爱的小动物》。

活动过程:

(1)幼儿讨论心目中“可爱的小动物”有哪些,教师引导幼儿回想、讨论各种小动物的特征,试想自

已变成什么。

(2)幼儿自主选择各种各样材料,装扮自己。

幼儿互相合作、互相帮助,教师以合作者、参与者、指导者的身份参与制作,为他们出谋划策。

(3)教幼儿儿歌《可爱的小动物》。

(4)做游戏,让小朋友模仿动物的叫声、动作等。

(5)活动结束,教师总结。

活动延伸:观察生活中常见动物的习性。

自然科学模拟测试题（六）答案

一、选择题(每小题3分,共30分)

1.B　2.C　3.C　4.B　5.A　6.D　7.B　8.C　9.C　10.A

二、判断题(每小题3分,共24分)

1.×　2.√　3.√　4.√　5.√　6.√　7.×　8.×

三、综合题(共10分)

提示:①活动目标明确,符合年龄班特点和内容性质。

②所准备的活动材料、教具、学具充分,能为实现教学目标服务。

③活动步骤层次分明,体现幼儿自主性、操作性及教师的指导性。

自然科学模拟测试题（七）答案

一、选择题(每小题3分,共30分)

1.A　2.C　3.C　4.D　5.B　6.C　7.B　8.B　9.C　10.A

二、判断题(每小题3分,共24分)

1.×　2.√　3.×　4.×　5.√　6.×　7.×　8.×

三、综合题(共10分)

答:(1)促进生长,例如:植物向光性就是因为光引起的生长素分布不均。

(2)促进果实发育,例如:无籽番茄就是使用生长素处理花蕾。

(3)促进扦插的枝条生根,例如:扦插繁殖时,就是使用生长素处理枝条下端。

自然科学模拟测试题（八）答案

一、选择题(每小题3分,共30分)

1.A　2.D　3.B　4.D　5.D　6.C　7.B　8.C　9.A　10.A

二、判断题(每小题3分,共24分)

1.×　2.×　3.×　4.×　5.×　6.×　7.×　8.√

三、综合题(共10分)

答:生物因素包括种内关系和种间关系,具体内容如下:

(1)种内关系。生物在种内关系上既有种内互助,也有种内斗争。种内互助现象是常见的,如蚂蚁、蜜蜂等社会性昆虫所过的群聚生活,个体之间既有明确分工,又通力合作共同维护群体生存。

种内斗争方面,同种个体之间由于食物、栖所、寻找配偶或其他生活条件的矛盾而发生斗争的现象也是存在的。例如,有些动物的雄性个体,在繁殖时期,往往为了争夺雌性个体而与同种的雄性个体进行斗争。

(2)种间关系是指不同种生物之间的关系,包括共生、寄生、竞争、捕食等。

①共生：两种生物共同生活在一起，相互依赖，彼此有利；如果彼此分开，则双方或者一方不能独立生存。两种生物的这种共同生活关系，叫作共生。例如地衣是真菌和藻类的共生体。

②寄生：一种生物寄居在另一种生物的体内或是体表，从那里吸取营养物质来维持生活，这种现象叫作寄生。生物中寄生的现象非常普遍，如蛔虫、虱等。

③竞争：两种生物生活在一起，由于争夺资源、空间等发生斗争的现象，叫作竞争。例如小麦与杂草。

④捕食：一种生物以另一种生物为食的现象叫作捕食。例如猫与老鼠。

自然科学模拟测试题（九）答案

一、选择题（每小题3分，共30分）

1.B 2.B 3.A 4.C 5.D 6.D 7.B 8.B 9.C 10.A

二、判断题（每小题3分，共24分）

1.× 2.× 3.× 4.× 5.√ 6.√ 7.× 8.√

三、综合题（共10分）

提示：（1）题目（包括领域、班级）（1分）。

（2）活动目标（2分）。

（3）活动准备（1分）。

（4）活动过程（5分）。

（5）活动延伸（1分）。

自然科学模拟测试题（十）答案

一、选择题（每小题3分，共30分）

1.B 2.B 3.B 4.D 5.C 6.B 7.A 8.C 9.A 10.A

二、判断题（每小题3分，共24分）

1.√ 2.× 3.√ 4.× 5.× 6.× 7.× 8.√

三、综合题（共10分）

答：金属的防护有以下三种方法：

①改变金属的内部结构，如把铬、镍等金属加入普通的钢里制成不锈钢。

②在金属表面覆盖保护层，使金属制品跟周围的物质隔离开，以达到防护的目的。

③电化学保护法。这种方法是利用原电池原理来消除引起金属发生电化学腐蚀的反应，可分为阳极保护和阴极保护。

自然科学模拟测试题（十一）答案

一、选择题（每小题3分，共30分）

1.C 2.A 3.C 4.C 5.C 6.D 7.D 8.C 9.B 10.B

二、判断题（每小题3分，共24分）

1.√ 2.× 3.√ 4.√ 5.× 6.× 7.× 8.√

三、综合题（共10分）

答：新陈代谢是指生物体与外界环境之间物质和能量的交换，以及生物体内物质和能量的转变过程，包含同化作用和异化作用两个方面；绿色植物的在生命活动过程中，不断地进行着水分代谢、矿质代谢、有机物和能量的代谢。

目 录

自然科学基础知识

学习指要

◆参考答案◆

主编　周　劼　贺春梅

重庆大学出版社

4.如图 1-4-7 所示,在测体重时,有同学分别采取推、拉、提、压等方法来改变体重计的示数,其中会使体重计的示数变大的是(　　)。

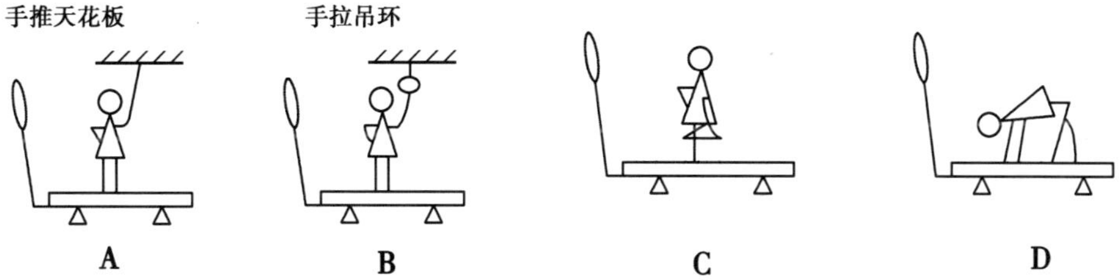

图 1-4-7

二、计算题和简答题

1.一根绳子所能承受的拉力是 2.0×10^4 N,能不能用它一次提起 10 块长 2 m、宽 1 m、厚 1 cm 的钢板?($\rho_{钢}=7.8\times10^3\ kg/m^3$)

2.找两块木板 A、B,相互垂直钉在一起,如图 1-4-8 所示,在 A 木板中间画一条线,在线的上端钉一个钉子,将重锤线拴在上面,用它可检查窗台、桌面是否水平。做一做,并说明道理。

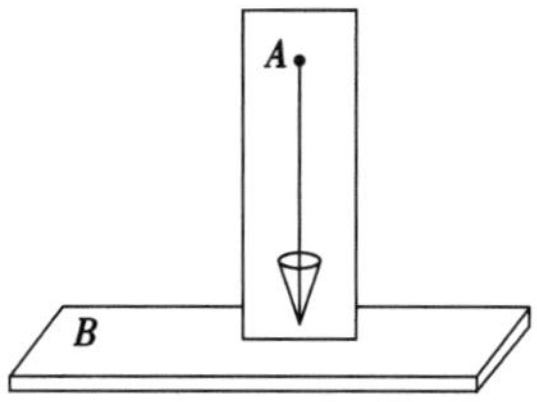

图 1-4-8

第五节　弹力和摩擦力

基本概念

1.**弹力**:发生弹性形变的物体因为要恢复其原来的形状,会对跟它接触的物体产生力的作用。

2.**胡克定律**:弹簧发生弹性形变时,弹力的大小跟弹簧伸长(或缩短)的长度成正比。

3.**摩擦力**:互相接触的物体在接触面上发生阻碍相对运动或相对运动趋势的力。

概念解析

1.**弹力的大小**:跟形变的程度成正比。

【例】一把弹簧秤,当它挂 3 kg 的物体时,总长度为 10 cm;当它挂 5 kg 的物体时,总长度为 12 cm;那么当它挂 2 kg 的物体时,总长度为多少?

【解析】根据胡克定律,弹簧伸长的长度与拉力的大小成正比。

(12−10)cm=2 cm 对应的是(5 −3)kg=2 kg 的质量,

可求出弹簧的弹性系数:2÷2=1 kg/cm

弹簧的原长: 10− 1×3=7 cm

当挂 2 kg 的物体时,总长度为:7+1×2=9 cm

2.**摩擦力的分类**:

(1)静摩擦力:两个相互接触的物体有相对运动的趋势,这时产生的摩擦力是静摩擦力。

【例】判断 1: 放在斜面上的物体保持静止状态,物体与斜面之间存在静摩擦力。(√)

【解析】斜面上的物体在重力的作用下有下滑的趋势,所以存在静摩擦力。

【例】判断 2: 用手推水平面上的桌子,桌子保持静止,桌子与地面之间存在静摩擦力。(√)

【解析】用手推桌子,桌子有往前运动的趋势,桌子与地面之间存在静摩擦力。

(2)滑动摩擦力:一个物体沿另一个物体的接触面滑动。

【例】擦黑板时,黑板擦与黑板之间存在滑动摩擦力。

(3)滚动摩擦力:作用在滚动物体上的摩擦力。

【例】自行车、汽车在行驶过程中,车轮与地面之间存在滚动摩擦力。

练习题

★ 夯实基础

选择题

1.关于弹力,下列说法正确的是(　　)。

A.物体只要相互接触就有弹力作用

B.物体只要发生了形变就有弹力作用

C.弹力产生在直接接触而又发生弹性形变的两物体之间

D.弹力的大小与物体受到的重力成正比

2.下列关于弹力的说法中,正确的是(　　)。

A.木块放在桌面上对桌面产生的压力,是由于桌面发生微小形变而产生的

B.用细竹竿拨动水中的木头,木头受到的弹力是由于木头发生形变而产生的

C.细绳对物体拉力的方向总是沿绳且指向绳收缩的方向

D.挂在电线下面的电灯受到竖直向上的拉力,是因为电灯发生微小形变而产生的

3.如图 1-5-1 所示,取一只扁玻璃瓶,里面盛满水,用穿有透明细管的橡皮塞封口,使水面位于细管中,用手捏玻璃瓶,可以看到透明细管中的水面变化,这一实验(　　)。

A.说明液体的热胀冷缩现象

B.说明玻璃瓶可以发生形变

C.说明只有用力非常大才能使玻璃瓶发生形变

D.体现了缩小的物理思想

图 1-5-1

4.在物理实验室中,测量力的仪器或工具是(　　)。

A.弹簧秤　　B.天平　　C.量筒　　D.压强计

5.如图 1-5-2 所示,一同学实验时在弹簧测力计的两侧沿水平方向各加 6 N 的拉力,并使其保持静止,此时弹簧测力计的示数为(　　)。

A.0 N　　B.3 N　　C.6 N　　D.12 N

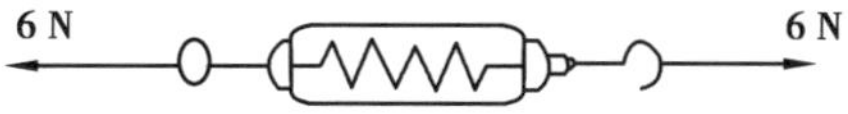

图 1-5-2

6.关于摩擦力产生的条件,下列说法正确的是(　　)。

A.相互压紧的粗糙物体之间总有摩擦力的作用

B.相对运动的物体之间总有摩擦力的作用

C.只有相互压紧又相对运动的物体之间才有摩擦力的作用

D.只有相互压紧的粗糙物体之间,在发生相对运动或有相对运动趋势时才有摩擦力的作用

★ 熟能生巧

一、填空题

1.物体发生形变后能自动恢复原来的形状,物体的这种特性叫作________。

2.在________内弹簧所受的拉力越________,它的伸长就越________,据此制成了________。

3.重力的方向总是________,据此制成了________。

4.____叫作摩擦力。

5.地球吸引物体的每一部分,对于整个物体,重力作用的表现就好像它作用在物体的一点上,这个点叫作物体的________。

6.收拾房间时,推重家具比推轻家具用力________,这是因为重家具对地面的________较大,因而与地面之间的摩擦力较________;在水泥地面上推箱子比在土地面上推箱子用力________,这是因为水泥地面比土地面________,因而箱子与水泥地面之间的摩擦力较________。

7.工人要将沉重的油桶运到仓库时,并不是在地上拖桶,而是将桶放倒,采用________的方法,这样桶与地面之间的摩擦是________,它远小于________,因此很省力。

8.一辆汽车的质量为 2 t,在水平路面上向右做匀速直线运动,此时摩擦力为重力的 0.2,则车受到的摩擦力为________ N,方向向________。踩油门时汽车所受牵引力突然增大,车受到的摩擦力________(选填“变大”“不变”或“变小”)。

9.一根轻弹簧,在 300 N 的拉力作用下,总长度为 0.65 m,若拉力减小为 100 N,总长度为 0.55 m,则该弹簧的自由长度为________ m,弹簧的劲度系数为________ N/m。

10.一根弹簧挂 0.5 N 的物体时长 12 cm,挂 1 N 的物体时长 14 cm,则弹簧原长________。

11.一根弹簧的劲度系数为 500 N/m,它表示________________________。若用 200 N 的力拉弹簧,则弹簧伸长________ m。

二、选择题

1.关于弹簧测力计的使用,下列说法中正确的是(　　)。

A.测量前不用将指针调为零

B.读数时,视线应穿过指针,与刻度盘垂直

C.使用弹簧测力计可以测任何大小的拉力

D.使用弹簧测力计时,必须将它竖直提着用

2.关于质量和重力的下列说法中,正确的是(　　)。($g=10$ N/kg)

A.10 kg = 100 N　　B 10 kg = 10 kg×10 N/kg = 100 N

C.质量是 10 kg 的物体重 100 N　　D.质量是 100 kg 的物体重 10 N

3.下列措施中,为了减小摩擦的是(　　)。

A.鞋底和轮胎表面有凹凸不平的花纹

B.自行车刹车时,闸皮紧压在车圈上

C.皮带传动中,在皮带上涂“皮带蜡”

D.在机器的转动部分安装滚动轴承并加润滑油

4.关于摩擦力,下列说法中正确的是(　　)。

A.相互接触的物体之间一定存在摩擦力

B.物体之间的摩擦力作用点在重心上

C.一个物体对另一个物体有摩擦力作用时,它自身也会受摩擦力的作用

D.两个物体若有相对运动,它们之间一定存在摩擦力

5.在奥运会上,体操运动员在上单杠之前,总要在手上抹些镁粉;而在单杠上做回环动作时,手握单杠又不能握太紧。他这样做的目的是(　　)。

A.前者是增大摩擦,后者是减小摩擦　　B.前者是减小摩擦,后者是增大摩擦

C.两者都是减小摩擦　　D.两者都是增大摩擦

三、计算题

如图 1-5-3,$G_A=100$ N,$G_B=40$ N,弹簧的劲度系数为 500 N/m,不计绳重和摩擦,求:物体 A 对支持面的压力和弹簧的伸长量。

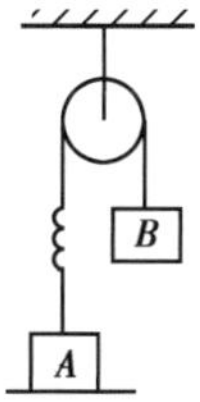

图 1-5-3

★ 综合运用

一、选择题

1.如图 1-5-4 所示,弹簧测力计和细线的重力及一切摩擦不计,物重 $G=1$ N,处于静止状态,则弹簧测力计 A 和 B 的示数分别为(　　)。

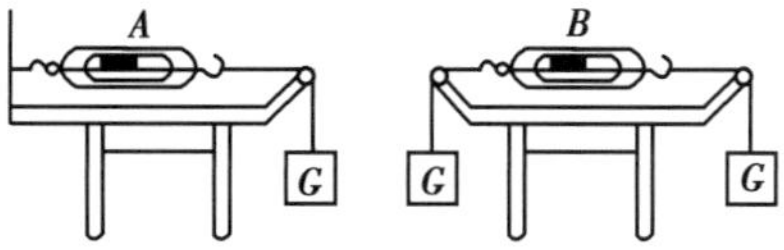

图 1-5-4

A.1 N,0 N　　B.0 N,1 N　　C.2 N,1 N　　D.1 N,1 N

2.使用弹簧秤测量之前,如果零点没有校正,指针指在零点的上方,则测量力的大小的读数比真实值(　　)。

A.偏大　　B.不变　　C.偏小　　D.无法确定

3.以下场景所联想到的物理知识,不正确的是(　　)。

A.弹簧的工作原理:弹簧长度与所受的拉力大小成正比

B.旱冰鞋比普通鞋子多四个轮子,是利用滚动摩擦力比滑动摩擦力小得多

C.包子皮上被捏出了漂亮的花边,是发生了塑性形变

D.用力握才能把活蹦乱跳的鱼抓在手中,是利用了增大压力和增大摩擦力

二、填空题

1.指出下列现象各是增大还是减小摩擦力,各是采取什么方法改变摩擦力的。

(1)鞋底、钳柄、轮胎表面有花纹,________摩擦力,采用了________方法。

(2)刀面、犁表面保持光滑,________摩擦力,采用了________方法。

(3)从箱内取出部分物体后推起来感到轻松,________摩擦力,采用了________方法。

(4)自行车刹车时,车轮由滚动变为滑动,________摩擦力,采用了________方法。

2.航天员杨利伟乘坐的“神舟五号”飞船在太空飞行过程中受到的重力比在地球上________了,质量________。

3.一个物体与水平地面间的最大静摩擦力为50 N,一个同学用40 N的水平向右的力来推该物体,物体将________(选填“静止”或“运动”),与地面间产生________(选填“滑动摩擦力”或“静摩擦力”),该力为________N;若用60 N的水平向右的力来推该物体,物体将________(选填“静止”或“运动”),物体与地面间产生________(选填“滑动摩擦力”或“静摩擦力”),该力为________N。(可认为最大静摩擦力约等于滑动摩擦力)

第六节　力的合成与分解

■ 基本概念

1.**合力与分力**:合力与分力是利用“等效原理”来定义的,如果一个物体同时受到多个力共同作用,其作用效果跟某一个力的作用效果相同,则某一个力就称为那多个力的合力;那多个力就称为某一个力的分力。

2.**力的合成与分解**:求几个已知力的合力称为力的合成;求一个已知力的分力称为力的分解。

知识要点

1.力的合成：

(1)两个力的方向在同一直线上且同向：$F=F_1+F_2$；方向与分力方向一致。

(2)两个力的方向在同一直线上但反向：$F=F_1-F_2$(假设 $F_1>F_2$)；方向与 F_1 的方向一致。

(3)两个力的方向成 90°角：合力与分力构成直角三角形，$F^2=F_1{}^2+F_2{}^2$。

(4)两个力的方向成 θ 角：遵循平行四边形法则。

两个互成角度的力的合力，可以用表示这两个力的线段作为邻边作平行四边形，平行四边形的对角线表示合力的大小和方向。

作图时应注意：合力、分力的作用点相同；虚线、实线要分清。

求多个力的合力时，可以先求两个力的合力，再求与第三个分力的合力，以此类推。

2.力的分解：

力的分解是力的合成的逆运算，同样遵循平行四边形法则。

(1)已知一个力和它的两个分力的方向，则两个分力有确定的值。

(2)已知一个力和它的一个分力，则另一个分力有确定的值。

(3)一个力可以在任意方向上分解，且能分解成无数个分力。

(4)一个力沿相互垂直的两个方向分解，如图 1-6-1 所示，称为正交分解。

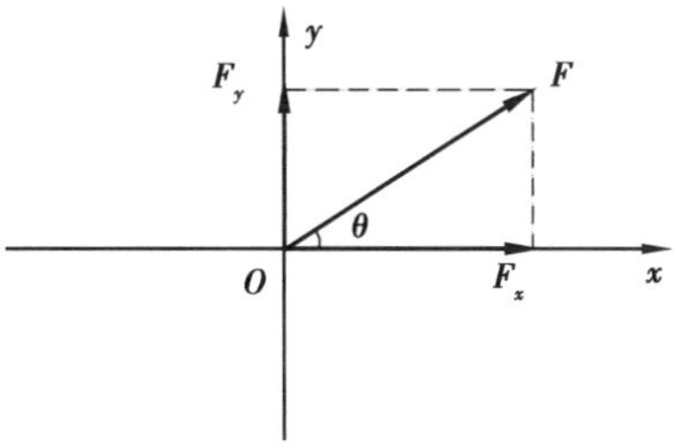

$$\begin{cases} F_x=F\cos\theta \\ F_y=F\sin\theta \end{cases}$$

图 1-6-1

【例】大小为 4 N、7 N 和 9 N 的三个共点力，它们的最大合力是多大？最小合力是多大？

【解析】两个共点力(F_1，F_2)的合力的取值范围是 $|F_1-F_2|\leqslant F_{合}\leqslant F_1+F_2$。若第三个共点力的大小在这一范围内，那么这三个力的合力可以为零。

当三个力同方向时，合力最大，合力最大值为 $F=F_1+F_2+F_3=20$ N。由于这三个力中任意两个力的合力的最小值都小于第三个力，因此这三个力的合力的最小值为零。

练习题

★ 夯实基础

一、判断题

1.多个力的合力就是这多个力的代数和。　　(　　)

2.合力比任何一个分力都大。　　(　　)

3.水平地面上的箱子,受到重力、地面支持力及两者的合力共三个力的作用。　　(　　)

4.一个力可以有无限多个分力。　　(　　)

5.两个力的合力最大值为两个力之和,最小值为两个力之差。　　(　　)

二、作图题

1.利用平行四边形法则画出合力(如图 1-6-2、图 1-6-3 所示)。

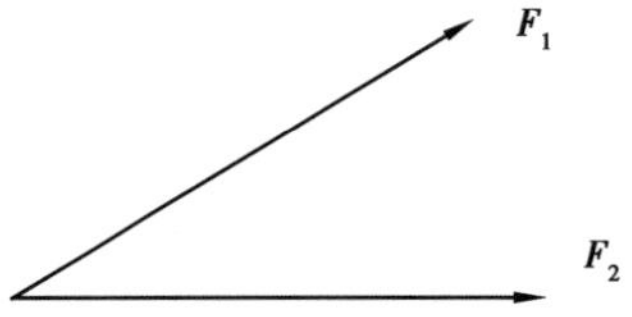

图 1-6-2

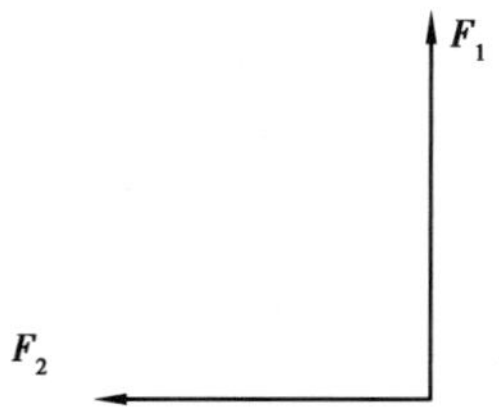

图 1-6-3

2.利用平行四边形法则作出分力(如图 1-6-4、图 1-6-5 所示)。

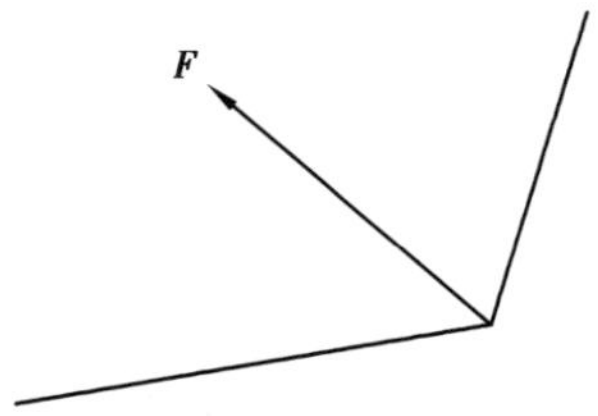

图 1-6-4

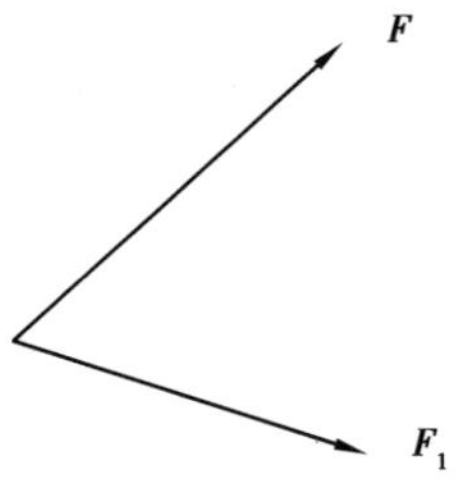

图 1-6-5

★ 熟能生巧

一、选择题

1.已知 $F_1=10$ N,$F_2=6$ N,则两者的合力不可能是(　　)。

A.16 N　　B.8 N　　C.3 N　　D.4 N

2.下列关于合力和分力的说法中,正确的是(　　)。

A.合力总比任何一个分力都大

B.合力的方向只与两分力的夹角有关

C.两个力的合力至少比其中的一个分力大

D.合力的大小介于两个力之和与两个力之差的绝对值之间

3.一个 10 N 的力可以分解为下面哪两个力?(　　)

A.30 N 和 5 N　　B.25 N 和 10 N　　C.10 N 和 5 N　　D.20 N 和 5 N

4.下列说法中正确的是(　　)。

A.一个力只能有两个分力

B.任意的两个力,都可以有合力

C.只有同时作用在同一物体的两个力,才有合力

D.只要作用在同一物体上的两个力,就一定有合力

5.质量为 m 的物体在斜面上静止不动,当斜面的倾角 θ 逐渐增大时,物体仍保持静止,下列分析正确的是(　　)。

A.物体对斜面的压力增大　　B.重力平行于斜面的分力增大

C.重力垂直于斜面的分力增大　　D.静摩擦力减小

二、填空题

1.水平地面上的箱子受到 $F_1=10$ N(向右),$F_2=6$ N(向左)的两个力作用仍保持静止,则箱子受到的静摩擦力为________,方向________。

2.有大小分别为 5 N 和 7 N 的两个力,则这两个力的合力的最大值为________,最小值为________。

3.互成 90°的两个力,其中一个力为 12 N,合力为 13 N,则另一个力为________,三者构成一个________。

4.两个力如果方向一致时合力为 10 N,如果方向相反时合力为 2 N,则这两个力为________和________。

★ 综合运用

1.如图 1-6-6 所示,绳 AO 的拉力为 F_A,绳 BO 的拉力为 F_B,物块受到的重力为 G,那么(　　)。

A.F_A一定小于 G

B.F_A与 F_B的大小之和等于 G

C.F_A与 F_B是一对平衡力

D.F_A与 F_B的大小相等

E.F_A与 F_B的合力大小等于 G

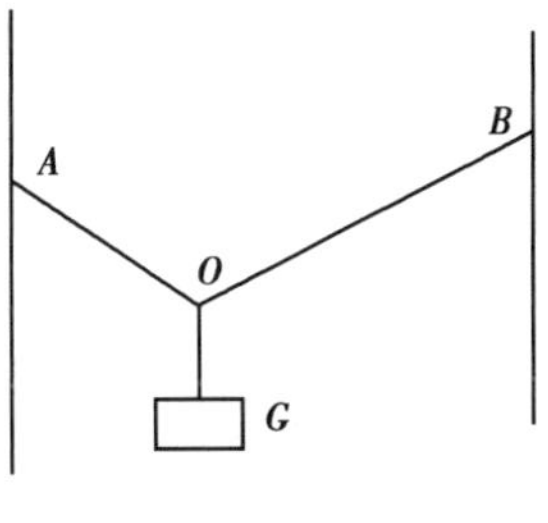

图 1-6-6

2.物体受到三个共点力的作用,其中两个力的大小分别为 4 N 和 7 N,若这三个力的合力的最大值为 20 N,则第三个力的大小为多少?这三个力的合力的最小值为多少?若三个力的合力的最大值为 30 N,则三个力的合力的最小值为多少?

第七节　牛顿第二定律

基本概念

牛顿第二定律：物体加速度的大小跟作用力成正比，跟物体的质量成反比，加速度的方向跟作用力的方向相同。

$$基本公式：F = ma 或 a = \frac{F}{m}$$

知识要点

1.**同体性：**F、m、a 是对于同一个物体而言。

2.**瞬时性：**F、a 具有瞬时对应关系，同时产生、同时消失、同时变化。

3.**矢量性：**F、a 都是矢量，a 跟 F 的方向相同。

注意：虽然 a 的方向与 F 方向一定相同，但 v 的方向与 F 方向不一定相同。

如果物体同时受到多个力作用，则 F 就是这多个力的合力。

结论：若 v、$F_{合}$ 的方向相同，则物体做加速运动；

若 v、$F_{合}$ 的方向相反，则物体做减速运动。

【例】

1.在光滑水平面上的木块受到一个方向不变，大小从某一数值逐渐变小的外力作用时，木块将作(　　)。

A.匀减速运动　　B.匀加速运动

C.速度逐渐减小的变加速运动　　D.速度逐渐增大的变加速运动

【解析】根据牛顿第二定律，物体受到外力作用，将产生加速度，物体开始作加速运动，速度增加；因外力逐渐减小，故加速度也减小，速度增加变慢，故正确答案选 D。

2.沿光滑斜面下滑的物体受到的力有(　　)。

A.重力和斜面支持力　　B.重力、下滑力和斜面支持力

C.重力、正压力和斜面支持力　　D.重力、正压力、下滑力和斜面支持力

【解析】斜面光滑，物体只受到重力和斜面支持力作用。下滑力实际是重力的分力，正压力是物体作用于斜面的力，故选 A。

练习题

★ 夯实基础

一、选择题

1.关于物体运动状态的改变,下列说法中正确的是(　　)。

A.物体运动的速率不变,其运动状态就不变

B.物体的运动速度不变,我们就说它的运动状态不变

C.物体运动状态的改变包括两种情况:一是由静止到运动;二是由运动到静止

D.物体运动的加速度不变,其运动状态就不变

2.下列说法正确的是(　　)。

A.质量较大的物体的加速度一定小

B.物体所受合外力的方向一定与物体的运动方向相同

C.受到外力较小的物体加速度一定小

D.物体所受合外力的方向一定与物体的加速度的方向相同

3.根据牛顿第二定律,物体受到外力作用,就会产生加速度,可是当我们用一个力推桌子却没有推动,这是因为(　　)。

A.这一结论不适用于静止的物体

B.桌子的加速度很小,速度增量很小,眼睛不易觉察到

C.推力小于摩擦力,加速度是负值

D.推力、重力、地面的支持力与摩擦力的合力等于零,物体的加速度为零,所以仍静止

4.对静止在光滑水平面上的物体施加一水平拉力,当力刚开始作用的瞬间(　　)。

A.物体立即获得速度

B.物体立即获得加速度

C.物体同时获得速度和加速度

D.由于物体未来得及运动,所以速度和加速度都为零

5.由牛顿第二定律的数学表达式可推出 $m=\frac{F}{a}$,则物体的质量(　　)。

A.在加速度一定时,跟合外力成正比

B.在合外力一定时,跟加速度成反比

C.在数值上等于它所受到的合外力跟它获得的加速度的比值

D.由加速度和合外力共同决定

二、判断题

1.物体的加速度越大,则速度也越大。(　　)

2.物体的加速度为零,则物体处于静止状态。(　　)

3.物体的质量跟合外力成正比,跟加速度成反比。(　　)

4.物体没有受到外力作用,加速度必为零。 (　　)

5.物体只要受到外力作用,就必然产生加速度。 (　　)

三、计算题

1.一个物体受到 20 N 的力,产生的加速度为 4 m/s^2,若受到外力为 50 N,则产生的加速度为多大?

2.当 $F=50$ N 的水平力作用于 A 物体时,可使它产生 10 m/s^2 的加速度,若物体 A 的质量减少了 3 kg,还是作用同样的力,则该物体的加速度为多大?(忽略一切摩擦力)

★ 熟能生巧

一、选择题

1.一个质量为 m 的物体所受的合力发生变化,则该物体的加速度(　　)。

A.一定变化　　B.一定不变化

C.有可能变化　　D.只是加速度的方向变化

2.将力 F_1 单独作用于某一质量不变的物体上可产生加速度为 3 m/s^2,如该力变为原来的两倍,则该物体的加速度(　　)。

A.不变　　B.同时变为 6 m/s^2

C.逐渐增大到 6 m/s^2　　D.不确定

3.一个质量为 $m=2$ kg 的物体,受到 $F_1=6$ N、$F_2=5$ N、$F_3=4$ N 三个力的作用处于静止状态,若将 F_1 撤掉,则物体的加速度为(　　)。

A.1 m/s^2　　B.2 m/s^2　　C.3 m/s^2　　D.4 m/s^2

4.下列说法正确的是(　　)。

A.一个人用力推一个物体,而不能推动,说明公式 $F=ma$ 对物体静止时不适用

B.石头之所以下落,是地球对石头的作用力大于石头对地球的作用力的缘故

C.质量一定的物体的加速度与合外力成正比

D.物体受到的合外力为零时,一定处于静止状态

5.下列说法正确的是(　　)。

A.物体所受合外力减小,速度可能增大

B.只要有力作用在物体上,加速度就不为零

C.物体所受合外力的大小不变,其加速度也一定不变

D.物体不论处于什么运动状态,合外力大小相同,加速度就相同

二、填空题

1.加速度是反映物体速度________的物理量,单位是________。

2.根据牛顿第二定律,物体受到外力作用时,产生的加速度跟合外力成________,跟物体质量成________,加速度方向跟________相同。

3.一个物体受到两个方向相反的外力作用,已知 $F_1=5$ N,$F_2=10$ N,物体获得的加速度为 2 m/s^2,那么这个物体的质量为________,加速度方向与外力________(选填"F_1"或"F_2")相同。

4.设运动员在 100 m 比赛的过程中为匀加速运动,某运动员质量为 60 kg,成绩为 10 s,则该运动员的加速度为________,受到向前的作用力为________。(忽略空气阻力)

三、计算题

1.用 7 N 的水平力拉一物体沿水平面作直线运动,物体可获得 2 m/s^2 的加速度;如果用 9 N 的力,则可获得 3 m/s^2 的加速度。那么用 15 N 的拉力,物体可获得多大的加速度?物体受到的摩擦力是多少?(忽略空气阻力)

2.一个物体受到两个互相垂直的外力的作用,已知 $F_1=6$ N,$F_2=8$ N,物体在这两个力的作用下获得的加速度为 4 m/s^2,这个物体的质量是多少?

★ 综合运用

1.质量为 5 kg 的物体从高处静止释放后竖直下落,在某时刻受到的空气阻力为 f,产生向下的加速度 $a=0.4$ m/s^2,空气阻力 f 为多大?(g 取 10 m/s^2)

2.质量 $m_1=10$ kg 的物体在竖直向上的恒定拉力 F 作用下,以 $a_1=2$ m/s^2 的加速度匀加速上升,拉力 F 为多大?若将拉力 F 作用在另一物体上,物体能以 $a_2=2$ m/s^2 的加速度匀加速下降,物体的质量 m_2 为多大?(g 取 10 m/s^2,空气阻力不计)

第八节　牛顿第三定律

基本概念

牛顿第三定律：

两个物体之间的作用力与反作用力总是大小相等、方向相反，作用在同一直线上。

表达式：$F=-F'$（负号表示方向相反）

知识要点

1.三个特征：

（1）等值：作用力与反作用力的大小总是相等的。

（2）反向：作用力与反作用力的方向总是相反的。

（3）共线：作用力与反作用力总是在同一直线上。

2.四个特征：

（1）同时性：作用力与反作用力同时产生、同时变化、同时消失。

（2）相互性：作用力与反作用力总是相互的、成对出现的。

（3）同性性：作用力与反作用力的性质总是相同的。

（4）异体性：作用力与反作用力是分别作用在相互作用的两个物体上。

3.**适用范围**：作用力与反作用力跟物体的运动状态无关，无论物体处于静止、作匀速运动还是变速运动，此定律总是成立的。

4.**特别注意**：作用力与反作用力跟平衡力的区别（表 1-8-1）。

表 1-8-1

		作用力与反作用力	平衡力
共同点		大小相等，方向相反，作用在同一直线上	
不同点	作用对象	分别作用在两个物体上	作用在同一物体上
	作用时间	同时产生、同时变化、同时消失	不一定同时产生或消失
	力的性质	属于同性质的力	不一定是同性质的力
	作用效果	各自产生作用效果，不能求合力	使物体处于平衡状态，合力为零

【例】

1.关于牛顿第三定律,以下说法中正确的是(　　)。

A.作用力与反作用力作用在同一物体上

B.作用力与反作用力的大小相等,方向相同,作用在不同物体上

C.作用力与反作用力的大小相等,方向相反,因此作用效果可以相互抵消

D.作用力与反作用力一定作用在不同的物体上,且二力的性质一定是相同的

【解析】这是考查作用力与反作用力的特征,正确答案选 D。

2.甲乙两人发生口角,甲打了乙的胸口一拳致使乙受伤,法院判决甲应支付乙的医药费,甲狡辩说:“我打了乙一拳,根据牛顿第三定律‘作用力和反作用力相等’,乙对我也有相同大小的作用力,所以,乙并没有吃亏。”那么法官对这一事件判决的依据在哪里?(　　)

A.甲打乙的力大于乙对甲的作用力,判决甲付乙的医药费

B.甲打乙的力等于乙对甲的作用力,但甲的拳能承受的力大于乙的胸口能承受的力,所以乙受伤而甲未受伤,且从主观上说甲主动打乙,故判决甲支付乙的医药费

C.由于是甲用拳打乙的胸口,所以甲对乙的力远大于乙的胸口对甲的拳的作用力,故判决甲付乙的医药费

D.甲对乙的力在先,乙对甲的力在后,所以判决甲给乙付医药费

【解析】在本题中,作用力和反作用力的作用效果不同,正确答案选 B。

练习题

★ 夯实基础

一、填空题

1.A 物体对 B 物体施加了力,B 物体一定同时对 A 物体也施加了力。我们把两个物体间相互作用的这一对力称为________与________。

2.作用在同一个物体上的两个力,大小________、方向________,作用在________上,这样的一对力称为平衡力。

3.根据牛顿第三定律,两个物体之间的作用力和反作用力总是大小________、方向________、作用在________上。

4.作用力与反作用力分别作用在两个________的物体上,它们同时________、同时________,是同种________的力。

二、选择题

1.对牛顿第三定律的理解,下列说法中正确的是(　　)。

A.当作用力产生后,再产生反作用力;当作用力消失后,反作用力才慢慢消失

B.甲物体对乙物体的作用力是弹力,乙物体对甲物体的反作用力可以是摩擦力

C.作用力和反作用力,这两个力在任何情况下都不会平衡

D.弹力和摩擦力都有反作用力，而重力无反作用力

2.下列关于作用力和反作用力的说法中正确的是(　　)。

A.只有物体处于静止状态时，物体间才存在作用力与反作用力

B.先有作用力，后有反作用力

C.只有物体接触时，物体间才存在作用力与反作用力

D.两物体间的作用力与反作用力一定是同性质的力

3.下列说法正确的是(　　)。

A.大小相等、方向相反、分别作用在两个物体上的两个力，一定是作用力与反作用力

B.大小相等、方向相反、作用在同一直线上的两个力，一定是作用力与反作用力

C.大小相等、方向相反、作用在同一个物体上的两个力，必定是作用力与反作用力

D.相互作用的一对力中究竟哪一个力是作用力，哪一个力是反作用力是任意的

4.下列判断正确的是(　　)。

A.人行走时向后蹬地，给地面向后的摩擦力，地面给人的摩擦力是人向前的动力

B.人匀速游泳时，人在水中的运动是对水向前用力，水给人的力是阻力，方向向后

C.放在桌面上的物体，因有重力，才有对桌面的压力，才有桌面的支持力出现，即压力先产生，支持力后出现

D.作用力与反作用力，应是先有作用力，再有反作用力，作用力先变化，反作用力随后跟着相应变化

5.2012 年 6 月 16 日，“神舟九号”载着我国三名宇航员顺利飞入太空，下面关于飞船与火箭上天的情形的叙述，其中正确的是(　　)。

A.火箭尾部向外喷气，喷出的气体反过来对火箭产生一个反作用力，从而让火箭获得了向上的推力

B.火箭尾部喷出的气体对空气产生一个作用力，空气的反作用力使火箭获得飞行的动力

C.火箭飞出大气层后，由于没有了空气，火箭虽然向后喷气，但也无法获得前进的动力

D.飞船进入运行轨道之后，与地球之间就没有作用力和反作用力

★ 熟能生巧

一、选择题

1.汽车拉着拖车在平直的公路上运动，下面说法正确的是(　　)。

A.匀速前进时，汽车对拖车的拉力等于拖车向后拉汽车的力；加速前进时，汽车向前拉拖车的力大于拖车向后拉汽车的力

B.拖车加速前进时，是因为汽车对拖车的拉力大于地面对拖车的摩擦力，此时汽车对拖车向前的拉力等于拖车向后拉汽车的力

C.汽车能拉着拖车前进是因为汽车对拖车的拉力大于拖车对汽车的拉力

D.汽车先对拖车施加拉力，然后才产生拖车对汽车的拉力

2.下列说法正确的是(　　)。

A.走路时，地对脚的作用力与脚蹬地的力总是大小相等，方向相反

B.走路时，只有地对脚的作用力大于脚蹬地的力时，人才能往前走

C.物体 A 静止在物体 B 上，A 的质量是 B 的质量的 10 倍，则 A 对 B 的作用力大于 B 对 A 的作用力

D.子弹在枪膛中加速时，枪膛对子弹的作用力大于子弹对枪膛的作用力

3.一物体受绳拉力的作用，由静止开始前进，先做加速运动，然后改为匀速运动，再改为减速运动，下列说法正确的是(　　)。

A.只有匀速前进时，绳拉物体的力才与物体拉绳的力的大小相等

B.加速前进时，绳拉物体的力大于物体拉绳的力

C.减速前进时，绳拉物体的力小于物体拉绳的力

D.不管物体如何前进，绳拉物体的力与物体拉绳的力的大小总相等

4.跳高运动员从地面上起跳的瞬间，下列说法中正确的是(　　)。

A.地面对运动员的支持力大于运动员对地面的压力

B.运动员对地面的压力与地面对运动员的支持力是一对平衡力

C.运动员对地面的压力等于运动员受到的重力

D.地面对运动员的支持力大于运动员受到的重力

5.粗糙的水平地面上有一只木箱，现用一水平力拉木箱匀速前进，则(　　)。

A.木箱对地面的压力与地面对木箱的支持力是一对平衡力

B.拉力与地面对木箱的摩擦力是一对作用力与反作用力

C.木箱对地面的压力与木箱受到的重力是一对平衡力

D.木箱对地面的压力与地面对木箱的支持力是一对作用力与反作用力

二、判断题

1.作用力与反作用力总是同时产生，同时消失的。(　　)

2.有时作用力大于反作用力，有时反作用力大于作用力。(　　)

3.运动员从地面起跳瞬间，地面对运动员的支持力大于运动员对地面的压力。(　　)

4.相互平衡的两个力，其性质可以相同，也可以不同。(　　)

5.人走路时，只有人蹬地的作用力小于地对人的反作用力，人才会前进。(　　)

★ 综合运用

选择题

1.如图 1-8-1 所示，A、B 两木块叠放在水平桌面上，下列情况中，属于一对平衡力的是(　　)。

A.A 对 B 的压力和桌面对 B 的支持力

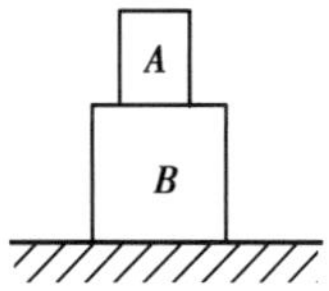

图 1-8-1

B.A 对 B 的压力和 B 对 A 的支持力

C.A 受的重力和 B 对 A 的支持力

D.B 受的重力和桌面对 B 的支持力

2.人乘电梯匀速上升,在此过程中人受到的重力为 G,电梯对人的支持力为 F_N,人对电梯的压力为 F'_N,则(　　)。

A.G 和 F_N 是一对作用力与反作用力

B.G 和 F'_N 是一对平衡力

C.F'_N 和 F_N 是一对作用力与反作用力

D.G 和 F'_N 是一对作用力与反作用力

3.物体静止于一斜面上,如图 1-8-2 所示,则下述说法正确的是(　　)。

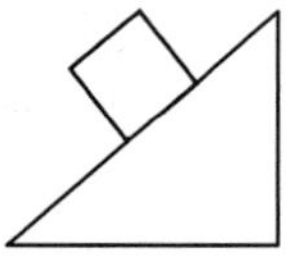

图 1-8-2

A.物体对斜面的压力和斜面对物体的支持力是一对平衡力

B.物体所受重力和斜面对物体的作用力是一对作用力与反作用力

C.物体所受重力可以分解为沿斜面向下的力和对斜面的压力

D.物体对斜面的摩擦力和斜面对物体的摩擦力是一对作用力与反作用力

4.如图 1-8-3 所示,不计悬绳的重量,把 B、C 两个物体悬吊在天花板 A 点。当物体静止后,下面哪一对力是平衡力?(　　)

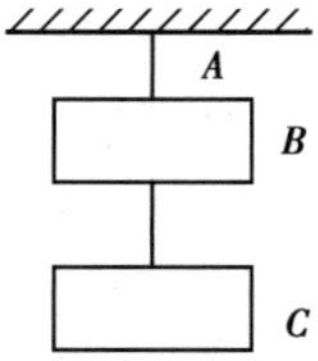

图 1-8-3

A.天花板对绳的拉力和绳对天花板的拉力

B.下段绳对 B 物体的拉力和下段绳对 C 物体的拉力

C.上段绳对 B 物体的向上的拉力和下段绳对 B 物体向下的拉力

D.下段绳对 C 物体的拉力和 C 物体受到的重力

* 第九节　动量

■ 基本概念

1.**冲量**:

(1)定义:力和力的作用时间的乘积。

(2)公式:$I=Ft$。

(3)单位:牛·秒(N·s)。

(4)方向:冲量是矢量,方向与 F 的方向相同。

2.**动量**:

(1)定义:物体质量和速度的乘积。

(2)公式:$P=mv$。

(3)单位：千克·米/秒(kg·m/s)

(4)方向：动量也是矢量，方向与速度 v 的方向相同。

知识要点

1.动量定理的内容：

物体所受合力的冲量等于物体动量的变化量，这就是动量定理。

$$Ft = mv - mv_0$$

$$\text{或 } Ft = P - P_0 = \Delta P$$

2.对动量定理的理解：

(1)F 是物体所受外力的合力，可以是恒定力，也可以是变力。

(2)动量是状态量，反映物体的运动状态；冲量是过程量，跟时间积累有关。

(3)动量定理公式是矢量式，解题时必须先规定正方向，公式中各矢量的方向用正、负号来体现。

(4)当 ΔP 一定时，t 越小则 F 越大，t 越大则 F 越小。动量定理是解决物体碰撞问题的有力工具。

【例】钉钉子时为什么要用铁锤而不用橡皮锤，而铺地砖时却用橡皮锤而不用铁锤？

【解析】钉钉子时用铁锤是因为铁锤形变很小，铁锤和钉子之间的相互作用时间很短，对于动量变化一定的铁锤，受到钉子的作用力很大，根据牛顿第三定律，铁锤对钉子的作用力也很大，所以能把钉子钉进去。橡皮锤形变较大，它和钉子之间的作用时间较长，同理可知橡皮锤对钉子的作用力较小，不容易把钉子钉进去。但在铺地砖时，需要较小的作用力，否则容易把地砖敲碎，因此铺地砖时用橡皮锤不用铁锤。

练习题

★ 夯实基础

选择题

1.玻璃杯从同一高度落下，掉在石头上比掉在草地上容易碎，这是由于玻璃杯与石头撞击的过程中(　　)。

A.玻璃杯的动量较大　　B.玻璃杯受到的冲量较大

C.玻璃杯的动量变化较快　　D.玻璃杯的动量变化较大

2.跳远时，跳在沙坑里比跳在水泥地上安全，这是由于(　　)。

A.人跳在沙坑的动量变化比跳在水泥地上小

B.人跳在沙坑的动量比跳在水泥地上小

C.人跳在沙坑受到的冲力比跳在水泥地上小

D.人跳在沙坑受到的冲量比跳在水泥地上小

3.一个运动的物体，从某时刻起仅受一恒定阻力作用而逐渐减速，直到停止，这段运

动时间由下列的哪个物理量完全决定？（　　）

A.物体的初速度　B.物体的质量　C.物体的初动量　D.物体的初动能

4.甲乙两个质量相等的物体，以相同的初速度在粗糙程度不同的水平面上运动，甲物体先停下来，乙物体后停下来，则(　　)。

A.甲物体受到的冲量大　B.两物体受到的冲量相等

C.乙物体受到的冲量大　D.乙物体受到的摩擦力大

★ 熟能生巧

一、填空题

1.动量是状态量，跟物体运动________有关；冲量是过程量，跟物体受力________有关。

2.根据动量定理，当动量变化一定时，作用时间越长，则受力________，当作用时间越短，则受力________。

二、判断题

1.物体质量越大，动量就越大。（　　）

2.运动越快的物体，动量必然越大。（　　）

3.物体受力越大，冲量就越大。（　　）

4.物体受到的冲量越大，物体的动量就越大。（　　）

5.冲量的大小，决定了物体动量变化的多少。（　　）

三、选择题

1.A、B 两球质量相等，A 球竖直上抛，B 球平抛，两球在运动中不计空气阻力，则下列说法中正确的是(　　)。

A.相同时间内，动量的变化大小不等，方向相同

B.相同时间内，动量的变化大小相等，方向不同

C.相同时间内，动量的变化大小不等，方向不同

D.相同时间内，动量的变化大小相等，方向相同

2.关于冲量、动量与动量变化的下列说法中正确的是(　　)。

A.物体所受外力的冲量方向与物体动量的方向相同

B.物体的动量大小等于物体所受的冲量大小

C.物体的动量变化方向与物体的动量方向相同

D.物体所受外力的冲量大小等于物体动量的变化大小

3.甲乙两个物体都静止在光滑水平面上，分别受到大小相等的水平力作用，经过相等时间，则下列说法中正确的是(　　)。

A.甲乙的末动量相同　B.甲乙的末动量大小相同

C.甲乙所受的冲量相同　D.甲乙的动量变化相同

第十节　超重和失重

基本概念

1.**超重**:物体对支持物的压力(或对悬绳的拉力)大于物体所受重力的现象。

2.**失重**:物体对支持物的压力(或对悬绳的拉力)小于物体所受重力的现象。

知识要点

1.**超重的条件**:

物体具有向上的加速度,有两种情况:

(1)物体向上加速运动;

(2)物体向下减速运动。

2.**失重的条件**:

物体具有向下的加速度,也有两种情况:

(1)物体向下加速运动;

(2)物体向上减速运动。

3.**完全失重**:

物体对支持物的压力(或对悬挂物的拉力)等于零的情况称为完全失重现象。

条件:物体向下的加速度等于 g。典型的例子就是自由落体运动。

4.**超重和失重的本质**:

重力不变,只是对支持物的压力(或对悬绳的拉力)发生了变化。

【例】如图 1-10-1 所示,是电梯上升的 $v—t$ 图,假设电梯的质量为 100 kg,那么承受电梯的钢绳受到的拉力在 0~2 s、2~6 s、6~9 s 时分别为多大?(g 取 10 m/s^2)

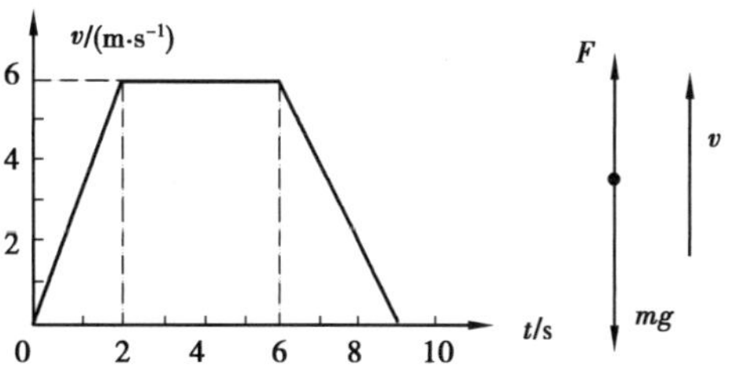

图 1-10-1

【解析】从图中可以看出电梯的运动情况为先加速、后匀速、再减速,根据 $v—t$ 图可以确定电梯的加速度,由牛顿第二定律可列式求解电梯的受力情况。

(1)由 $v—t$ 图线可知,0~2 s 内电梯的速度从 0 均匀增加到 6 m/s,其加速度 $a_1=(v_t-$

$v_0)/t=3\ m/s^2$。

由牛顿第二定律可得 $F_1-mg=ma_1$

解得：$F_1=m(g+a_1)=1\ 300\ N$

(2)在 2~6 s 内，电梯做匀速运动，$F_2=mg=1\ 000\ N$。

(3)在 6~9 s 内，电梯做匀减速运动，$v_0=6\ m/s$，$v_t=0$，

加速度 $a_2=(v_t-v_0)/t=-2\ m/s^2$

由牛顿第二定律可得 $F_3-mg=ma_2$，

解得：$F_3=m(g+a_2)=800\ N$。

练习题

★ 夯实基础

一、填空题

1.用弹簧秤称量物体重力时，当弹簧秤与物体保持静止时，弹簧秤读数即视重________（选填“大于”“小于”或“等于”）物体的重力；当弹簧秤和物体一起加速上升时，视重________（选填“大于”“小于”或“等于”）物体重力，这就是________现象；当弹簧秤和物体一起加速下降时，视重________（选填“大于”“小于”或“等于”）物体重力，这就是________现象。

2.不管是超重还是失重，物体所受重力________。

3.在电梯厢里悬挂着物体的绳子在电梯运行中突然断了，说明物体处于________，此时电梯的加速度方向为________。

二、判断题

1.物体向下运动就会失重，向上运动就会超重。（　　）

2.物体向上运动的速度越大，则超重越大。（　　）

3.物体即使在下降，也可能处于超重状态。（　　）

4.超重和失重与运动的速度大小无关。（　　）

5.物体质量越大，超重部分也就越大。（　　）

三、选择题

1.下列关于物体处于超重状态与失重状态的说法正确的是（　　）。

A.游泳运动员仰卧在水面静止不动时处于失重状态

B.处于完全失重状态的物体，其重力一定为零

C.如果物体处于失重状态，它必然有向下的加速度

D.在超重现象中，物体的重力是增大的

2.一个小杯子的侧壁有一小孔,杯内盛水后,水会从小孔射出,如图 1-10-2 所示。现使杯子自由下落,则杯中的水(　　)。

A.不会射出

B.会比静止时射得更远些

C.会比静止时射得更近些

D.与静止时射得一样远

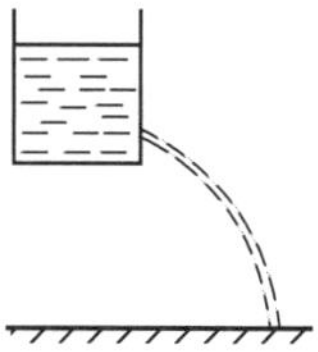

图 1-10-2

3.手托着书使它做下述各种情况的运动,那么,手对书的作用力最大的情况是(　　)。

A.向上做匀减速运动　　B.向下做匀减速运动

C.向上做匀速运动　　D.向下做匀加速运动

4.下列说法中正确的是(　　)。

A.物体竖直向上运动时就会出现超重现象

B.物体竖直向下运动时就会出现失重现象

C.只要物体具有竖直向上的加速度,就处于超重状态,与运动方向和速度大小无关

D.只要物体在竖直方向上运动,物体就一定处于超重或失重状态

5.下列说法中正确的是(　　)。

A.物体向上运动时,速度越大,物体超重部分越大

B.物体向下运动越快,物体失重部分越大

C.物体处于失重状态时,地球对物体的引力不变

D.物体处于超重状态时,地球对它的引力增大

★ 熟能生巧

一、选择题

1.跳水运动员从 10 m 跳台腾空跃起,先向上运动一段距离达到最高点后,再自由下落进入水池,不计空气阻力,关于运动员在空中上升过程和下落过程说法正确的是(　　)。

A.上升过程处于超重状态,下落过程处于失重状态

B.上升过程处于失重状态,下落过程处于超重状态

C.上升过程和下落过程均处于完全失重状态

D.上升过程和下落过程均处于超重状态

2.一个人站在体重计的测盘上,在人下蹲的过程中,指针示数变化应是(　　)。

A.始终不变　　B.先增大,后还原

C.先减小,后增大,再还原　　D.先减小,后还原

3.宇航员在火箭发射与飞船回收的过程中均要经受超重和失重的考验,下列说法正确的是(　　)。

A.火箭加速上升时,宇航员处于失重状态

B.飞船加速下落时,宇航员处于超重状态

C.飞船落地前减速,宇航员对座椅的压力大于其重力

D.火箭上升的加速度逐渐减小时,宇航员对座椅的压力小于其重力

4.电梯内有一弹簧秤挂着一个重 5 N 的物体。当电梯运动时,看到弹簧秤的读数为 6 N,则可能是(　　)。

A.电梯加速向上运动　　B.电梯匀速向上运动

C.电梯加速向下运动　　D.电梯匀速向下运动

5.关于超重和失重,下列说法中正确的是(　　)。

A.超重就是物体受的重力增加了

B.失重就是物体受的重力减少了

C.完全失重就是物体一点重力都不受了

D.不论超重或失重甚至完全失重,物体所受重力是不变的

二、计算题

某航天员的质量为 63 kg(装备质量不计),假设飞船以 8.6 m/s^2 的加速度垂直上升。求该航天员此时对座椅的压力有多大。($g=10\ m/s^2$)

★ 综合运用

质量为 50 kg 的人站在升降机中的体重计上,当升降机做下列各种运动时,体重计的读数分别是多少?($g=10\ m/s^2$)

(1)升降机匀速上升;

(2)升降机以 2 m/s^2 的加速度加速上升;

(3)升降机以 3 m/s^2 的加速度加速下降;

(4)升降机做自由落体运动。

第一章检测题(一)

(总分:100 分　考试时间:45 分钟)

一、填空题(每空 2 分,共 30 分)

1.在描述运动时,需选择一个物体作为参照物,________(选填“静止”“运动”或“一切”)物体都可选作参照物。

2.在描述物体运动时,在某些情况下为使问题简化,我们可以不考虑物体的________和________,可以把物体看作一个有质量的点,叫作________。

3.重力加速度 g 的方向为________。

4.物体所受的合力为零时,则物体的运动状态为________或________。

5.力不是维持物体运动状态的原因,而是________物体运动状态的原因。

6.________是产生加速的原因。

7.自由落体运动是初速度为________,加速度为________的匀加速直线运动。

8.物体超重时加速度方向向________,失重时加速度方向向________,完全失重时加速度方向向________,大小为________。

二、选择题(每小题 3 分,共 30 分)

1.下列物理量中哪一个不是矢量?(　　)。

A.质量　　B.位移　　C.力　　D.速度

2.甲乙两人坐在行驶的轮船船舱中,甲说:“我相对船舱来说是静止的。”乙说:“我相对岸边的树来说是运动的。”请问甲乙两人的说法谁对谁错?(　　)。

A.只有甲对　　B.只有乙对

C.甲乙两人都错　　D.甲乙两人都对

3.请问下面哪个速度是瞬时速度?(　　)

A.一辆汽车以 50 km/h 的速度经过公路旁的一棵大树

B.一辆汽车以 50 km/h 的速度通过一座长江大桥

C.一辆汽车从重庆开往成都的速度为 80 km/h

D.一辆汽车以 30 km/h 的速度翻过了一座大山

4.下列哪些物体的运动可以看成自由落体运动?(　　)

A.从空中飘下来的树叶

B.向下扔出的石头

C.在真空管中从静止向下落的羽毛

D.空中匀速飞行的飞机中掉下的一个物品

5.10 N 与 8 N 的合力可以是(　　)。

A.3 N　　B.20 N　　C.1 N　　D.0 N

6.下列情形中属于作用力与反作用力的是(　　)。

A.人走路时地面给人的支持力和人所受的重力

B.桌子给物体的支持力和物体给桌子的压力

C.人拉物体前行时的拉力与地面给物体的摩擦力

D.拉线给日光灯的拉力与日光灯所受的重力

7.做自由落体运动的物体处于什么状态?(　　)

A.超重　　B.失重　　C.完全失重　　D.完全超重

8.下列哪种运动情况会出现超重现象?(　　)

A.匀减速下降　　B.匀速直线运动

C.匀加速下降　　D.匀减速上升

9.一列长为 100 m 的火车通过一座长为 900 m 的大桥需要 20 s,则这辆火车的速度为多少?(　　)

A.5 m/s　　B.50 m/s　　C.45 m/s　　D.450 m/s

10.在升降机中一根绳子悬挂着一个重力为 20 N 的物体,下列哪种情况下这个物体对绳子的拉力比 20 N 大?(　　)

A.匀速上升　　B.匀加速上升

C.匀加速下降　　D.匀减速上升

三、判断题(每小题 3 分,共 30 分)

1.瞬时速度只有大小没有方向。(　　)

2.一切物体都有惯性。(　　)

3.重力的施力物体是地球。(　　)

4.力是独立的,即离开物体可以独立存在。(　　)

5.作用力与反作用力不需要同时出现,同时消失。(　　)

6.超重现象就是物体的重力变大。(　　)

7.出现超重现象的物体其重力不变。(　　)

8.物体的重心可以不在物体上。(　　)

9.摩擦力可以是动力也可以是阻力。(　　)

10.重力的方向垂直向下。(　　)

四、综合题(每小题 5 分,共 10 分)

1.请举出一对作用力与反作用力、一对平衡力的实例,并说出它们的区别(至少列举两项)。

2.一铅球从静止开始从一高楼顶端下落,在空中运动 3 s 后着地,请问该高楼有多高?(忽略空气阻力,$g=10\ m/s^2$)

第一章检测题(二)

(总分:100 分　考试时间:45 分钟)

一、填空题(每空 2 分,共 30 分)

1.运动是________的,静止是________的。(选填“相对”“绝对”或“不存在”)

2.质量均匀、形状规则的物体,它的重心就在其________上;质量不均匀、形状不规则的物体,其重心要用________来确定。

3.求两个互成角度的力的合力,可以用表示这两个力的有向线段为________,作平行四边形,平行四边形的________就表示合力的大小和方向。这叫作力的________。

4.一个物体在充当施力物体的同时也充当________。

5.________是衡量惯性大小的唯一标准。

6.作用力与反作用力总是________________,________________,作用在同一直线上。

7.一对作用力与反作用力是作用在________物体上,一对平衡力是作用在________物体上。(选填“两个”或“同一”)

8.匀加速直线运动中,加速度的方向与初速度的方向________;匀减速直线运动中,加速度的方向与初速度的方向________。

二、选择题(每小题 3 分,共 30 分)

1.相同质量的甲乙两物体,甲在空中匀速飞行,乙在地面静止不动,请问两物体的惯性谁大?(　　)

A.甲　　B.乙　　C.不清楚　　D.一样大

2.在行驶的汽车中,有一位乘客看见另一辆汽车相对于自己的车在后退,请问另一辆汽车相对于地面(　　)。

A.一定是运动的　　B.一定是静止的

C.有可能是运动的　　D.前面的说法都不对

3.下面描述加速度与速度的关系的说法正确的是(　　)。

A.速度大的加速度就大

B.速度改变量大的加速度就大

C.速度改变得快的加速度就大

D.速度为零的物体加速度也一定为零

4.因地球在自西向东运动,跳远运动员在跳远时向哪个方向跳的成绩最好?(　　)

A.自西向东　　B.自东向西

C.由南向北　　D.与方向无关

5.关于合力与分力的关系,说法正确的是(　　)。

A.合力一定大于分力

B.合力可能比两个分力都大或是比两个分力都小

C.合力与两个分力的大小无关,可以任意取值

D.合力就是两个分力的代数相加

6.关于惯性,下列说法正确的是(　　)。

A.只有静止的物体才有惯性　　B.只有运动的物体才有惯性

C.做变速运动的物体没有惯性　　D.运动和静止的物体都有惯性

7.一部做匀速直线运动的电梯内一根细绳悬挂着一重物,当电梯做什么运动时细绳有可能被拉断?(　　)

A.匀加速下降　　B.匀加速上升

C.匀速下降　　D.匀减速上升

8.半径为 R 的圆形跑道,跑半圈的位移是(　　)。

A.R　　B.$2R$　　C.πR　　D.$2\pi R$

9.下列哪种运动情况的合力为零?(　　)

A.匀速直线运动　　B.匀速圆周运动

C.匀加速直线运动　　D.匀减速直线运动

10.某一物体做变速直线运动,已知它在前半程的速度是 4 m/s,后半程的速度是 6 m/s,那么它在整个路程中的平均速度是(　　)。

A.5 m/s　　B.5.9 m/s　　C.5.1 m/s　　D.4.8 m/s

三、判断题(每小题 3 分,共 30 分)

1.速率是标量,只有大小,没有方向。(　　)

2.加速度是矢量。(　　)

3.重力的重心只能在物体上。(　　)

4.力必须要两物体接触才能产生。(　　)

5.人正常走路时,脚与地面间的摩擦力是静摩擦力。(　　)

6.力是维持运动的原因。(　　)

7.物体的速度越大则惯性越大。(　　)

8.物体所受的合力为零,则物体的加速度也为零。(　　)

9.一个已知的力只有唯一的一对分力。(　　)

10.一对作用力与反作用力就是一对平衡力。(　　)

四、综合题(每小题 5 分,共 10 分)

1.请举例说明摩擦力在生活中有利的一面和有害的一面。

2.一位体重为 25 kg 的小朋友准备骑着一辆自重为 5 kg 的自行车去玩耍,要让该自行车的加速度为 2 m/s^2,则这位小朋友需要多大的力来蹬这辆自行车?(忽略一切摩擦力)

第二章

电与磁的初步知识

第一节　电荷　电荷之间的相互作用　静电感应　放电现象

基本概念

1.**电荷**:为物体或构成物体的质点所带的正电或负电,带正电的粒子称为正电荷(表示符号为“+”),带负电的粒子称为负电荷(表示符号为“-”)。电荷也是某些基本粒子(如电子和质子)的属性,同种电荷相互排斥,异种电荷相互吸引。

2.**电场**:电荷及变化磁场周围空间里存在的一种特殊物质。这种物质与通常的实物不同,它虽然不是由分子、原子所组成的,但它却是客观存在的特殊物质,具有通常物质所具有的力和能量等客观属性。

3.**电场的力的性质表现为**:电场对放入其中的电荷有作用力,这种力称为电场力。

4.**电场的能的性质表现为**:当电荷在电场中移动时,电场力对电荷做功,说明电场具有能量。

5.**静电感应**:在外电场的作用下,导体中的电荷在导体中重新分布的现象。一个带电的物体与不带电的导体相互靠近时由于电荷间的相互作用,会使导体内部的电荷重新分布,异种电荷被吸引到带电体附近,而同种电荷被排斥到远离带电体的导体另一端。

知识要点

1.**电荷、元电荷及电荷之间的相互作用**:

(1)电荷分为两种:“正电荷”与“负电荷”。带有正电荷的物质称为“带正电”;带有负电荷的物质称为“带负电”。丝绸摩擦过的玻璃棒带正电荷,毛皮摩擦过的橡胶棒带负电荷。

(2)电荷量:电荷的多少。单位:库[仑](C)。

(3)元电荷:最小电荷量,用 e 表示,$e=1.60\times10^{-19}$ C。所有带电体的电荷量或者等于 e,或者是 e 的整数倍。故电荷量不能连续变化。

(4)库仑定律是静止点电荷相互作用力的规律。1785 年法国科学家库仑由实验得出，真空中两个静止的点电荷之间的相互作用力同它们的电荷量的乘积成正比，与它们的距离的二次方成反比，作用力的方向在它们的连线上，同名电荷相斥，异名电荷相吸。

2.电场线及其特征：

电场线是为了直观、形象地描述电场分布而在电场中引入的一些假想的曲线。电场线的特征：

(1)曲线上每一点的切线方向和该点电场强度的方向一致。

(2)曲线密集的地方场强强，稀疏的地方场强弱。

(3)任何两条电场线都不会相交。

(4)在静电场中，电场线总是起于正电荷而止于负电荷(或无穷远)。

几种常见的电场线如图 2-1-1 所示。

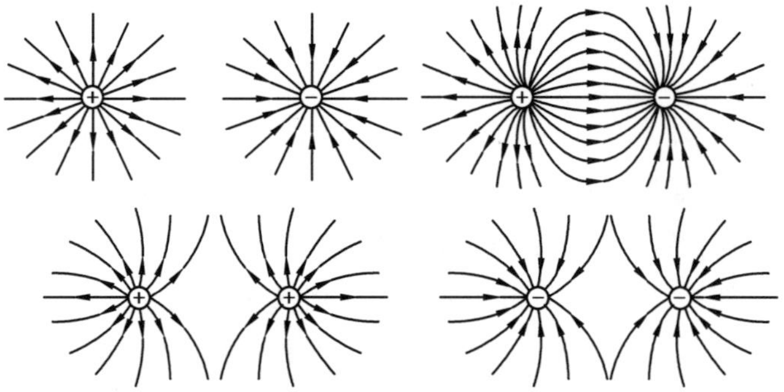

图 2-1-1　几种常见的电场线

匀强电场即在某个区域内各处场强大小相等，方向相同。

3.静电的产生及放电现象：

(1)静电的产生：

①摩擦：在日常生活中，任何两个不同材质的物体摩擦，都可以起电。

②感应：针对导电材料而言，因电子能在它的表面自由流动，如将其置于一电场中，由于同性相斥，异性相吸，正负离子就会转移，感应起电现象如图 2-1-2 所示。

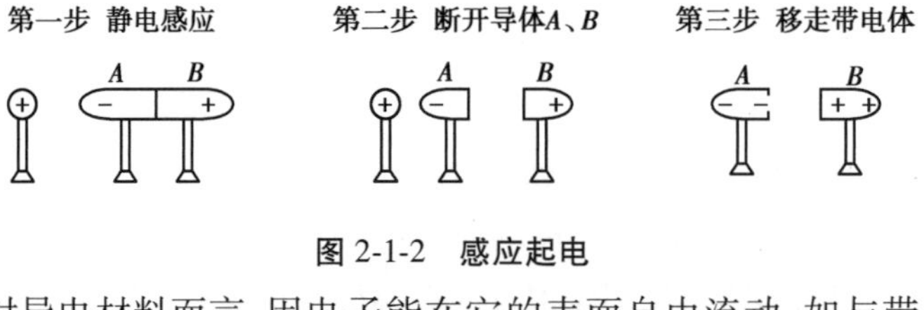

图 2-1-2　感应起电

③传导：针对导电材料而言，因电子能在它的表面自由流动，如与带电物体接触，将发生电荷转移。

(2)放电现象：

两个具有不同静电电位的物体，由于直接接触或静电场感应引起两物体间的静电电荷的转移。静电电场的能量达到一定程度后，击穿其间介质而进行放电的现象就是静电放电。

【例】电荷周围存在着一种物质称为(　　)。

【解析】电场。本章节内容注重概念的记忆,本题为电场的概念。

【练习】

正电荷的电场方向________,负电荷的电场方向________。

练习题

★ 夯实基础

一、填空题

1.实验证明,物体所带的电荷有________种,叫作________电荷和________电荷。物体所带电荷的多少叫作________。

2.库仑的实验结果是,两个点电荷之间的作用力跟它们________的乘积成正比,跟它们之间________的平方成反比,作用力的方向在它们之间的________上。这一规律被称为库仑定律。

3.物理学中把形状大小与距离相比小到可以忽略不计的带电体叫作________。

4.电场线疏密程度表明了电场的________情况。

5.电场对放在其中的电荷有力的作用叫作________。

6.自然界存在两种电荷,同种电荷相互________,异种电荷相互________。

二、名词解释

库仑定律

★ 熟能生巧

一、填空题

1.在同一电场分布图上,观察电场线的疏密程度,电场线分布相对密集处,场强________;电场线分布相对稀疏处,场强________。

2.等势面密集处场强________,等势面稀疏处场强________。

二、选择题

1.质子所带电荷叫作(　　)。

A.点电荷　　B.负电荷　　C.元电荷　　D.正电荷

2.电荷量的单位是(　　)。

A.C　　B.A　　C.V　　D.T

3.自然界存在两种电荷,同种电荷相互(　　),异种电荷相互(　　)。

A.排斥　排斥　　B.吸引　吸引　　C.排斥　吸引　　D.吸引　排斥

三、综合题

简述电场线的特点。

★ 能力提升

一、填空题

1.两个点电荷,它们之间的静电力是 F。如果保持它们之间的距离不变,将它们之一的电荷量增大为原来的 2 倍,则它们之间作用力的大小为________。

2.有两个点电荷,它们之间的静电力是 F。如果保持它们所带的电荷量不变,将它们的距离增大为原来的 2 倍,则它们之间作用力的大小为________。

二、选择题

1.有两个点电荷,它们之间的静电力是 F。如果保持它们之间的距离不变,将它们之一的电荷量增大为原来的 4 倍,则它们之间作用力的大小为(　　)。

A.$4F$　　B.$8F$　　C.$2F$　　D.F

2.有两个点电荷,它们之间的静电力是 F。如果保持它们电量不变,将它们之间的距离扩大到 4 倍,则它们之间作用力的大小为(　　)。

A.$4F$　　B.$\frac{F}{16}$　　C.$2F$　　D.F

3.电荷之间的相互作用是通过(　　)实现的。

A.电场　　B.电流　　C.外力　　D.磁场

第二节　导体和电流

■ 基本概念

1.**电流**:科学上把单位时间里通过导体任一横截面的电量。电流符号为 I,单位为安[培],简称“安”(A)。

2.**导体**:电荷能够从出现的地方迅速转移或传导到其他部分的那些物体,即能够导电的物体。

3.**绝缘体**:电荷几乎只能停留在出现的地方的那些物体,即不能够导电的物体。

4.**半导体**:常温下导电性能介于导体与绝缘体之间的材料。常见的半导体材料有硅、锗、砷化镓等。

知识要点

1.**电流**：导体中的自由电荷在电场力的作用下做有规则的定向运动就形成了电流。

电学上规定：正电荷定向流动的方向为电流方向。工程中以正电荷的定向流动方向为电流方向，电流的大小则以单位时间内流经导体截面的电荷 Q 来表示其强弱，称为电流。其表达式为：

$$I=\frac{Q}{t}$$

电流是标量，习惯上常将正电荷的运动方向规定为电流的方向。在导体中电流的方向总是沿着电场方向从高电势处指向低电势处。在国际单位制中，电流的单位是安［培］（A）。

$$1\ \text{A}=1\ 000\ \text{mA}=1\times10^{6}\ \mu\text{A}$$

一些常见的电流：电子手表 1.5～2 μA，白炽灯泡 200 mA，手机 100 mA，空调 5～10 A，高压电 200 A，闪电 2×10^{4}～2×10^{5} A。

物理上规定电流的方向，是正电荷定向运动的方向（即正电荷定向运动的速度的正方向或负电荷定向运动的速度的反方向）。电流运动方向与电子运动方向相反。

在电源外部电流由正极流向负极，在电源内部电流由负极流回正极。

电流分为交流电流和直流电流，交流电大小和方向都发生周期性变化，直流电方向不随时间发生改变。

2.**电阻定律**：电阻是对电流产生阻碍作用的电子元件，导体的电阻 R 跟它的长度 L、电阻率 ρ 成正比，跟它的横截面积 S 成反比，公式为：

$$R=\frac{\rho L}{S}$$

式中　ρ——制成电阻材料的电阻率，国际单位制为欧［姆］·米（Ω·m）；

L——制成电阻的导线长度，国际单位制为米（m）；

S——制成电阻的导线横截面积，国际单位制为米^2（m^2）；

R——电阻值，国际单位制为欧［姆］，简称“欧”（Ω），$1\ \text{M}\Omega=1\ 000\ \text{k}\Omega=1\times10^{6}\ \Omega$。

人们把处于超导状态的导体称为“超导体”。超导体的直流电阻率在一定的低温下突然消失，被称作零电阻效应。导体没有了电阻，电流流经超导体时就不发生热损耗，电流可以毫无阻力地在导线中形成强大的电流，从而产生超强磁场。

3.**欧姆定律**：欧姆定律是指在同一电路中，通过某段导体的电流跟这段导体两端的电压成正比，跟这段导体的电阻成反比，其公式为 $I=\frac{U}{R}$。

全电路欧姆定律公式为 $I=\frac{E}{R+r}$，E 为电源电动势，单位为伏特（V）；R 是负载电阻；r 是电源内阻。

【例】

1.电流的方向一般规定为________。

【解析】本题考的是电流的基本常识:电流的方向。

【答案】正电荷定向移动的方向。

2.电阻是反映导体对________的阻碍作用的物理量。

【解析】电阻是导体对电流的阻碍作用的物理量,还有电导(G)也是。

【答案】电流。

3.已知一个电路是由一个电源和两个电阻组成的,其中电源电压为 5 V,$R_1=2\ \Omega$,$R_2=3\ \Omega$,在不考虑电源内阻的情况下,两电阻串联,则回路中电流为________ A。

【解析】该题为欧姆定律的应用,$I=\frac{E}{R+r}=\frac{5\ \text{V}}{2\ \Omega+3\ \Omega}=1\ \text{A}$

【答案】1 A。

【练一练】

1.在某电路中,在单位时间内通过的电荷量为 10 C,请问流过负载的电流为________。

【答案】10 A。

2.已知某导体的电阻为 10 Ω,其长度为 1 m,横截面积为 $1\times10^{-4}\ \text{m}^2$,电阻率 ρ 为________。

【答案】$1\times10^{-3}\ \Omega\cdot\text{m}$。

3.欧姆定律的数学表达式是________。

【答案】$I=\frac{U}{R}$。

练习题

★ 夯实基础

一、填空题

1.习惯上规定________移动的方向为电流的方向。方向不随时间变化的电流叫作________。

2.在金属导体中,电流的方向与________的移动方向相反。

3.导体在电路中一个重要的性质就是对电流具有________作用,这种作用叫电阻。

4.电阻定律:同一材料,在________不变时,导体的电阻跟它的________成正比,跟它的________成反比,这就是电阻定律。

5.欧姆定律:导体中的电流跟加在导体两端的________成正比,跟导体的________成反比,这就是欧姆定律。

二、选择题

1.电流的方向规定为(　　)。

A.电子移动的方向　　B.正电荷移动的反方向

C.正电荷移动的方向　　D.电动势的方向

2.两段长短、粗细和材料都不相同的导体分别接在电压相同的电路中，则下列判断正确的是(　　)。

A.长导体中的电流一定大些

B.短导体中的电流一定大些

C.无论哪根导体被拉长后，通过的电流都一定变小

D.无论哪段导体被冷却后，通过的电流都一定变小

3.一根铜导线的电阻为 R，要使电路中的电阻变为 $2R$，以下方法可行的是(　　)。

A.将铜导线对折起来，接在电路中

B.将同样长，同样粗的铝导线代替铜导线接在电路中

C.将铜导线拉长为原来的 2 倍

D.将铜导线拉长为原来的$\sqrt{2}$倍

4.下列关于电阻的说法正确的是(　　)。

A.导体通电时有电阻，不通电时没有电阻

B.通过导体的电流越大，电阻也越大

C.导体两端电压越大，电阻越大

D.导体电阻是导体本身的性质

5.对欧姆定律公式 $I=\dfrac{U}{R}$的理解，下面说法错误的是(　　)。

A.对某一段导体来说，导体中的电流跟它两端的电压成正比

B.在相同电压的条件下，不同导体中的电流跟电阻成反比

C.导体中的电流既与导体两端的电压有关，也与导体的电阻有关

D.因为电阻是导体本身的一种性质，所以导体中的电流只与导体两端的电压有关，与导体的电阻无关

6.甲乙两导体通过相同的电流，甲所需的电压比乙所需的电压大，则它们的阻值大小关系是(　　)。

A.甲的电阻大于乙的电阻　　B.甲的电阻等于乙的电阻

C.甲的电阻小于乙的电阻　　D.不确定

★ 熟能生巧

一、填空题

1.在金属导体中，电流的方向与________的移动方向相反，在电解液中，电流方向与正离子移动方向相同，与________移动方向相反。

2.电荷几乎只能停留在出现的地方,这样的物体称为________。

3.有些物体传导电荷的能力在导体与绝缘体之间,这些物体称为________。

4.我们把通过导体横截面的电量、跟通过这些电量所用的时间的比值,称为________,简称________。

5.将一根粗细均匀的导线均匀拉长,它的电阻变________,这是因为其________变大,________变小。

二、选择题

1.某段金属丝两端加 6 V 电压时,通过它的电流是 0.2 A,若将它两端的电压变为 2 V 时,则它的电阻值为(　　)。

A.10 Ω　　B.20 Ω　　C.30 Ω　　D.40 Ω

2.一导体接在某电路中,如果把加在该导体两端的电压减少到原来的一半,则导体的电阻和通过它的电流将(　　)。

A.都减少到原来的一半

B.都保持不变

C.电阻不变,电流是原来的一半

D.电阻不变,电流是原来的 2 倍

3.一根铜导线的电阻为 R,保持电阻两端的电压不变的情况下,将它均匀拉长后,流过它的电流将(　　)。

A.变大　　B.变小　　C.不变　　D.不确定

4.把一根粗导线和一根细导线串联起来,然后接到电路中,则(　　)。

A.细导线的电阻比粗导线的电阻大

B.粗导线中流过的电流一定大于细导线中流过的电流

C.粗导线的电阻比细导线的电阻大

D.两根导体中的电流一样大

5.一根铜导线的电阻为 R,将它均匀拉长后,它的电阻将(　　)。

A.变大　　B.变小　　C.不变　　D.不确定

三、综合题

某维修人员在维修电器时,需要绕制一个 30 Ω 的电阻。已知电阻丝的横截面积为 $0.5\ mm^2$,电阻率 $5\times10^{-7}\ \Omega\cdot m$,则电阻丝的长度为多少?

★ 能力提升

一、选择题

1.两根同材料的电阻丝,长度之比为 1∶2,横截面积之比为 2∶1,则电阻之比为(　　)。

A.1∶1　　B.1∶2　　C.2∶1　　D.1∶4

2.某粗细均匀的柱状导体，被均匀拉伸至原来长的 4 倍后，其电阻值为 16 Ω，则导体原来的阻值是（　　）。

A.1 Ω　　B.2 Ω　　C.4 Ω　　D.8 Ω

3.下列说法正确的是（　　）。

A.电阻表示导体对电流阻碍作用的大小，当导体中无电流通过时，导体就无电阻

B.通过导体的电流越小，导体的电阻越大

C.导体两端的电压越大，导体的电阻越大

D.一白炽灯泡的灯丝正常发光时的电阻比不发光时的电阻大

二、判断题

1.当温度升高时，普通电阻的阻值会减小。（　　）

2.某支路电流 $I_{AB}=-2$ A，则该支路电流的方向实际上是从 B 至 A。（　　）

3.导体通电时有电阻，不通电时没有电阻。（　　）

4.通过导体的电流越大，电阻也越大。（　　）

5.和负载 R 组成的全电路中，当外电路处于开路状态时，电源的端电压等于电源电动势 E。（　　）

三、综合题

1.一个定值电阻的阻值为 4 Ω，现将该电阻的材料均匀拉长为原来的 2 倍做成新的电阻，则新电阻的阻值为多少？

2.通过专业测量发现在 3 s 内通过某一电阻横截面的电荷为 9 C，求通过该电阻的电流为多大？

第三节　电功　电功率

■ 基本概念

1.**电功**：导体中自由电荷在电场力的作用下的定向移动形成电流，电场力在使电荷运动时要做功，我们把自由电荷定向移动时电场力所做的功称为电流做功，电流所做的功即为电功，用 W 表示，它的单位是焦[耳]，简称“焦”(J)。

2.**电功率**：电流在单位时间内做的功称为电功率。电功率是用来表示消耗电能快慢

的物理量，用 P 表示，它的单位是瓦[特]，简称“瓦”（W）。

知识要点

1.**电能的转化——电功**：

电能可以转化成多种其他形式的能量。电能转化成多种其他形式能量的过程也可以说是电流做功的过程，有多少电能发生了转化就说电流做了多少功，即电功是多少。

电流做功的多少跟电流的大小、电压的高低、通电时间长短都有关系。加在用电器上的电压越高、通过的电流越大、通电时间越长、电流做功就越多。研究表明，当电路两端电压为 U，电路中的电流为 I，通电时间为 t 时，电功 W（或者说消耗的电能）为：$W=Pt=UIt=UQ$。

电功的单位是焦耳(J)，常用单位是度(kW·h)。$1\ \text{kW}\cdot\text{h}=3.6\times10^6\ \text{J}=3.6\ \text{MJ}$

2.**电功率**：

作为表示电流做功快慢的物理量，一个用电器功率的大小数值上等于它在 1 s 内所消耗的电能。如果在“t”这么长的时间内消耗的电能“W”，那么这个用电器的电功率就是 $P=\dfrac{W}{t}$（定义式）。电功率等于导体两端电压与通过导体电流的乘积，即 $P=U\cdot I$，其计算常用公式还有 $P=\dfrac{U^2}{R}=I^2R$（主要适用于纯电阻电路）。

电功率的单位是瓦[特]（W），常用的单位有千瓦（kW）和毫瓦（mW），其关系为：$1\ \text{kW}=10^3\ \text{W}$；$1\ \text{W}=10^3\ \text{mW}$

每个用电器都有一个正常工作的电压值，称为额定电压，用电器在额定电压下正常工作的功率称为额定功率，用电器在实际电压下工作的功率称为实际功率。

3.**焦耳定律**：

电流通过导体时会产生热量，这称为电流的热效应，而电热器是利用电流的热效应来加热的设备，电炉、电烙铁、电熨斗、电饭锅、电烤炉等都是常见的电热器。电热器的主要组成部分是发热体，发热体是由电阻率大、熔点高的电阻丝绕在绝缘材料上制成的。

焦耳定律是定量说明传导电流将电能转换为热能的定律。内容是：电流通过导体产生的热量跟电流的二次方成正比，跟导体的电阻成正比，跟通电的时间成正比。焦耳定律数学表达式：$Q=I^2Rt$；对于纯电阻电路可推导出：$Q=W=Pt$；$Q=UIt$；$Q=\left(\dfrac{U^2}{R}\right)t$。

【例】已知一盏灯的功率为 100 W，额定电压为 220 V，正常工作下通过的电流为________。

【解析】此题考查的是电功率的计算，在解此类型的题时，搞清楚电功率的计算公式即可，即 $P=UI$。

【答案】$I=\dfrac{5}{11}$ A

【练一练】已知某电阻的阻值为 100 Ω，消耗的功率为 1/4 W，则电阻两端的电压为

________，流过该电阻的电流为________。

【答案】5 V　0.05 A

练习题

★ 夯实基础

一、填空题

1.电热器、电饭锅等可以把电能转化为________；洗衣机、电飞扇、电梯、电车等可以把电能转化为________；电解、电镀装置可以把电能转化为________；电灯等可以把电能转化为________。

2.纯电阻电路，电能完全转化为________。

3.220 V 45 W 的电烙铁，在额定电压下使用，每分钟产生________热量。

4.一个标有“220 V，1 000 W”的电烤箱，正常工作时的电流为________，其电热丝的阻值为________，电烤箱消耗的功率为________。若连续使用 6 h，所消耗的电能是________，它产生的热量是________。

5.电流通过导体产生的热量，跟电流的平方、导体的电阻和通电的时间成________，表达式为________。

6.在某纯电阻电路中，电阻阻值为 $R=3\ \Omega$，1 min 中内产生了 360 J 的热量，则通过电阻横截面的电荷量为________。

7.1 度电可供两盏 100 W 的电灯正常工作________ h。

8.一个“220 V 800 W”的电炉，正常工作时电阻丝的电阻是________ Ω。

二、选择题

1.已知一盏灯的功率为 10 W，则照明一天需要(　　)度。

A.2.4　　B.24　　C.0.24　　D.2.04

2.在某电阻电路中，由于长时间使用，发热严重，已知电阻阻值为 5 Ω，在 3 h 消耗了 1.5 度电，则通过的电流为(　　)。

A.−1/6 A　　B.1/3 A　　C.10 A　　D.−1/3 A

3.将标有“12 V，3 W”的甲灯和“12 V，1 W”的乙灯串联在 12 V 的电源上，则更亮的是(　　)。

A.甲灯　　B.乙灯　　C.甲、乙两灯一样亮　　D.无法判断

4.将标有“110 V，60 W”的 L_1 灯和“110 V，40 W”的 L_2 灯并联在 110 V 的电源上，L_1、L_2 两灯更亮的是(　　)。

A.L_1 灯　　B.L_2 灯　　C.两灯一样亮　　D.无法判断

5.决定灯泡明暗程度的是(　　)。

A.电功率　　B.电压　　C.电功　　D.电荷

6.标有“10 V，4 W”的 L_1 灯和“20 V，4 W”的 L_2 灯，分别在额定电压下正常发光，请

问 L_1、L_2 两灯更亮的是(　　)。

A.L_1 灯　　B.L_2 灯　　C.两灯一样亮　　D.无法判断

★ 熟能生巧

一、填空题

1.一个灯泡上印着“PZ 220 25”,它正常工作时的电阻是________ Ω,如果把它接入一个 110 V 电压的电路中,它实际消耗的电功率是________,与接在 220 V 电路上相比,这时它发光的亮度________。

2.一只电烙铁的额定电压是 220 V,在额定电压下工作时的电阻是 1 210 Ω,它的额定功率是________ W,在额定电压下通电 10 min 产生________ J 的热量。

二、选择题

1.在某照明电路中,其中白炽灯 L_1 的额定功率和额定电压分别为 100 W、220 V,白炽灯 L_2 的额定功率和额定电压分别为 50 W、220 V,则(　　)。

A.白炽灯 L_1 的电阻为 484 Ω,白炽灯 L_2 电阻为 242 Ω

B.正常工作下,白炽灯 L_1 比白炽灯 L_2 流过的电流大

C.如果将两颗灯串联,那么 L_1 比 L_2 分得的电压大

D.以上说法都是错的

2.现有两只白炽灯,其中一只白炽灯 L_1 的额定电压为 110 V,另一只白炽灯 L_2 的额定电压为 220 V,则将两只灯串联有(　　)。

A.L_1 比 L_2 亮　　B.L_2 比 L_1 亮　　C.L_2 和 L_1 一样亮　　D.无法确定

3.测得一发热盘在正常工作下的电阻为 24.2 Ω,且功率为 2 000 W,则该发热盘的额定工作电压为(　　)。

A.110 V　　B.380 V　　C.220 V　　D.210 V

★ 能力提升

一、选择题

1.有两个额定功率相同的甲乙灯泡,当它们并联接入某一电路时,甲灯比乙灯亮,则它们的额定电压(　　)。

A.$U_{甲}>U_{乙}$　　B.$U_{甲}<U_{乙}$　　C.$U_{甲}=U_{乙}$　　D.无法判断

2.将甲灯“6 V 8 W”和乙灯“6 V 3 W”的两灯泡并联接在电压是 6 V 的电路上,则两灯更亮的是(　　)。

A.乙灯　　B.甲灯　　C.一样亮　　D.都不发光

3.连续点亮一只 40 W 的灯泡作照明,消耗 1 kW · h 电能所用时间为(　　)。

A.2 h　　B.40 h　　C.25 h　　D.20 h

4.康玲玲在农村修了一座小院,现在有两种白炽灯(甲:500 W,乙:100 W)需安装在客厅和庭院,该如何安装更好(　　)。

A.甲安装在客厅,乙安装在庭院　　B.客厅和庭院都安装甲

C.乙安装在客厅,甲安装在庭院　　D.客厅和庭院都安装乙

5.在标有“4 V 2 W”字样的灯泡两端加 2 V 电压时,不考虑温度对其电阻的影响,则(　　)。

A.此时灯泡的电流为 0.5 A　　B.此时灯泡的电流为 1 A

C.此时灯泡的实际功率为 0.5 W　　D.此时灯泡的实际功率为 1 W

6.下列关于电功率的几种说法中,正确的是(　　)。

A.额定电压高的用电器比额定电压低的用电器的功率大

B.电阻小的用电器,功率一定大

C.额定电压不同而电阻相同的用电器的额定功率肯定不同

D.额定电压不同而电阻相同的用电器的实际功率肯定相同

二、判断题

1.“度”是电功率的常用单位。(　　)

2.电流通过灯丝做功,灯丝发光,是电能转换成热能。(　　)

3.某导体均匀拉长为原来的两倍,接在同一电源上,其功率变为原来的四倍。(　　)

4.电能是电功转换的量度。(　　)

5.焦耳定律适用于一切电路。(　　)

三、综合题

小明家有一台空调,制冷的功率为 1.5 kW,制热的功率为 2.5 kW,夏天平均每天使用 5 h,冬天平均每天使用 12 h,那么一个暑假(45 天)和一个寒假(60 天)需要用多少度电?若按照每度电 0.8 元计算,共需要多少电费?

第四节　电路的简单连接

■ 基本概念

1.**电路**:由金属导线和电气、电子部件组成的导电回路。

2.**串联**:串联是连接电路元件的基本方式之一,将两个及两个以上的元件串联起来组成的电路叫串联电路。

3.**并联**:并联是电路元件之间的一种连接方式,其特点是将两个或两个以上同类或不同类的元件、器件等首首相接,同时尾尾也相连的一种连接方式。

知识要点

1.**电阻的串并联**:串联和并联是电阻的两种基本连接方式,电阻的串联电路和并联电路的比较见表 2-4-1。

表 2-4-1

连接方式		电阻串联	电阻并联
电路		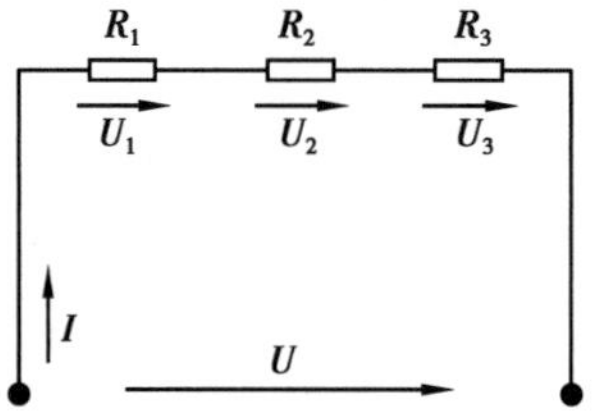	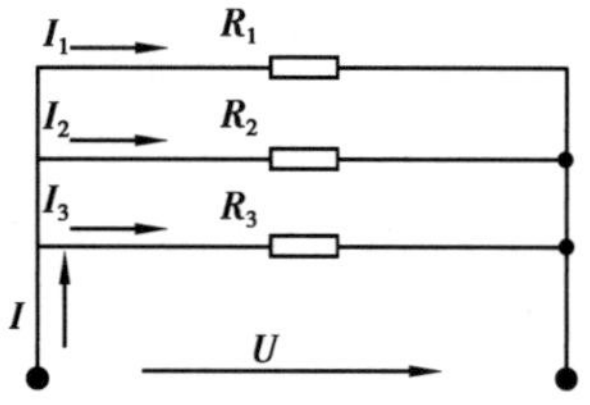
特点	电流	串联电路的电流各处相等,即 $I_1=I_2=I_3=\cdots=I_n=I$	并联电路的总电流等于通过各支路电流之和,即 $I=I_1+I_2+I_3+\cdots+I_n$
	电压	串联电路的总电压等于各电阻上分压之和,即 $U=U_1+U_2+U_3+\cdots+U_n$	并联电路电阻两端电压相等,即 $U=U_1=U_2=U_3=\cdots=U_n$
	电阻	串联电路的等效电阻等于各分电阻之和,即 $R=R_1+R_2+R_3+\cdots+R_n$	并联电路等效电阻的倒数等于各分电阻的倒数之和,即 $\frac{1}{R}=\frac{1}{R_1}+\frac{1}{R_2}+\frac{1}{R_3}+\cdots+\frac{1}{R_n}$;当 n 个等值电阻并联时,其等效电阻为 $R=\frac{R_0}{n}$;两个电阻并联时,其等效电阻为 $R=\frac{R_1R_2}{R_1+R_2}$
	功率	串联电路的总功率等于各电阻消耗的功率之和 $P=P_1+P_2+P_3+\cdots+P_n$	并联电路的总功率等于各电阻消耗的功率之和 $P=P_1+P_2+P_3+\cdots+P_n$
	电压(电流)分配	串联电阻中各电阻两端的电压与各电阻的阻值成正比,即 $I=\frac{U_1}{R_1}=\frac{U_2}{R_2}=\frac{U_3}{R_3}=\cdots=\frac{U_n}{R_n}$	并联电路中通过各电阻的电流与各电阻的阻值成反比,即 $U=I_1R_1=I_2R_2=I_3R_3=\cdots=I_nR_n$
	功率分配	串联电路中各电阻消耗的功率与各电阻的阻值成正比, $I^2=\frac{P_1}{R_1}=\frac{P_2}{R_2}=\frac{P_3}{R_3}=\cdots=\frac{P_n}{R_n}$	并联电路中各电阻消耗的功率与各电阻的阻值成反比,即 $U^2=R_1P_1=R_2P_2=R_3P_3=\cdots=R_nP_n$
	分压(分流)公式	两个电阻分压公式: $U_1=\frac{R_1}{R_1+R_2}U$ $U_2=\frac{R_2}{R_1+R_2}U$	两个电阻的分流公式: $I_2=\frac{R_1}{R_1+R_2}I$ $I_1=\frac{R_2}{R_1+R_2}I$
应用		串联分压	并联分流

2.**电路的混联**:在实际电路中,既有电阻串联又有并联的电路,称为混联电路。混联电路的一般分析方法如下。

(1)求混联电路的等效电阻。根据混联电路电阻的连接关系求出电路的等效电阻。

(2)求混联电路的总电流。根据欧姆定律求出电路的总电流。

(3)求各部分的电压、电流和功率。根据欧姆定律,电阻的串、并联特点和功率的计算公式分别求出电路各部分的电压、电流和功率。

【例】有两只阻值分别为 20 Ω 和 10 Ω 的电阻,现在将这两只电阻串联,则总电阻为________,若将这两个电阻并联,则总电阻为________。

【解析】本题考查的是电阻的串并联,所以需要掌握电阻的基本特点。

【答案】30 Ω,$\frac{20}{3}\Omega$

【练一练】某一电路中,已知某一电阻消耗的功率为 4 W,两端的电压为 2 V,则该电阻的阻值为________。

【答案】1 Ω

练习题

★ 夯实基础

一、填空题

1.所谓电阻的并联就是____________________,使每个电阻两端都承受________的连接方式。

2.并联电路,各支路两端的________相等,串联电路中________处处相等。

3.有两个电阻 R_1 和 R_2,已知 $R_1:R_2=1:2$。若它们在电路中并联,则两电阻上的电压比 $U_{R1}:U_{R2}=$________;两电阻上的电流比 $I_{R1}:I_{R2}=$________;它们消耗的功率比 $P_{R1}:P_{R2}=$________。

4.测量电压应该首选________表,它必须________在被测电路中,它的内阻应尽量________。

5.有两个阻值相等的电阻,当他们串联起来总电阻为 10 Ω,当把他们并联起来时总电阻为 2.5 Ω,这两个电阻分别为________、________。

二、选择题

1.下列不属于电阻的连接方式的是(　　)。

A.并联　　B.混联　　C.串联　　D.乱连

2.下列说法正确的是(　　)。

A.两个电阻并联后,阻值增大

B.两个电阻串联后,电阻值增大

C.已知某两点间的电压相等,可以确定两点间没有用电器

D.电阻的串联常常运用于家用电路中

3.将电阻分别为 $R_1=10\ \Omega$ 和 $R_2=20\ \Omega$ 的两电阻并联接入电路中，测得 R_1 的电流是 2 A，则 R_2 的电流是(　　)。

A.2 A　　B.4 A　　C.5 A　　D.1 A

4.已知 $R_1>R_2>R_3$，若将此三只电阻并联接在电压为 U 的电源上，获得最大功率的电阻将是(　　)。

A.R_1　　B.R_2　　C.R_3　　D.不确定

5.标明“100 Ω　16 W”和“100 Ω　25 W”的两个电阻并联时，两端允许加的最大电压是(　　)。

A.40 V　　B.50 V　　C.60 V　　D.70 V

6.如图 2-4-1 电路，R_1 和 R_2 的连接方式是(　　)。

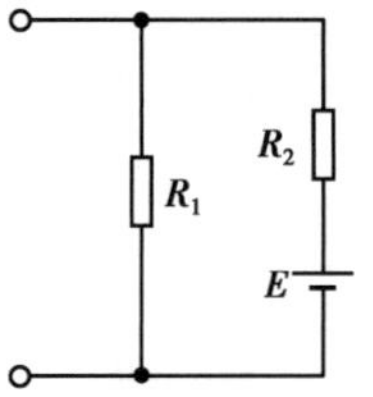

图 2-4-1

A.串联　　B.并联　　C.混联　　D.都不是

★ 熟能生巧

一、填空题

1.R_1、R_2 两个电阻并联后接入电路中，它们的功率之比为 $P_1:P_2=9:4$，则 $R_1:R_2=$________。

2.串联电路的基本特征：总电压等于各个电阻两端的________之和；总电阻等于各导体电阻之和；串联电路的总电流与各处________。

3.串联电路中各个电阻消耗的功率跟它的阻值成________。灯泡的________越大，消耗________越大，灯光就越亮。

4.并联电路的基本特征：电路中各支路两端的________，电路的总电流等于各支路________之和，并联电路的总电阻的倒数等于各支路电阻的________之和。

5.并联电路中各个电阻消耗的功率跟它的阻值成________，灯泡的________越大，消耗的________就越小，灯光就越暗。

二、判断题

1.两个电阻并联，$R_1=2R_2$，R_1 两端的电压 U_1 和 R_2 两端的电压 U_2 的关系是 $U_1=2U_2$。(　　)

2.串联电阻电路中，等效电阻恒大于任一分电阻。(　　)

3.电阻并联电路电流处处相等。(　　)

4.并联电路中，各支路电流不一定相等。(　　)

5.电阻串联电路中，总电阻等于各分电阻的倒数之和。（　　）

★ 能力提升

一、选择题

1.如图 2-4-2 所示，电源电压不变，当开关 S 闭合时，电表示数的变化情况是（　　）。

A.电流表、电压表示数均变大

B.电流表、电压表示数均变小

C.电压表示数变大，电流表示数减小

D.电压表示数变小，电流表示数增大

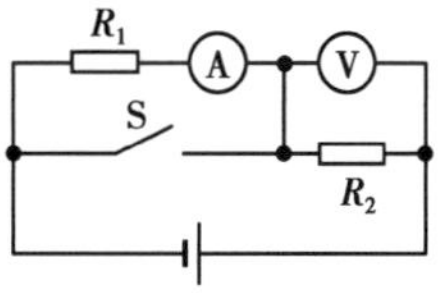

图 2-4-2

2.A、B 是同种材料制成的电阻，他们的长度相等，A 的横截面积是 B 的两倍，将它们串联在电路中，则加在 A、B 上的电压 U_A、U_B 和通过 A、B 的电流 I_A、I_B 间的关系正确的是（　　）。

A.$I_A=I_B$　　B.$I_A>I_B$　　C.$U_A=U_B$　　D.$U_A>U_B$

3.两个完全相同的电阻，他们串联的总电阻是并联的总电阻的（　　）。

A.1/2　　B.2 倍　　C.1/4　　D.4 倍

4.关于学校教室的电路，下列说法正确的是（　　）。

A.学校的灯都开时总电阻最大

B.学校的灯都不开时总电阻最大

C.每多开一个教室的灯，学校的干路总电流就会变小

D.每多开一个教室的灯，学校的干路总电流就会变大

二、综合题

如图 2-4-3 所示，电源电压 $U=12$ V，内阻忽略不计，定值电阻 $R_1=4\ \Omega$、$R_2=2\ \Omega$、$R_3=2\ \Omega$，求：

（1）当电键 S 断开时，干路电流 I 为多大？

（2）当电键 S 闭合时，电路中的总电阻和电流分别为多大？

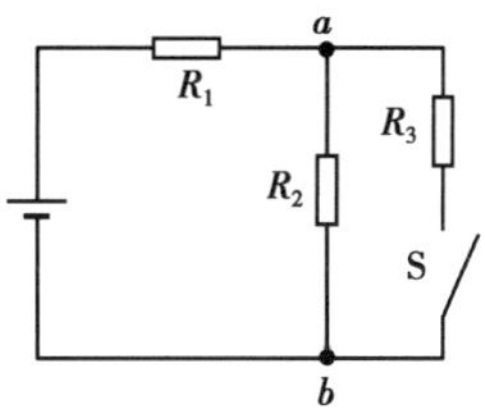

图 2-4-3

第五节 闭合电路欧姆定律 安全用电 有关磁的知识

基本概念

1.**电源电动势**:电源电动势的大小等于电源没有接入电路时两极间的电压。

2.**内电路**:电源内部的电路。

3.**外电路**:电源外部的电路。

4.**闭合电路的欧姆定律**:闭合电路中的电流,跟电源电动势成正比,跟整个电路的电阻成反比。

5.**磁场**:传递实物间磁力作用的场。磁场不是由分子、原子组成的特殊物质,只要有磁体存在,磁极就会在其所处的空间激发磁场。磁场的基本性质是对处于磁场中的磁体有力的作用。

知识要点

1.**闭合电路欧姆定律**:表达式:$I=\frac{\delta}{R+r}$。

2.**安全用电常识**:

(1)用电线路及电气设备绝缘必须良好,灯头、插座、开关等的带电部分绝对不能外露,以防触电。

(2)不要乱拉、乱接电线,以防触电或发生火灾。

(3)不要站在潮湿的地面上移动带电物体或用潮湿抹布擦拭带电的家用电器,以防触电。

(4)保险丝选用要合理,切忌用铜丝、铝丝或铁丝代替,以防发生火灾。

(5)所使用的家用电器如电冰箱、电冰柜、洗衣机等,应按产品使用要求,使用装有接地线的插座。

(6)检修或调换灯泡,即使开关断开,也切忌用手直接触及,以防触电。

(7)如遇电器发生火灾,要先切断电源抢救,切忌直接用水扑灭,以防触电。

(8)发现有人触电,应先设法断开电源(如在高处触电,还要采取防止触电者跌落受伤的措施),然后进行急救。

3.**家庭安全用电须知**:

(1)不要超负荷用电,如用电负荷超过规定容量,应到供电部门申请增容;空调、烤箱等大容量用电设备应使用专用线路。

(2)要选用合格的电器,不要贪便宜购买使用假冒伪劣电器、电线、线槽(管)、开关、插头、插座等。

(3)不要私自或请无资质的装修队及人员敷设电线和接装用电设备,安装、修理电器要找有资质的单位和人员。

(4)对规定使用接地的用电器具的金属外壳要做好接地保护,不要忘记给三眼插座、插座盒安装接地线;不要随意将三眼插头改为两眼插头。

(5)要选用与电线负荷相适应的熔断丝,不要任意加粗熔断丝,严禁用铜丝、铁丝、铝丝代替熔断丝。

(6)不用湿手、湿布擦拭带电的灯头、开关和插座等。

(7)家庭用电应安装合格的漏电保护器,室内要设有公用保护接地线。漏电保护开关应安装在无腐蚀性气体、无爆炸危险品的场所,要定期对漏电保护开关进行灵敏性检验。

(8)晒衣架要与电力线保持安全距离,不要将晒衣竿搁在电线上。

(9)要将电视机室外天线安装牢固可靠,不要高出附近的避雷针或靠近高压线。

(10)严禁私设电网防盗、狩猎、捕鼠,严禁用电捕鱼。

4.如何应急处置触电事故:电流对人体的损伤主要是电热所致的灼伤和强烈的肌肉痉挛,这会影响到呼吸中枢及心脏,引起呼吸抑制或心跳骤停,严重电击伤可致残,甚至直接危及生命。

(1)要使触电者迅速脱离电源,并立即拉下电源开关或拔掉电源插头,若无法及时找到或断开电源时,可用干燥的竹竿、木棒等绝缘物挑开电线。

(2)将脱离电源的触电者迅速移至通风干燥处仰卧,解开其上衣,放松其裤带,观察触电者有无呼吸,摸一摸颈动脉有无搏动。

(3)施行急救。若触电者呼吸及心跳均停止时,应做人工呼吸和胸外按压,即实施心肺复苏法抢救,另外要及时打电话呼叫救护车。

(4)尽快送往医院,途中应继续施救。

警示:

(1)切勿用潮湿的工具或金属物挑开电线。

(2)切勿用手触及带电者。

(3)切勿用潮湿的物件搬动尚未脱离电源的触电者。

【例】电器火灾主要是由电路________、漏电和过载引起。

【解析】一般地,如果电路出现线路老化、漏电或者线路过载,都会引起线路电流过大,短时间产生很多热量,导致线路起火,所以要定期检查线路情况。

【答案】短路。

5.有关磁的知识:

(1)磁感线:磁感线类似于电场线,是为了形象地描述磁场的性质而假想的线。磁感线疏密反映磁场的强弱,磁感线密集的地方磁场强,磁感线稀疏的地方磁场弱。

(2)磁感线的方向:磁感线的方向都是由磁体的北极出来,进入磁铁的南极。

(3)电流周围也存在磁场。

练习题

★ 夯实基础

判断题

1.安全用电是衡量一个国家用电水平的重要标志之一。 (　　)

2.触电事故的发生具有季节性。 (　　)

3.由于城市用电频繁,所以触电事故城市多于农村。 (　　)

4.电灼烧、电烙印和皮肤金属化属于电伤。 (　　)

5.跨步电压触电属于直接接触触电。 (　　)

6.不接触高压电就是安全的。 (　　)

7.0.1 A 电流很小,不足以致命。 (　　)

8.交流电比同等强度的直流电更危险。 (　　)

9.在任何环境下,36 V 都是安全电压。 (　　)

10.磁感线看得见摸得着。 (　　)

11.电源电动势的大小就等于电源两端的电压。 (　　)

★ 熟能生巧

判断题

1.因为零线比火线安全,所以开关大都安装在零线上。 (　　)

2.为使触电者气道畅通,可在触电者头部下面垫枕头。 (　　)

3.如果救护过程经历了 5 h,触电者仍然未醒,应该继续进行。 (　　)

4.触电者昏迷后,可以猛烈摇晃其身体,使之尽快复苏。 (　　)

5.电气设备必须具有一定的绝缘电阻。 (　　)

6.电流周围没有磁场。 (　　)

★ 能力提升

判断题

1.胸部按压的正确位置在人体胸部左侧,即心脏处。 (　　)

2.当触电者牙关紧闭时,可用口对鼻人工呼吸法。 (　　)

3.洗衣机等家用电器的金属外壳可以不连接地线。 (　　)

4.在拉拽触电者脱离电源的过程中,救护人员应采用双手操作,保证受力均匀,帮助触电者顺利地脱离电源。 (　　)

5.触电者由于痉挛,手指紧握导线,可用干燥的木板垫在触电者身下,再采取其他办法切断电源。 (　　)

6.抢救时间超过 5 h,可认定触电者已死亡。 (　　)

7.任何电气设备在未验明无电时,可一律认为无电。 (　　)

8.发生人员触电时,若一时找不到断开电源的开关,应迅速用绝缘完好的钢丝钳或断线钳剪断电线,以断开电源。 (　　)

9.磁铁内部的磁场方向是由南极到北极。 (　　)

第二章检测题(一)

(总分:100 分　考试时间:45 分钟)

一、填空题(每空 2 分,共 30 分)

1.电荷之间的相互作用关系是同种电荷相互________,异种电荷相互________。

2.电场线的疏密程度表明了电场的________。电场线越密的地方,电场________;电场线越疏的地方,电场________。

3.习惯上规定,________移动的方向为电流的方向。在金属导体中,自由电子定向移动的方向与导体中电流的方向________。(填"相同"或"相反")

4.________是能量转化的量度。

5.串联电路________处处相等,并联电路各支路两端的________相等。

6.安全用电常识告诉我们,不能________高压带电体,不能________低压带电体。

7.将两电阻 $R_1=10\ \Omega$,$R_2=20\ \Omega$ 并联接入电路 220 V 的电路中,则两电阻的电流 $I_1:I_2=$________,两电阻两端的电压 $U_1:U_2=$________。

8.欧姆定律的表达为________。

二、选择题(每小题 3 分,共 30 分)

1.下面的符号表示电荷量单位的是(　　)。

A.C　　B.V　　C.A　　D.J

2.一根均匀的铜导线,其电阻为 2 Ω,当加在它两端的电压增加一倍时,它的电阻为(　　)。

A.4 Ω　　B.1 Ω　　C.2 Ω　　D.0.5 Ω

3.安全电压值指的是(　　)。

A.12 V　　B.380 V　　C.36 V　　D.220 V

4.判断电灯明暗的主要依据是(　　)。

A.电功　　B.电功率　　C.电流强度　　D.电热

5.元电荷的电荷量是(　　)。

A.1.6×10^{9} C　　B.1.6×10^{19} C　　C.1.6×10^{-19} C　　D.1.6×10^{-9} C

6.分别标有"220 V　30 W"和"220 V　60 W"的两个灯泡 L_1、L_2,串联后接入 220 V 的电路中,则两灯泡在电路中更亮的是(　　)。

A.L_1　　B.L_2　　C.一样亮　　D.无法确定

7.日常生活中电度表中的 1 度电等于(　　)。

A.1 J　　B.36 J　　C.3 600 J　　D.3.6×10^{6} J

8.某品牌电视机的遥控器需要两节电动势为 1.5 V、内阻为 0.1 Ω 的干电池串联,该遥控器电池组的电动势、内阻分别是(　　)。

A .1.5 V　0.1 Ω　　B.3 V　0.2 Ω　　C.3 V　0.1 Ω　　D.1.5 V　0.2 Ω

9.分别将电阻 $R_1=3\ \Omega$、$R_2=6\ \Omega$ 的两电阻串联到电路中，测得 R_1 两端的电压为 15 V，则 R_2 两端的电压是(　　)。

A.15 V　　B.30 V　　C.7.5 V　　D.18 V

10.下列做法中，不符合安全用电要求的是(　　)。

A.用湿布擦拭正在使用的白炽灯

B.在家庭电路中安装保险丝或空气开关

C.更换灯泡时，先断开开关

D.外壳损坏的插座，应及时更换

三、判断题(每小题 3 分，共 30 分)

1.电场线是虚拟的线。(　　)

2.带电的物体可以吸引轻小物体。(　　)

3.导体表面的电荷是均匀分布在外表面的。(　　)

4.导体的长度越长，横截面积越大，它的电阻就越大。(　　)

5.由 $U=IR$ 可知，在并联电路中，电阻较大的，它两端的电压也较大。(　　)

6.可以在有绝缘皮的电线上晾衣服。(　　)

7.在日常生活中无论怎么连接 60 W 的电灯泡一定比 40 W 的电灯泡明亮。(　　)

8.在日常生活中，电能只能转化为内能。(　　)

9.家里突然断电，可以利用这个机会在家检修电路。(　　)

10.电炉丝热得发红，跟电炉丝连接的铜导线却不怎么热，是因为流过铜导线的电阻比电炉丝的小。(　　)

四、综合题(每小题 5 分，共 10 分)

1.简述为什么油罐车后面的尾部都有一条铁链拖在地上。

2.要使阻值为 110 Ω 的导体内通过 0.2 A 的电流，应给导体两端加多大的电压？

第二章检测题(二)

(总分:100 分　考试时间:45 分钟)

一、填空题(每空 2 分,共 30 分)

1.电荷之间的相互作用是通过________实现的,当我们说电荷 A 受到电荷 B 的作用时,实际上是说电荷 A 受到________的作用。

2.避雷针运用的是________原理。

3.实验证明,在温度不变时,导体的电阻跟它的长度成________,跟它的横截面积成________,这就是电阻定律,电阻定律可以表示为________。

4.单位时间内通过的________,电流就强;单位时间内通过的________,电流就弱。

5.原子核中的质子带________电,核外电子带________电。

6.两个点电荷之间的作用力跟它们电荷量的乘积成________,跟它们之间距离的平方成________,作用力的方向在它们之间的连线上。这一规律被称为________。

7.将两电阻 $R_1=4\ \Omega$,$R_2=8\ \Omega$ 串联接入电路 220 V 的电路中,则两电阻的电流 $I_1:I_2=$________,两电阻两端的电压 $U_1:U_2=$________。

二、选择题(每小题 3 分,共 30 分)

1.下列物体属于绝缘体的是(　　)。

A.石墨　　B.人体　　C.陶瓷　　D.湿木材

2.一根均匀的导线,其电阻为 12 Ω,当加在它两段的电压增加 2 倍时,它的电阻为(　　)。

A.0 Ω　　B.6 Ω　　C.12 Ω　　D.24 Ω

3.将电阻分别为 $R_1=5\ \Omega$ 和 $R_2=10\ \Omega$ 的两电阻并联接入电路中,测得 R_1 的电流 20 A,则 R_2 的电流是(　　)。

A.20 A　　B.40 A　　C.10 A　　D.15 A

4.日常使用的电表是用来测量(　　)。

A.电压　　B.电功　　C.电流　　D.电功率

5.由相同材料制成的两段电阻丝,他们的横截面积之比为 1∶3,长度之比为 3∶1,它们之间的电阻之比为(　　)。

A.1∶1　　B.9∶1　　C.1∶9　　D.1∶6

6.两电阻的阻值分别为 2 Ω 和 4 Ω,把这两个电阻并联后的总电阻为(　　)。

A.$\frac{4}{3}\ \Omega$　　B.6 Ω　　C.$\frac{3}{4}\ \Omega$　　D.3 Ω

7.关于公式 $R=\frac{U}{I}$,下列说法正确的是(　　)。

A.导体内电流强度越大,电阻越小

B.导体两端电压越大,电阻越大

C.导体的电阻与 U、I 的值无关

D.R与U成正比、与I成反比

8.把两电阻之比为2∶1的两电阻并联连接到电路中,则两电阻的电压之比是(　　)。

A.2∶1　　B.1∶2　　C.1∶1　　D.4∶1

9.当有人触电或电气设备着火时,下列做法正确的是(　　)。

A.立即将触电的人拉开　　B.立即用剪刀剪开电线

C.着火时,用水将火扑灭　　D.先切断电源,再进行抢救

10.分别标有"110 V　30 W"和"220 V　30 W"的两个灯泡L_1、L_2,分别在其额定电压下工作,则这两个灯泡更明亮的是(　　)。

A.L_1　　B.L_2　　C.一样亮　　D.无法确定

三、判断题(每小题3分,共30分)

1.摩擦起电的实质是电子的得失。(　　)

2.将两个阻值不同的电阻串联在电路中,电阻大的通过的电流小,电阻小的通过的电流大。(　　)

3.在家用电路中保险丝断了,可用铜丝代替。(　　)

4.家用电器的金属外壳要接地。(　　)

5.在检修电路或更换电路元件时,应先拉下总开关(闸刀开关)。(　　)

6.家里突然断电,可以利用这个机会在家检修电路。(　　)

7.在纯电阻电路中电能全部转化为内能。(　　)

8.空气在任何时候都是绝缘的。(　　)

9.家庭照明电压为380 V。(　　)

10.某导体通过的电荷量越多,电流就越强。(　　)

四、综合题(每小题5分,共10分)

1.试着计算分别标有"220 V　40 W""220 V　100 W"的两灯泡的电阻是多大。

2.说出生活中常见的导体和绝缘体有哪些。(每种至少说4个)

第三章

物质结构　能量守恒　天文知识初步

第一节　机械能

■ 基本概念

1.**功**:当一个物体受到力的作用并在力的方向上发生一段位移,我们就说这个力对物体做了功。

2.**机械能守恒定律**:只有重力做功的情况下(即没有摩擦和其他阻力),物体发生动能和势能的转化时,机械能的总量保持不变。

知识要点

1.**做功的两个必要因素**:一是作用在物体上的力,二是物体在力的方向上移动的位移。

2.**功的计算公式**:$W=FS$(F 和 S 方向相同)。

3.**功和能的关系**:做功的过程就是物体能量转化的过程。

4.**机械能守恒的条件**:只有在重力做功或摩擦不做功的情况下,机械能才能守恒。

【**例**】在水平地面上的物体,受到 10 N 的水平推力前进了 5 m;物体重 30 N,求推力、重力各做了多少功?

【**解析**】求做功问题,可以按以下三步进行:

(1)物体是否受到力的作用,不受力的物体不存在做功的问题。

(2)物体是否运动,不运动的物体也不存在做功问题。

(3)物体既受力又运动时,判断二者之间的方向关系。如果力和运动方向垂直,则此力不做功。

【**答案**】推力做功:$W_{推}=FS=10\ \text{N}\times5\ \text{m}=50\ \text{J}$

$W_{重}=0\ \text{J}$

物体只是在水平地面上移动一段距离,并没在重力方向上移动距离,所以重力对物体没有做功。

【练习】

在下面的哪个情景中,人对物体做了功(　　)。

A.小明用力推车,但车没有推动　　B.小江举着杠铃静止不动

C.小红把一桶水从井中提起　　D.小华背着书包立在原地

练习题

★ 夯实基础

一、选择题

1.下列说法正确的是(　　)。

A.只要物体受力,就会对物体做功

B.物体受力越多,功就越大

C.力对物体不做功,说明物体一定没有位移

D.功是量度能量转化的一个物理量

2.下列情况中做功为零的是(　　)。

A.自由落体运动中,重力做功

B.水平地面上推物体,物体运动了 3 m

C.杠铃被运动员从地面举了起来

D.水平地面上滑动的物体,支持力对物体做的功

3.小明提 40 N 的物体从一楼到 20 m 高的楼顶,小明对物体做的功为(　　)。

A.400 J　　B.500 J　　C.600 J　　D.800 J

4.关于动能的描述正确的是(　　)。

A.质量大的物体,动能一定大

B.速度大的物体,动能一定大

C.质量一定的物体,速度越大,动能也越大

D.速度一定的物体,质量越大,动能越小

5.小朋友从滑梯顶部滑向底部的过程中,下列说法正确的是(　　)。

A.在顶部时,动能最大　　B.在底部时,势能最大

C.在下滑过程中,动能转化为势能　　D.在下滑过程中,势能转化为动能

二、填空题

1.物体做功满足的两个条件是:____________________和____________________。

2.把重 500 N 的物体从底楼提高到 5 m 高的楼顶,所做的功为__________________。

3.质量为 1 kg 的物体,速度大小为 5 m/s,此时物体所具有的动能为______________。

三、判断题

1.物体在下落过程中,将重力势能转化为动能。(　　)

2.拉弯的弓具有弹性势能。(　　)

3.物体在任何时候都能机械能守恒。　　(　　)

四、简答题

1.什么是功?

2.功的物理意义是什么?

3.什么是机械能守恒定律?

★ 熟能生巧

一、选择题

1.下面几种情况中,重力势能逐渐增大的是(　　)。

A.皮球在空中下落　　B.物体在水平桌面上运动

C.电梯上升　　D.汽车在平直马路上匀速行驶

2.关于能量的说法正确的是(　　)。

A.不做功的物体就不具有能量

B.具有能量的物体,肯定在做功

C.物体能对别的物体做功,它就具有能量

D.物体具有机械能,它肯定在做功

3.关于物体势能或动能的说法正确的是(　　)。

A.2 楼物体的势能小于 3 楼物体的势能

B.拉长的弹簧一定比压缩的弹簧势能大

C.速度快的物体动能一定大

D.在平直公路上匀速行驶的汽车,它的动能和势能保持不变

4.甲乙两物体,如果甲物体的动能大,则(　　)。

A.甲的质量一定大　　B.甲的速度一定大

C.甲做的功多　　D.以上说法都不对

5.下列情况中,不计空气阻力,物体机械能守恒的是(　　)。

A.物体沿斜面上升　　B.电梯匀速下降

C.物体在水平面上匀速运动　　D.物体从高处自由下落

二、填空题

1.物体从空中自由下落的过程中,不计空气阻力,它的动能________,它的势能________,总的机械能________。(填“增大”“减小”或“不变”)

2.一个物体能够________,我们就说它具有能量。

3.在空中运动的物体具有的机械能是 200 J,动能为 130 J,则具有的重力势能为________。

三、判断题

1.一个物体的动能减小了,是因为它的速度减小了。(　　)

2.空中自由下落的雨滴是将重力势能转化为动能。(忽略空气阻力)(　　)

3.单摆在下降过程中由动能转化为重力势能。(　　)

★ 综合运用

一、选择题

1.体积相同的实心木球和铁球,放在相同高度的桌面上,则(　　)。

A.铁球的重力势能大　　B.木球的重力势能大

C.两球的重力势能一样大　　D.无法比较

2.一个物体的动能增加了,这是因为(　　)。

A.一定是质量增加了　　B.一定是速度增加了

C.可能是速度或者质量增加了　　D.两者都没有变化

3.在光滑和粗糙的水平面上推车,所用的力都相等,在小车发生相等位移的过程中,推力对小车做的功是(　　)。

A.在光滑水平面上大　　B.在粗糙水平面上大

C.用时长的做功较大　　D.相等

4.下列情况中,机械能增大的是(　　)。

A.电梯匀速下降　　B.雨点在空中下落

C.小鸟向高空中匀速飞走　　D.小车在水平地面上匀速行驶

5.小朋友从光滑的滑梯顶端向下滑行的过程中,其能量变化说法正确的是(　　)。

A.动能减小　　B.机械能不变

C.势能增加　　D.机械能转化为内能

二、填空题

1.运动员在跳伞过程中,伞还没有打开时(不计空气阻力),重力势能________,动能________,机械能将________。当打开伞匀速下落时,重力势能________,动能

________，机械能________。（填“增大”“减小”或“不变”）。

2.在水平地面上，工人用 100 N 的水平推力推动重 200 N 的箱子，在 3 s 内前进了 5 m，在这个过程中，木箱所受重力对木箱做功为________ J，工人对木箱做功为________ J。

三、判断题

1.做匀速直线运动的物体，物体动能不会改变。（　　）

2.功是能量转化的量度。（　　）

3.一个物体动能减小了是因为它的速度减小了。（　　）

四、简答题

使劲拍一下皮球，落地后能弹起的高度比拍下时的位置还高，这是为什么？

第二节　分子的运动　内能

基本概念

1.**分子热运动**：通常把分子的无规则运动称为分子热运动。

2.**平均动能**：大量分子动能的平均值。

3.**分子势能**：分子之间的势能。

4.**内能**：物体里所有分子的动能和势能的总和。

知识要点

1.**影响平均动能的因素**：温度，温度越高平均动能越大。

2.**影响分子势能的因素**：体积。

3.**做功和热传递的区别**：做功是物体其他形式的能和内能之间的转化，热传递是物体内能的转移。

练习题

★ 夯实基础

一、选择题

1.下列事例中，能说明“分子在不停地运动”的是(　　)。

A.落叶纷飞　　B.黄沙满天　　C.花香四溢　　D.绵绵细雨

2.以下有关分子的说法,错误的是(　　)。

A.扩散现象反映的是分子在做无规则运动

B.分子一直处于永不停息的运动中

C.分子间存在着引力和斥力

D.分子是紧密排列的,分子之间没有间隙

3.关于分子力,下列说法正确的是(　　)。

A.分子之间只有引力

B.分子之间只有斥力

C.分子之间的引力大于斥力

D.分子间有时斥力大于引力,有时引力大于斥力

二、填空题

1.汽车突然刹车,此时刹车片变热,汽车的机械能转化为________能。

2.地球卫星在绕地球转动的过程中,会转到地球的背面,其间没有太阳光的照射,卫星的温度急剧下降,内能________,这是通过________的方式来改变物体的内能。

三、判断题

1.只有通过做功才能改变物体的内能。(　　)

2.有人说布朗运动就是分子热运动。(　　)

四、名词解释

分子热运动

★ 熟能生巧

一、选择题

1.下列说法正确的是(　　)。

A.固体很难被压缩说明分子间只存在斥力

B.温度高的物体比温度低的物体内能大

C.扩散现象说明分子在不停地做无规则运动

D.物体的温度发生了变化,一定是发生了热传递

2.关于分子的动能和内能,下列说法正确的是(　　)。

A.物体的温度升高,物体的平均动能增大

B.物体的温度升高,内能一定增大

C.分子之间存在引力时,就没有斥力

D.0 ℃的冰没有内能

3.两个相互接触的物体之间没有热传递,是因为具有相同的(　　)。

A.热量　　B.熔点　　C.内能　　D.温度

二、填空题

1.将冰块放入水中很快就融化了,这是通过________的方式改变了冰的内能,放入冰块后将使水分子的运动更________(填“剧烈”或“缓慢”)

2.将铁丝快速地弯折十余次,铁丝弯折处的温度会________,这是通过________的方式使其内能增加的。

三、判断题

1.在烧水的过程中,是将燃料的化学能转化为内能。 (　　)

2.搓搓手就会感觉暖和些,这是热传递的过程。 (　　)

★ 综合运用

一、选择题

1.自由摆动的单摆会慢慢地停下来,下列说法正确的是(　　)。

A.能量在逐渐消失　　B.机械能守恒

C.总能量不守恒　　D.机械能慢慢减少

2.0 ℃的冰融化成0 ℃水的过程中,它们的(　　)。

A.分子平均动能相同,分子势能不同　　B.分子平均动能相同,分子势能相同

C.分子平均动能不同,分子势能相同　　D.分子平均动能不同,分子势能相同

3.下列生活实例中,哪种是通过做功的方式来改变物体的内能的(　　)。

A.喝加冰的饮料,感觉很凉快　　B.烧开水

C.在太阳下,感觉一会就暖和起来了　　D.冬天人们搓手取暖

二、填空题

1.分子的无规则运动与________有关,________越高,分子运动越________。

2.开水烧开了之后,将开水壶顶了起来是将________能转化为________能。

三、判断题

1.温度为0 ℃的物体没有内能。 (　　)

2.物体温度升高,一定吸收了热量。 (　　)

四、简答题

为什么悬浮在液体中的颗粒越小,它的布朗运动越显著?

第三节　能量的转化和守恒定律

基本概念

能量的转化和守恒定律:能量既不能凭空产生,也不能凭空消失,它只能从一种形式转化为别的形式,或者从一个物体转移到别的物体。

知识要点

19 世纪自然科学的三大发现:细胞学说、达尔文的生物进化论、能量的转化和守恒定律。

练习题

★ 夯实基础

一、选择题

下列物体可以将电能转化为动能的是(　　)。

A.电磁炉　　B.发电机　　C.电灯　　D.电风扇

二、填空题

我们平常使用的电磁炉,是将________能转化为________能。

三、判断题

自由摆动的秋千摆幅越来越小,最后停了下来,但物体的总能量守恒。(　　)

四、名词解释

能量的转化和守恒定律

★ 熟能生巧

一、选择题

下列能量转化中,属于机械能转化为内能的是(　　)。

A.电动车　　B.汽车紧急刹车,轮胎发热

C.生石灰加水,温度升高　　　　　　　　D.给电炉通电,电炉发热

二、填空题

写出能量守恒定律的内容:

____

____

三、判断题

水轮发电机发电,是将机械能转化为电能。　　　　　　　　　　　(　　)

★ 综合运用

一、选择题

某物体对外做功,消耗了 200 J 的机械能,这些机械能转化为其他形式的能量是(　　)。

A.50 J　　　　B.100 J　　　　C.150 J　　　　D.200 J

二、判断题

用砂轮磨刀是由内能转化为动能。　　　　　　　　　　　　　　(　　)

三、简答题

水平公路上行驶的汽车,发动机熄火后最后停了下来,这一现象符合能量守恒定律吗?它是将什么能转化为什么能?

第四节　太阳家族——太阳系　太阳

■ 基本概念

1.**八大行星**:水星、金星、地球、火星、木星、土星、天王星、海王星。

2.**万有引力定律**:宇宙间任何两个质点,都彼此相互吸引,引力的大小与它们质量的乘积成正比,而与它们之间距离的平方成反比。

3.**太阳大气层分为**:光球层、色球层、日冕层。

4.**太阳黑子**:是一个巨大的涡旋气团,是太阳大气激烈运动的结果。

知识要点

1.**海王星的发现**:是通过万有引力定律发现的。

2.**太阳的光球层**:平时我们看到的太阳视平面,即光球层。

练习题

★ 夯实基础

一、选择题

1.平常我们看到的太阳实际是看见太阳的(　　)。

A.日冕　　B.色球层　　C.光球层　　D.日珥

2.太阳黑子的平均变化周期是(　　)。

A.9 年　　B.10 年　　C.11 年　　D.12 年

二、填空题

1.“日心说”的提出者是波兰天文学家________。

2.离太阳最近的行星是________。

三、判断题

1.太阳系中除了太阳外,八大行星也能自己发光。(　　)

2.太阳集中了太阳系全部质量的 99.9%。(　　)

四、名词解释

万有引力定律

★ 熟能生巧

一、选择题

1.下列属于恒星的是(　　)。

A.地球　　B.月球　　C.火星　　D.太阳

2.在太阳系的八大行星中体积最大的一颗是(　　)。

A.水星　　B.金星　　C.木星　　D.火星

二、填空题

1.太阳大气层可以分为________、________和________。

2.在某颗行星的外围有着迷人的光环,这颗行星是________。

三、判断题

1.在太阳系中只有太阳能够发光发热。 ( )

2.太阳离我们的距离不是很远。 ( )

★ **综合运用**

一、选择题

1.离太阳第三近的星球是( )。

A.水星　B.地球　C.火星　D 木星

2.根据万有引力定律发现的行星是( )。

A.天王星　B.海王星　C.冥王星　D.地球

二、判断题

1.与地球一样四季分明的行星是火星。 ( )

2.太阳系包含着银河系。 ( )

三、综合题

太阳离地球的距离是 1.496×10^{8} km,假设人的行走速度为 5 km/h,那么人类需要多少时间才能到达太阳?

第五节 地球 地球卫星

基本概念

1.**地球的结构:**地球分为地壳、地幔、地核三部分。

2.**地球的运动:**分为自转和公转。

3.**月相变化:**我们从地球上看到月亮明亮部分就会发现有规律的圆缺改变。

知识要点

1.**地球的形状:**地球是一个扁球。

2.**四种重要的月相:**朔、上弦月、望、下弦月。

练习题

★ 夯实基础

一、选择题

1.地壳中含量最多的元素是(　　)。

A.氧　　B.硅　　C.铝　　D.铁

2.火山岩浆的发源地是(　　)。

A.地壳　　B.上地幔　　C.下地幔　　D.地核

二、填空题

1.地球的结构可以分为________、________、________三部分。

2.地球是一个________球,________半径长、________半径短。

三、判断题

1.地球绕自身旋转一周的时间是一天。(　　)

2.月亮对人类的利用价值不高,所以人类没必要探索月球。(　　)

四、简答题

请解释一下“闰月”的由来。

★ 熟能生巧

一、选择题

1.在月相中,农历的二十二、二十三的月亮称为(　　)。

A.朔日　　B.望日　　C.上弦月　　D.下弦月

2.从地球上发射一束光到月球上再反射回来,需要(　　)。

A.1 s 多　　B.2 s 多　　C.3 s 多　　D.4 s 多

二、填空题

1.地球上的最高点是________。

2.以日期变更线为标准,“今天”在日期变更线的________面。“昨天”在日期变更线的________面。(填“东”或“西”)

三、判断题

1.月球上的引力为地球的六分之一。(　　)

2.因为地球的自转,才有了地球上的四季变更。(　　)

★ 综合运用

一、选择题

1.地球上的最低点是(　　)。

A.珠穆朗玛峰　　B.乞力马扎罗山

C.马里亚纳海沟　　D.青藏高原

2.在月相中,农历初七、初八的月相称为(　　)。

A.朔日　　B.望日　　C.上弦月　　D.下弦月

二、填空题

1.人造地球卫星常见的四种用途________、________、________、________。

2.地球绕太阳转动一周称为地球的________。

三、判断题

1.在地球上白天和夜晚时间相等的只有两天,即春分和秋分时。(　　)

2.月球上的环境和地球差不多,适合人类居住。(　　)

四、简答题

什么是"19 年 7 闰法"?

第六节　日食和月食　恒星　四季星空

基本概念

1.**日食**:当太阳、月球、地球三者恰好或几乎在一条直线上时,月球的影子落在地球的表面上,在影子里的观测者就会看到太阳被月球遮蔽的现象。

2.**月食**:当太阳、地球、月球三者恰好或几乎在一条直线上,射向月面的太阳光被地球挡住,也就是月亮走进地影里,使得部分月面或整个月面照射不到太阳光,就发生了月食。

知识要点

1.**日食发生的时间**:"朔"日。

2.月食发生的时间:“望”日。

3.天文学家将肉眼勉强看到的星定为6等星。

4.光年是距离单位。

练习题

★ 夯实基础

一、选择题

1.日食发生的时间是(　　)。

A.朔日　　B.望日　　C.农历初七　　D.农历二十

2.日食过程中月球东边缘刚刚同太阳西边缘相接触的时刻称为(　　)。

A.初亏　　B.食既　　C.食甚　　D.复原

二、填空题

1.在整个星空中,用肉眼能看到的星星大约有________颗。

2.1928年,国际天文学联合会公布了________个星座方案并被公认。

三、判断题

1.月食的种类中只有月全食和月偏食两种,没有月环食。(　　)

2.只要是在望日就必定能发生月食。(　　)

四、名词解释

星座

★ 熟能生巧

一、选择题

1.在日食中太阳被食最深的时刻是(　　)。

A.初亏　　B.食既　　C.食甚　　D.复原

2.天文学家把肉眼能勉强看到的星定位(　　)。

A.6等星　　B.5等星　　C.1等星　　D.0等星

二、填空题

1.在日食中,太阳和月球第二次内切的时刻是________。

2.在春夜星空中最引人注意的角色是________。

三、判断题

1.在牛郎星西北和东南各有一颗暗星,俗称扁担星。(　　)

2.“三星高照,新年来到”的说法指的是猎户三星。（　　）

★ 综合运用

一、选择题

1.在猎户座左下方不远处,有一颗属于大犬座的全天空最亮的星叫(　　)。

A.织女星　　B.牛郎星　　C.北极星　　D.天狼星

2.北斗七星常年围绕北极星旋转,当处于夏季时,北斗七星的勺柄指向的是(　　)。

A.东方　　B.南方　　C.西方　　D.北方

二、判断题

1.在大年三十的晚上可以看到月亮。（　　）

2.在秋夜星空中仙女座和飞马座是主要的角色。（　　）

三、简答题

在月食中为什么没有月环食?

第三章检测题(一)

(总分:100 分　考试时间:45 分钟)

一、填空题(每空 2 分,共 30 分)

1.做功的两个必要因素是:________、____________________。

2.分子的无规则运动与________有关,________越高,分子运动越________。

3.打开香水时,在很远的地方都能闻到香水味,这是________现象。

4.运转中的电风扇是将________能转化为________能。

5.做功的过程就是物体________的________;做了多少功,就有多少能量发生了________。所以,我们说:功是能量转化的________。

6.永动机不可能研制成功,其原因是____。

7.搓手取暖,是通过________的方式来改变物体________的。

二、选择题(每小题 3 分,共 30 分)

1.两个相同质量的物体,速率相等,甲做匀速直线运动,乙做匀速圆周运动,那么这两个物体的动能(　　)。

A.$E_{甲}>E_{乙}$　　B.$E_{甲}<E_{乙}$　　C.$E_{甲}=E_{乙}$　　D.$E_{乙}=0$

2.关于功和能的联系和区别,下列说法中正确的是(　　)。

A.功就是能,它们具有相同的单位

B.功是动能和势能总和,它们具有相同的单位

C.功是能量转化的量度,它们具有相同的单位

D.功是能的量度,它们具有相同的单位

3.在光滑的水平面和粗糙的水平面上推车,如果所用的推力相等,则在小车发生相等位移的过程中,推力对小车做的功是(　　)。

A.在光滑水平面上较大　　B.在粗糙水平面上较大

C.取决于小车经过这段位移所用的时间　　D.相等

4.太阳黑子的平均活动周期是(　　)。

A.11 年　　B.100 年　　C.2 年　　D.9 年

5.太阳是一颗(　　)。

A.行星　　B.恒星　　C.卫星　　D.彗星

6.天空中肉眼看起来最亮的是(　　)。

A.0 等星　　B.1 等星　　C.3 等星　　D.6 等星

7.月食发生在(　　)。

A.朔　　B.上弦月　　C.望　　D.下弦月

8.北斗七星勺柄指南,代表此时是(　　)。

A.春季　　B.夏季　　C.秋季　　D.冬季

9.太阳结构很复杂,我们平时看见的太阳实际上是太阳的(　　)。

A.日冕　　B.色球层　　C.光球层　　D.日珥

10.一物体从一光滑斜面加速滑下,下滑过程中能量转化描述正确的是(　　)。

A.重力势能减小,动能不变,机械能减小

B.重力势能减小,动能增加,机械能减小

C.重力势能减小,动能增加,机械能增加

D.重力势能减小,动能增加,机械能不变

三、判断题(每小题 3 分,共 30 分)

1.“天河”是由无数颗星星构成的。(　　)

2.在月球的伪本影范围内,人们看到的是日全食。(　　)

3.在地球的大气中,含量最多的是氧气。(　　)

4.月球是地球天然的卫星。(　　)

5.牛郎星和织女星看起来比较小,所以它们离我们较远;北斗七星看起来比较清楚、比较大,可以推断它们离我们较近。(　　)

6.太阳系包含着银河系。(　　)

7.地球自转一圈的时间是一年。(　　)

8.日食只有日全食和日环食。(　　)

9.能用肉眼勉强看得见的星星定为 6 等星。(　　)

10.水蒸气膨胀,把水壶顶起,是将内能转化为机械能。(　　)

四、综合题(每小题5分,共10分)

1.做功和热传递的本质区别是什么?

2.简述日食发生的过程。

第三章检测题(二)

(总分:100分 考试时间:90分钟)

一、填空题(每空2分,共30分)

1.能量既不能________也不能________,它只能从一种形式________为别的形式,或从一个物体________到别的物体,而能量的________保持不变,这个规律叫作能量转化和守恒定律。

2.太阳色球层内,有一股从光球层射出来的一个个火舌,被称为________。它们是一团团炽热燃烧的________,常升腾到日冕之中。

3.地球是一个扁球;“世界屋脊”是________。

4.地球自转产生了________,公转带来了________。

5.月球上________水和空气,因此声音也________传播。

6.日食只能发生在________日,月食只能发生在________日。

7.宇宙间任何两个质点,都彼此互相吸引,引力的大小与它们的质量乘积成正比,与它们之间的________成反比,这就是著名的万有引力定律。

二、选择题(每小题3分,共30分)

1.做功和热传递在改变物体(　　)上可受到相同的效果。

A.热量　　B.势能　　C.内能　　D.温度

2.两个物体之间的热传递停止时(　　)。

A.两物体内能相等　　B.两物体热量相等

C.两物体温度相等　　D.以上说法都不对

3.物体对外做功,消耗了200 J的机械能,这些机械能转化为其他形式的能量是(　　)。

A.50 J　　B.100 J　　C.150 J　　D.200 J

4.飞机在大气层里加速上升的过程中(　　)。

A.机械能减少,内能增加　　B.机械能增加,内能减少

C.机械能与内能都增加　　D.机械能不变,内能增加

5.太阳系行星中距太阳第三近的是(　　)。

A.地球　　B.木星　　C.火星　　D.金星

6.一质量为 2 kg 的物体被举高 3 m,以水平地面为参照物,这一物体所具有的重力势能为(　　)。(g=10 N/kg)

A.50 J　　B.60 J　　C.70 J　　D.80 J

7.下列说法正确的是(　　)。

A.0 ℃所有物质的分子都停止了运动　　B.固定分子间没有空隙

C.分子间存在相互作用的引力和斥力　　D.固体分子是静止的

8.用打气筒给轮胎打气,打气筒筒壁发热,下列说法正确的是(　　)。

A.内能转化为机械能　　B.内能转化为热能

C.内能转化为势能　　D.机械能转化为内能

9.夜间人们通常用(　　)来辨别方向。

A.天狼星　　B.北极星　　C.牛郎星　　D.彗星

10.一物体从粗糙斜面加速滑下,下滑过程中能量转化描述正确的是(　　)。

A.重力势能减小,动能不变,机械能减小

B.重力势能减小,动能增加,机械能减小

C.重力势能减小,动能增加,机械能增加

D.重力势能减小,动能增加,机械能不变

三、判断题(每小题 3 分,共 30 分)

1.布朗运动是分子的运动。(　　)

2.功与能量的单位相同,所以功就是能。(　　)

3.温度越高每一个分子的动能就越大。(　　)

4.一个物体的体积增加,则这个物体的势能一定增加。(　　)

5.机械能守恒的条件是只有重力做功。(　　)

6.物体的高度发生了变化,则这个物体的重力一定做了功。(　　)

7.月食只有月全食和月偏食,没有月环食。(　　)

8.食甚是日食过程中太阳被食最深的时刻。(　　)

9.0 ℃的冰变成 0 ℃的水后其内能不变。(　　)

10.“日心说”最早是由哥白尼提出的。(　　)

四、综合题(每小题 5 分,共 10 分)

1.简述日食形成的原因和日食的种类。

2.水平公路上行驶的货车熄火后,速度会越来越慢,最后停止。这一现象符合能量守恒定律吗?如果符合,汽车失去的动能变成了什么?

化学篇

第四章

有关碱、酸、盐和常见元素的知识

第一节　典型的碱和碱的通性　碱的小实验

基本概念

碱:电解质电离时所生成的阴离子全部是氢氧根离子(OH^-)的化合物。

知识要点

1.**碱的组成**:碱的分子是由一个金属离子和一个或几个氢氧根离子组成的。例如:氢氧化钠[NaOH]、氢氧化钾[KOH]、氢氧化钙[$Ca(OH)_2$]、氢氧化钡[$Ba(OH)_2$]、氢氧化铜[$Cu(OH)_2$]、氢氧化铁[$Fe(OH)_3$]等。

2.**典型的碱**:

(1)氢氧化钠(NaOH)。

氢氧化钠俗称烧碱、火碱、苛性钠。露天放置很容易潮解。如果皮肤或衣物不慎沾上碱液,应立即用大量的水冲洗,然后再用3%的硼酸冲洗。氢氧化钠是重要的基本化工原料之一。

(2)氨水($NH_3 \cdot H_2O$)。

氨水是氨气的水溶液,由于 $NH_3 \cdot H_2O$ 可以部分电离成 NH_4^+ 和 OH^-,所以氨水显弱碱性。氨水对多种金属有腐蚀作用。另外,氨水在储存时应该放在阴凉地方,避免受热分解。

3.**碱的通性**:

由于不同的碱都能电离出相同的氢氧根离子,因此碱类都具有相似的性质。

(1)碱能使指示剂变色。

紫色石蕊遇碱变蓝,无色酚酞遇碱变红。

(2)碱能和非金属氧化物起反应,生成盐和水。

$2NaOH+CO_2 = Na_2CO_3+H_2O$

(3)碱能和酸起中和反应,生成盐和水。

$NaOH+HCl \xlongequal{} NaCl+H_2O$

中和反应的实质是碱中的 OH^- 和酸中的 H^+ 结合生成水。

(4)碱能和盐起反应，生成新盐、新碱。

$3NaOH+FeCl_3 \xlongequal{} 3NaCl+Fe(OH)_3\downarrow$

(5)碱能发生分解反应。

$Cu(OH)_2 \xlongequal{\triangle} CuO+H_2O$

4.碱的分类：

(1)根据碱性的强弱分。

强碱：氢氧化钠[$NaOH$]、氢氧化钾[KOH]

中强碱：氢氧化钙[$Ca(OH)_2$]

弱碱：氨水[$NH_3 \cdot H_2O$]

(2)根据溶解性分。

易溶性碱：氢氧化钠[$NaOH$]、氢氧化钾[KOH]、氢氧化钡[$Ba(OH)_2$]、氨水[$NH_3 \cdot H_2O$]

微溶性碱：氢氧化钙[$Ca(OH)_2$]

不溶性碱：氢氧化铜[$Cu(OH)_2$]、氢氧化铁[$Fe(OH)_3$]

(3)两性氢氧化物。

氢氧化铝[$Al(OH)_3$]和氢氧化锌[$Zn(OH)_2$]既能跟酸起反应，又能跟碱起反应，都生成盐和水，这种氢氧化物叫作两性氢氧化物。

5.知识拓展：

(1)人呼出的气体(含有二氧化碳)能够使澄清的石灰水(氢氧化钙溶液)变浑浊。原理：$Ca(OH)_2+CO_2 = CaCO_3\downarrow+H_2O$

(2)人被蚊虫叮咬后又痒又痛，涂上氨水或肥皂水，就会感觉舒服些。

第二节　酸的组成、命名和通性　酸的小实验

基本概念

酸：电解质电离时所生成的阳离子全部是氢离子(H^+)的化合物。

知识要点

1.酸的组成：酸的分子由氢离子和酸根离子组成。例如：硫酸(H_2SO_4)、盐酸(HCl)、硝酸(HNO_3)、碳酸(H_2CO_3)、磷酸(H_3PO_4)、乙酸(CH_3COOH)等。

2.酸的命名：

(1)含氧酸的命名。

(2)无氧酸的命名。

3.酸的分类

4.常见的酸:

(1)硫酸(H_2SO_4),浓硫酸具有强烈的吸水性、脱水性和氧化性。如不慎溅在衣服或皮肤上,应立即用大量的水冲洗,再用稀碳酸钠溶液冲洗。由于“钝化”现象,所以浓硫酸可以用铁或铝的容器来盛放。

(2)盐酸(HCl),是氯化氢气体的水溶液,具有挥发性,有刺激性气味,有酸味,有腐蚀性。

(3)硝酸(HNO_3),俗称“硝镪水”,易挥发刺激性气体。具有极强的腐蚀性和强氧化性。

(4)乙酸(CH_3COOH),又称为醋酸,是食用醋的主要成分。

5.酸的通性:

酸具有通性的原因:不同的酸都能电离出相同的氢离子。

(1)酸能使指示剂变色。

紫色石蕊遇酸变红色,无色酚酞遇酸不变色。

(2)酸能和金属氧化物起反应,生成盐和水。

$6HCl+Fe_2O_3 = 2FeCl_3+3H_2O$

(3)酸能和碱起中和反应,生成盐和水。

$H_2SO_4+2NaOH = Na_2SO_4+2H_2O$

(4)酸能和盐起反应,生成新盐和新酸。

$HCl+AgNO_3 = AgCl\downarrow+HNO_3$

(5)酸能和活泼金属起反应,生成盐并放出氢气。

$2HCl+Zn = ZnCl_2+H_2\uparrow$

是否反应需要根据金属活动顺序来判断:

K　Ca　Na　Mg　Al　Zn　Fe　Sn　Pb　(H)　Cu　Hg　Ag　Pt　Au

强 ——————————————→ 弱

6.酸性的强弱:

(1)强酸:硫酸(H_2SO_4)、盐酸(HCl)、硝酸(HNO_3)。

(2)中强酸:磷酸(H_3PO_4)。

(3)弱酸:碳酸(H_2CO_3)、乙酸(CH_3COOH)。

7.知识拓展:

(1)人的胃液里含有极稀的盐酸。胃酸过多症,可以用含有碳酸氢钠或氢氧化铝的药物来治疗。

(2)不是所有的酸都有酸味。

(3)鸡蛋壳含有碳酸钙,遇到酸会放出二氧化碳气体。

第三节　常见的盐　盐的性质　电解质溶液

基本概念

1.**盐**:由金属离子和酸根离子结合而成的化合物。

2.**盐类的水解**:在溶液中盐的离子跟水电离出的 H^+ 和 OH^- 生成弱电解质的反应。

知识要点

1.**盐的组成**:盐是酸和碱中和反应的产物。盐＝金属离子＋酸根离子,例如:氯化钠($NaCl$)、碳酸钠(Na_2CO_3)、碳酸氢钠($NaHCO_3$)、碳酸钙($CaCO_3$)等。

2.**盐的命名**:

(1)按金属离子来命名。

(2)按酸根离子来命名。

(3)根据金属原子置换氢原子的个数来命名。

(4)根据多价金属元素的化合价来命名。

(5)无氧酸,根据分子里金属元素名称来命名。

3.**常见的盐**:

(1)氯化钠($NaCl$),俗称食盐。纯净的食盐不潮解,食用的食盐含有氯化镁等杂质,要潮解。医疗上用0.9%的食盐水作为生理盐水。

(2)碳酸钠(Na_2CO_3),俗称纯碱,也叫苏打,水溶液显碱性。

(3)碳酸氢钠($NaHCO_3$),俗称小苏打,水溶液显碱性。生活中用作蒸馒头时的膨松剂,医疗上用于治疗胃酸过多症。

(4)碳酸钙($CaCO_3$),自然界以大理石、石灰石的形态存在。

4.**盐的性质**:

(1)盐能和金属起反应,生成另一种盐和新的金属(要根据金属活动顺序表来判断是否反应)。

$CuSO_4+Fe = FeSO_4+Cu$

(2)盐和碱起反应,生成新盐和新碱。

$FeCl_3+3NaOH = 3NaCl+Fe(OH)_3\downarrow$

(3)盐和酸起复分解反应,生成新盐和新酸。

$AgNO_3+HCl = AgCl\downarrow+HNO_3$

(4)盐和盐起复分解反应,生成两种新盐。

$NaCl+AgNO_3 = AgCl\downarrow+NaNO_3$

5.电解质溶液:

(1)强电解质和弱电解质。

(2)溶液的酸碱度(pH)

中性溶液$[H^+]=[OH^-]$　　pH=7

酸性溶液$[H^+]>[OH^-]$　　pH<7

碱性溶液$[H^+]<[OH^-]$　　pH>7

测定溶液 pH,通常采用酸碱指示剂或 pH 试纸。

6.盐类的水解:

(1)由强碱和弱酸生成的盐水解后溶液显碱性,如碳酸钠(Na_2CO_3)。

(2)由强酸和弱碱生成的盐水解后溶液显酸性,如氯化铵(NH_4Cl)。

(3)由强酸和强碱生成的盐不水解,溶液显中性,如氯化钠(NaCl)。

7.知识拓展:

(1)人体中含 0.66%左右的食盐,人每天摄入食盐不能超过 6 g。

(2)灭火用的泡沫灭火器含有硫酸铝和碳酸氢钠。

第四节　卤素　硫　氮　铝　铁

■ 基本概念

1.**氯**:在常温常压下以气态形式存在,是一种黄绿色、有刺激性气味的有毒气体,氯气的分子式是 Cl_2。

2.**氟**:是最活泼的非金属元素,通常情况下是一种几乎无色的气体,有刺激性气味,有剧毒,单质氟的分子式是 F_2。

3.**溴**:通常情况下是一种棕红色、易挥发的液体,液溴和溴蒸气都有毒,单质溴的分子式是 Br_2。

4.**碘**:通常情况下是一种黑紫色的固体,碘蒸气呈紫红色,有刺激性气味,单质碘的分子式是 I_2。

5.**硫**:单质硫是呈浅黄色的固体,不溶于水,俗称“硫黄”。

6.**氮**:以气态形式大量存在于空气中,氮气是一种无色无味的气体,不溶于水。

7.**铝**:是银白色的轻金属,较软,是地壳里含量最多的金属元素,应用非常广泛。铝是比较活泼的金属,在化学反应中显+3 价。

8.**铁**:纯净的铁是光亮的银白色金属,具有良好的延展性、导热性和坚韧性。铁的化学性质比较活泼,在化合物里通常显+2 或+3 价。

知识要点

1.氯气的化学性质：

(1)与金属反应生成盐：

$2Na+Cl_2 = 2NaCl$

(2)氯气与氢气反应生成氯化氢：

$H_2+Cl_2 = 2HCl$+热量

(3)氯气与其他化合物的反应：

与水反应生成盐酸和次氯酸，次氯酸具有杀菌的能力。

$Cl_2+H_2O = HCl+HClO$

与氢氧化钙的水溶液反应生成氯化钙和次氯酸钙，次氯酸钙具有漂白能力。

$2Cl_2+2Ca(OH)_2 = CaCl_2+Ca(ClO)_2+2H_2O$

2.氟、溴、碘：

(1)氟：

①具有很强的氧化性，几乎能跟所有的金属反应。

②与氢气在黑暗处和低温下，也能进行剧烈反应并引起爆炸。

$F_2+H_2 = 2HF$+热量

③与水能进行剧烈反应并释放出氧气。

$2F_2+2H_2O = 4HF+O_2\uparrow$

(2)溴、碘：

溴是常温下唯一呈液态的非金属单质。

碘有升华现象，碘是甲状腺的重要组成部分。

3.硫、氮：

(1)硫：

①与金属的反应。

$Fe+S \xlongequal{\triangle} FeS$

$Hg+S = HgS$

②与非金属的反应。

酸雨的形成：$S+O_2 \xlongequal{点燃} SO_2$

$2SO_2+O_2 = 2SO_3$

$SO_3+H_2O = H_2SO_4$

(2)氮：

①氮气与某些金属的反应。

$3Mg+N_2 \xlongequal{高温} Mg_3N_2$

②氮气与氧气的反应。

$N_2+O_2 \xlongequal{放电} 2NO$

③氮气与氢气的反应。

$N_2+3H_2 \xlongequal[催化剂]{高温、高压} 2NH_3$

4.铝、铁:

(1)铝:

①与氧气的反应。

$4Al+3O_2 \xlongequal{} 2Al_2O_3$

②与水的反应。

$2Al+6H_2O \xlongequal{\triangle} 2Al(OH)_3+3H_2\uparrow$

③与酸的反应。

$2Al+6HCl \xlongequal{} 2AlCl_3+3H_2\uparrow$

$2Al+3H_2SO_4 \xlongequal{} Al_2(SO_4)_3+3H_2\uparrow$

④与强碱溶液的反应。

$2Al+2NaOH+2H_2O \xlongequal{} 2NaAlO_2+3H_2\uparrow$

⑤铝盐:明矾和硫酸铝可作为净水剂。

(2)铁:

①与氧气和其他非金属的反应。

$3Fe+2O_2 \xlongequal{} Fe_3O_4$

$Fe+S \xlongequal{\triangle} FeS$

$2Fe+3Cl_2 \xlongequal{\triangle} 2FeCl_3$

②与水的反应。

$3Fe+4H_2O \xlongequal{} Fe_3O_4+4H_2\uparrow$

③炼铁与炼钢。

$Fe_2O_3+3CO \xlongequal{高温} 2Fe+3CO_2\uparrow$

练习题

★ 夯实基础

一、选择题

1.下列物质属于碱性物质的是(　　)。

A.HCl　　B.H_2SO_4　　C.NaOH　　D.HNO_3

2.下列物质属于酸性物质的是(　　)。

A.$NH_3\cdot H_2O$　　B.H_2SO_4　　C.NaOH　　D.$CaCO_3$

3.下列物质属于盐的是(　　)。

A.$NH_3\cdot H_2O$　　B.NaCl　　C.NaOH　　D.H_2SO_4

4.食醋中含有(　　)。

A.CH_3COOH B.NaCl C.Na_2CO_3 D.$NaHCO_3$

5.食盐含有的物质是( )。

A.CH_3COOH B.NaCl C.Na_2CO_3 D.$NaHCO_3$

6.下列物质的溶液能够使紫色石蕊试液变蓝色的是( )。

A.CH_3COOH B.NaCl C.NaOH D.H_2SO_4

7.下列物质的溶液能够使无色酚酞变为红色的是( )。

A.CH_3COOH B.NaCl C.$NH_3 \cdot H_2O$ D.H_2SO_4

8.下列物质能用来治疗胃酸过多症的是( )。

A.Na_2SO_4 B.NaCl C.Na_2CO_3 D.$NaHCO_3$

9.测得一溶液的 pH=4,则该溶液显( )。

A.酸性 B.碱性 C.中性 D.不能确定

10.下列哪种溶液不会使蓝色石蕊试液变色?( )

A.硝酸 B.盐酸 C.氨水 D.碳酸

11.下列各组物质能分别使紫色石蕊试液变蓝和变红的是( )。

A.盐酸 氯化钠 B.氯化钠 盐酸

C.氢氧化钠 盐酸 D.氢氧化钙 硝酸钾

12.下列物质中,不属于盐的是( )。

A.$Cu_2(OH)_2CO_3$ B.Na_2CO_3 C.$NH_3 \cdot H_2O$ D.Na_2SO_4

13.颜色呈黄绿色、有刺激性气味的有毒气体是( )。

A.氟气 B.氯气 C. 溴 D.碘

14.最活泼的非金属元素是( )。

A.F B.Cl C.Br D. I

15.具有升华现象的物质是( )。

A.溴 B.硫 C.氮 D.碘

16.我国古代四大发明之一“黑火药”的重要组成部分是下列哪种元素?( )

A.S B.N C.F D.Fe

17.有臭鸡蛋气味的气体是( )。

A.HCl B.NH_3 C.NO D.H_2S

18.地壳里含量最多的金属元素是( )。

A.铝 B.铁 C.铜 D.钙

二、填空题

1.电解质电离时生成的________全部是________的化合物叫作碱。常见的碱有____________________。

2.电解质电离时生成的________全部是________的化合物叫作酸。常见的酸有____________________。

3.盐是酸和碱发生________反应的产物,盐由________和________组成。常见的盐有____________________。

4.乙酸又称________,是食用醋的主要成分。

5.日常生活中用得最多的盐是________,化学式为________。

6.卤素在化学反应中表现的化合价是________价。

7.氯气可以与________反应生成盐。

8.氮气与氢气在高温、高压和催化剂存在的条件下,可以直接化合生成________。

9.氧化铁的化学式是________。

三、判断题

1.电解质电离时有氢氧根离子的化合物叫作碱。 ( )

2.氢氧化钠俗称纯碱,化学式是 NaOH。 ( )

3.氢氧化钠的水溶液有涩味和油腻感。 ( )

4.如果皮肤或衣物上不慎沾上碱液,应立即用水冲洗,然后再用 3%的硼酸溶液冲洗。 ( )

5.人被蚊虫叮咬后又痒又痛,可以涂一些氢氧化钠溶液,就会舒服些。 ( )

6.酸的分子由氢离子和酸根离子组成。 ( )

7.氨水是氨气的水溶液,属于弱碱性物质。 ( )

8.浓硫酸不可以用金属容器盛放。 ( )

9.浓硫酸是一种难挥发的酸,并具有强烈的吸水性、脱水性和氧化性。 ( )

10.氯化钠溶液的 pH 为 7,呈酸性。 ( )

11.酸和碱发生中和反应,生成盐和水。 ( )

12.pH<7 的溶液能使无色酚酞变红色。 ( )

13.缺钾会引起地方性甲状腺肿等疾病。 ( )

14.氯气有毒,但却可以用来消毒杀菌。 ( )

15.H_2SO_4 是“酸雨”的主要成分。 ( )

16.铝在化学反应中显+3 价。 ( )

四、名词解释

1.酸

2.碱

3.盐

4.盐类的水解

5.碘

6.铁

★ 熟能生巧

一、选择题

1.下列物质的溶液碱性最弱的是(　　)。

A.NaOH　　B.KOH　　C.$NH_3 \cdot H_2O$　　D.$Ca(OH)_2$

2.下列物质属于弱酸性物质的是(　　)。

A.CH_3COOH　　B.HCl　　C.HNO_3　　D.H_2SO_4

3.人的胃液里含有的酸是(　　)。

A.CH_3COOH　　B.HCl　　C.HNO_3　　D.H_2SO_4

4.下列金属不能与盐酸发生反应置换出氢气的是(　　)。

A.Cu　　B.Al　　C.Fe　　D.Zn

5.废水和废气中有时候有臭鸡蛋气味的气体是(　　)。

A.H_2　　B.N_2　　C.H_2S　　D.CO_2

6.生活中用于蒸馒头,让馒头疏松多孔的物质是(　　)。

A.Na_2SO_4　　B.NaCl　　C.Na_2CO_3　　D.$NaHCO_3$

7.下列物质中,俗称苏打的是(　　)。

A.Na_2SO_4　　B.NaCl　　C.Na_2CO_3　　D.$NaHCO_3$

8.下列物质能和 $ZnSO_4$ 溶液产生化学反应的是(　　)。

A.Cu　　B.Al　　C.Fe　　D.Zn

9.两种溶液混合后的 pH 为 5,那么这两种溶液混合前的 pH 可能是(　　)。

A.2 和 3　　B.3 和 5　　C.3 和 8　　D.6 和 8

10.鸡蛋壳的主要成分是(　　)。

A.氯化钙　　B.氢氧化钙　　C.碳酸钙　　D.硫酸钙

11.下列物质中,不能与氯气发生反应的是(　　)。

A.Fe　　B.H_2　　C.O_2　　D.H_2O

12.与水反应能释放出氧气的是(　　)。

A.Cl_2　　B.F_2　　C.Br_2　　D.I_2

13.可以用(　　)来处理散落的汞滴。

A.Cl_2　　B.I_2　　C.Fe　　D.S

14.氮气与金属的反应需要在(　　)条件下进行。

A.点燃　　B.高温　　C.放电　　D.高压

15.下列物质中,既能与酸反应又能与碱反应的是(　　)。

A.铁　　B.硫　　C.铝　　D.氮

16.用铁矿石炼铁,需要用(　　)作还原剂把铁还原出来。

A.O_2　　B.CO　　C.CO_2　　D.H_2

二、填空题

1.紫色石蕊遇酸性溶液变________色,遇碱性溶液变________色。无色酚酞遇酸性溶液________色,遇碱性溶液变________色。

2.氢氧化钠的化学式是________,俗称________,露天放在空气中会发生________现象。氨水的化学式是________,它是________的水溶液,遇热会分解为________和________。

3.浓硫酸具有强烈的________性、________性和________性,如不慎沾到皮肤或衣物上,应立即用____________________,再用____________________冲洗。

4.纯碱即________,俗称________,其化学式为________。纯碱的水溶液显________性。

5.碳酸氢钠的化学式为________,俗称________,其水溶液显________性。医疗上用碳酸氢钠来治疗________症。碳酸氢钠受热易____________________,并放出气体,所以生活中用来发面蒸馒头,可以让蒸出来的馒头____________________________。

6.溶液的酸碱度(pH)以________为界限,酸性物质溶液的 pH ________ 7,碱性物质溶液的 pH ________ 7,中性物质溶液的 pH ________ 7。

7.氯气与水反应生成盐酸和________。

8.能腐蚀玻璃的是________。

9.铝与稀酸反应生成铝盐并放出________。

10.明矾作为净水剂使用时,主要利用的是溶液中的________水解产物吸附水中的杂质。

三、判断题

1.碱类的通性,实质上是由氢氧根离子所决定的。(　　)

2.所有的酸都有酸味。(　　)

3.硝酸具有极强的腐蚀性和强氧化性,俗称“硝镪水”。(　　)

4.人呼出的气体能够使澄清石灰水变浑浊。(　　)

5.纯碱即碳酸钠,俗称苏打,属于盐类,水溶液显碱性。(　　)

6.鸡蛋壳遇到醋酸会放出能够使燃着的火柴熄灭的气体。(　　)

7.在酸的组成里有氢离子和酸根离子,所以 $NaHCO_3$ 是一种酸。(　　)

8.氯化铵(NH_4Cl)属于盐类,但是其水溶液显酸性。(　　)

9.泡沫灭火器含有硫酸铝和碳酸氢钠。(　　)

10.卤素都有剧毒。(　　)

11.氮可作为制冷剂用于冷冻领域中。(　　)

12.农业生产中肥料的肥效就是其中的 NH_4^+ 在起作用。（　　）

13.钢就是纯净的铁。（　　）

★ 综合运用

综合题

1.浓硫酸具有强烈腐蚀性，为什么能用铁制容器盛放浓硫酸？能不能用铁制容器盛放稀硫酸？为什么？

2.身上或衣服上不小心沾上了碱液，应该怎么处理？

3.工业上所说的“三酸两碱”指的是哪五种物质？

4.简述金属与酸发生置换反应的条件，并举例说明。

5.请用化学试剂鉴别稀硫酸溶液、氢氧化钠溶液和氯化钠溶液。

6.什么是升华现象？

7.用化学方程式表示“酸雨”的形成。

第四章检测题(一)

(总分:100 分　考试时间:45 分钟)

一、选择题(每题 2 分,共 30 分)

1.下列物质属于碱的是(　　)。

A.氨水　B.盐酸　C.氯化钠　D.碳酸钠

2.下列物质属于酸的是(　　)。

A.氢氧化钠　B.盐酸　C.氯化钠　D.碳酸钠

3.下列物质属于盐的是(　　)。

A.氢氧化钙　B.硝酸　C.氨水　D.碳酸钠

4.下列物质俗称烧碱的是(　　)。

A.氢氧化钙　B.氢氧化钠　C.碳酸氢钠　D.碳酸钠

5.下列物质俗称纯碱的是(　　)。

A.氢氧化钙　B.碳酸氢钠　C.氢氧化钠　D.碳酸钠

6.下列物质的溶液能使紫色石蕊变蓝色的是(　　)。

A.$Ca(OH)_2$　B.HCl　C.NaCl　D.HNO_3

7.下列物质的溶液能够使无色酚酞变红的是(　　)。

A.NaOH　B.HCl　C.HNO_3　D.NaCl

8.下列哪种物质可以和氢氧化钠起中和反应?(　　)

A.Na_2CO_3　B.HCl　C.KNO_3　D.NaCl

9.下列物质属于中强碱的是(　　)。

A.NaOH　B.KOH　C.$NH_3 \cdot H_2O$　D.$Ca(OH)_2$

10.下列物质既能和酸起反应,也能和碱起反应的是(　　)。

A.Na_2CO_3　B.HCl　C.KNO_3　D.$Al(OH)_3$

11.下列物质代表盐酸的是(　　)。

A.$HClO_3$　B.HCl　C.$HClO_2$　D.HClO

12.下列气体有臭鸡蛋气味的是(　　)。

A.H_2　B.N_2　C.CO_2　D.H_2S

13.下列物质的溶液不能使无色酚酞变色的是(　　)。

A.HCl　B.Na_2CO_3　C.NaOH　D.$Ca(OH)_2$

14.下列金属能和稀盐酸反应生成氢气的是(　　)。

A.Al　B.Cu　C.Au　D.Hg

15.下列物质可以用来除水垢的是(　　)。

A.味精　B.酱油　C.料酒　D.食醋

二、填空题(每空 2 分,共 30 分)

1.碱的分子是由一个________和一个或几个________组成。

2.酸的分子是由________和________组成。

3.盐是由________和________结合而成的化合物。

4.如果皮肤或衣物上沾上碱液，应立即用________冲洗，然后再用3%的________冲洗。

5.碱类的通性实质上是由________决定的，酸类的通性实质上是由________决定的。

6.酸和碱发生________反应，实质上是酸中的________和碱中的________结合生成水。

7.浓硫酸沾到了衣物或皮肤上，应立即用________冲洗，然后再用稀________溶液冲洗。

三、判断题（每题1分，共10分）

1.氢氧化钠露放在空气中，会吸收空气中的水分而潮解。（　　）

2.氨水是氨气的水溶液。（　　）

3.可以用铁质容器来盛放氨水。（　　）

4.碱类物质具有通性的原因是碱类在电离后都有氢离子。（　　）

5.露放在空气中的氢氧化钠溶液，会吸收空气中的二氧化碳气体。（　　）

6.硫酸的化学式为H_2SO_3。（　　）

7.盐酸是氯化氢气体的水溶液。（　　）

8.浓硫酸敞放会吸收空气中的水分，溶液质量会增加。（　　）

9.硫酸难挥发，盐酸和硝酸易挥发。（　　）

10.酸和金属起反应生成盐并放出氢气。（　　）

四、综合题（每题10分，共30分）

1.酸有哪些共同的化学性质？为什么？

2.碱有哪些共同的化学性质？为什么？

3.配制好的农药波尔多液（主要含硫酸铜），能不能用铁质容器盛放，为什么？请写出化学反应方程式。

第四章检测题(二)

(总分:100 分　考试时间:45 分钟)

一、选择题(每题 2 分,共 30 分)

1.下列物质俗称“硝镪水”的是(　　)。

A.盐酸　B.硫酸　C.硝酸　D.碳酸

2.下列物质俗称“小苏打”的是(　　)。

A.氯化钠　B.硫酸钠　C.碳酸钠　D.碳酸氢钠

3.下列物质俗称“纯碱”的是(　　)。

A.氢氧化钠　B.硫酸钠　C.氢氧化钙　D.碳酸钠

4.碳酸钙的化学式是(　　)。

A.$Ca(OH)_2$　B.$CaCO_3$　C.CaO　D.$CaCl_2$

5.下列物质属于弱电解质的是(　　)。

A.$NaOH$　B.KOH　C.$NH_3 \cdot H_2O$　D.$Ca(OH)_2$

6.下列物质的溶液 $pH>7$ 的是(　　)。

A.HCl　B.$NaCl$　C.Na_2CO_3　D.CH_3COOH

7.下列物质的溶液显酸性的是(　　)。

A.KCl　B.$NaCl$　C.Na_2CO_3　D.NH_4Cl

8.两种溶液混合后所得溶液的 $pH=7$,则混合前两种溶液的 pH 可能是(　　)。

A.2 和 5　B.3 和 4　C.1 和 9　D.7 和 8

9.氮气可以在适当条件下与其发生化学反应的物质不包括(　　)。

A.Na　B.O_2　C.Cl_2　D.H_2

10.下列关于卤素的说法,错误的是(　　)。

A.H_2 与 Cl_2 的混合物在强光照射下会发生爆炸

B.次氯酸钙具有漂白能力

C.溴蒸气有毒,而液溴是无毒的

D.H_2 与 F_2 即使在低温下也能引起爆炸

11.下列关于铁的化学性质说法正确的是(　　)。

A.是地壳里含量最多的金属元素　B.加热条件下可以与 S、Cl_2 发生反应

C.常温下,也能与水发生化学反应　D.在化合物里通常显+3 或+2 价

12.下列化学式中代表次氯酸的是(　　)。

A.HCl　B.$HClO_3$　C.$HClO_2$　D.$HClO$

13.硫能与(　　)反应,生成黑褐色的物质。

A.Fe　B.Cu　C.O_2　D.Hg

14.不能与铝发生化学反应的物质是(　　)。

A.氧气　B.水　C.碱　D.氢气

15.热水壶用的时间长了,壶内会有一层水垢,其主要成分是(　　)。

A.碳酸钠　B.碳酸氢钠　C.碳酸钙　D.氢氧化钙

二、填空题(每空 2 分,共 30 分)

1.人被蚊子叮咬后,会在皮肤上留下一种叫________的物质,当涂上________或________后,就会感觉舒服些。

2.在金属活动顺序中,位于________前面的金属都能置换出酸分子中的氢原子,并放出________。

3.在医疗上用的生理盐水是________的食盐水溶液。

4.溶液中的 pH 是以________为界限的,pH 在界限以下,溶液显________性,在界限以上,溶液显________性。

5.NaH_2PO_4 的正确名称是________,H_3PO_4 的名称是________。

6.明矾是含有________个结晶水的硫酸铝钾晶体。

7.生铁中含有________锰、硅等杂质,所以易腐蚀。

8.氮气与金属反应需要在________下才能进行。

9.煤燃烧产生呛人气味的气体的主要成分是________。

三、判断题(每题 1 分,共 10 分)

1.盐都有咸味。　(　　)

2.碳酸钠受热易分解放出二氧化碳气体。　(　　)

3.NaH_2PO_4(磷酸二氢钠)含有氢,所以属于酸。　(　　)

4.生成盐和水的反应叫作中和反应。　(　　)

5.中性溶液里没有氢离子和氢氧根离子。　(　　)

6.pH<7 的溶液可以使紫色石蕊变红。　(　　)

7.溶液的 pH 越大,说明该溶液的酸性越强。　(　　)

8.Cu 不能将 $FeSO_4$ 中的铁置换出来。　(　　)

9.铝在常温下就能和空气中的氧气发生反应。　(　　)

10.酸雨的主要成分是稀盐酸。　(　　)

四、综合题(每题 10 分,共 30 分)

1.有三瓶无色溶液,标签被腐蚀了,只知道它们分别是盐酸、氢氧化钠和氯化钠中的一种。你能用所学的酸碱盐的相关知识来鉴别它们吗?请写出鉴别过程。

2.明矾为什么可以起到净水的效用?写出化学反应方程式。

3.为什么家用铝制品不宜用来存放酸性或碱性较强的物质?写出相关的化学反应方程式。

第五章

有趣的有机化学

第一节　有机物　甲烷

基本概念

1.**有机物**:含碳元素的化合物。组成有机物的元素除主要的碳元素以外,通常还有氢、氧、硫、卤素等元素。

2.**甲烷**:烃中烷烃的代表物。甲烷是最简单的有机物,是组成和结构最简单的烷烃,分子式为 CH_4。

3.**烃**:只含碳、氢两种元素的化合物,也叫作碳氢化合物。

4.**烷烃**:碳原子跟碳原子都以单键结合成链状的烃,也叫作饱和链烃,其通式是 C_nH_{2n+2}。

5.**炔烃**:链烃分子里含有碳碳三键的不饱和烃,通式是 C_nH_{2n-2}。

6.**乙炔**:炔烃的代表物。乙炔是分子组成最简单的炔烃,分子式为 C_2H_2。

知识要点

1.**有机物不同于无机物的特点:**

有机物	无机物
难溶于水,易溶于酒精、汽油	易溶于水
受热易分解,易燃烧	不易燃烧
非电解质,不易导电,熔点低	电解质
化学反应慢、复杂,需加热或应用催化剂	化学反应快

2.**甲烷:**

(1)在自然界里的存在。

(2)甲烷分子的组成。

(3)性质和用途：

①性质：无色、无味的气体，比空气轻，极难溶解于水，易溶于汽油、煤油等有机溶剂，易燃烧。比较稳定，跟强酸、强碱或强氧化剂等一般不反应。

②用途：是一种很好的气体燃料。

$$CH_4+2O_2 \xrightarrow{点燃} CO_2+2H_2O+890\ kJ$$

(4)甲烷发生的反应：

①甲烷和氯气在光照下会发生取代反应，生成一氯甲烷、二氯甲烷、三氯甲烷、四氯甲烷。

②发生裂解反应，生成炭黑。

$$CH_4 \xrightarrow{1\ 000\sim1\ 200\ ℃} C+2H_2\uparrow$$

③生成乙炔。

$$2CH_4 \xrightarrow{1\ 500\ ℃} C_2H_2+3H_2\uparrow$$

第二节　乙醇　乙酸

■ 基本概念

1.**醇类**：由烃基(R—)和羟基(—OH)构成的化合物，一般通式为 $C_nH_{2n+1}OH$。

2.**羧酸**：由烃基(R—)和羧基(—COOH)构成的化合物，一般通式为 $C_nH_{2n+1}COOH$。

知识要点

1.乙醇的物理性质：

乙醇俗称酒精，是无色、透明、有芳香味的液体，易挥发，易燃烧，比水轻，能与水以任意比互溶，能溶解多种有机物和无机物。

工业酒精含乙醇 96%；无水酒精，含乙醇 99.5%。

2.乙醇的组成和化学性质：

乙醇的分子式：C_2H_5OH

$—C_2H_5$(乙基)　—OH(羟基)

$$C_2H_5OH+3O_2 \xrightarrow{点燃} 2CO_2\uparrow+3H_2O$$

乙醇的脱水反应：

$$C_2H_5OH \xrightarrow[浓\ H_2SO_4]{170\ ℃} \underset{乙烯(催熟剂、溶剂)}{CH_2=CH_2}+H_2O\ (分子内)$$

$$2C_2H_5OH \xrightarrow[浓\ H_2SO_4]{140\ ℃} \underset{乙醚(麻醉剂、易爆)}{C_2H_5—O—C_2H_5}\ (分子间)+H_2O$$

3.乙醇的用途：

乙醇可用作燃料、饮料、香精、溶剂、70%～75%消毒剂等。

4.乙酸的物理性质：

乙酸为食醋的主要成分，是有刺激味的无色液体，在熔点16.6 ℃以下时为冰状晶体，含量96%以上的乙酸也叫冰醋酸，易吸湿，易灼烧皮肤。

5.乙酸的组成和化学性质：

乙酸的分子式：$C_2H_4O_2$ 或写作 CH_3COOH

乙酸的结构式：$H_3C-\overset{\overset{\displaystyle O}{\|}}{C}-OH$　　—COOH（羧基）

（1）乙酸的通性：$CH_3COOH \rightleftharpoons CH_3COO^- + H^+$（酸性）

（2）酯化反应：

$$H_3C-\overset{\overset{\displaystyle O}{\|}}{C}-\boxed{OH+H}-O-C_2H_5 \xrightleftharpoons[\Delta]{\text{浓 } H_2SO_4} H_3C-\overset{\overset{\displaystyle O}{\|}}{C}-OC_2H_5+H_2O$$

乙酸乙酯

6.乙酸的用途：

乙酸可用作调味品，有机化工原料（合成纤维、醋酸纤维素、药物、染料、农药），能除水垢（主要成分是碳酸钙和氢氧化镁），在胃里能杀死痢疾菌等。

第三节　糖类　蛋白质　食品添加剂

■ 基本概念

1.**糖类**：它是多羟基（醛基）化合物，由碳、氢、氧三种元素组成，可用通式 $C_n(H_2O)_m$ 表示，俗称碳水化合物。

糖类的分类：

（1）单糖：不能水解生成更简单的糖，如葡萄糖、果糖、核糖。

（2）低聚糖：糖类水解后能生成几个分子单糖的糖，最常见的低聚糖是二糖，如蔗糖、麦芽糖。

（3）多糖：由很多个单糖分子按照一定的方式，通过在分子间脱水结合而成，如淀粉、纤维素。

2.**蛋白质**：由多种α-氨基酸相互化合而形成的天然高分子化合物。蛋白质含C、H、O、N、少量S等元素。由于α-氨基酸的种类不同，排列顺序不同，因此生成的蛋白质种类很多。

3.**食品添加剂**：能改善食品的色、香、味和营养性能，防止食品腐败变质，延长食品的有效保存期，直接或间接变为食品的一种成分或影响食品特征的一类物质。

知识要点

1.单糖：

（1）葡萄糖：

$CH_2OH—(CHOH)_4—CHO$（多羟基醛）

$C_6H_{12}O_6+6O_2 \longrightarrow 6CO_2+6H_2O+Q$

（2）果糖：

$CH_2OH—(CHOH)_3—CO—CH_2OH$（多羟基酮）

同分异构体：化合物具有相同分子式，不同结构的现象。具有同分异构现象的化合物叫同分异构体。

如：葡萄糖和果糖互为同分异构体。

（3）核糖：

五碳糖，构成核酸（DNA/RNA）的主要成分。

2.二糖：

（1）蔗糖：平日吃的食糖，存在于蔗糖、甜菜中，无色晶体，溶于水。

（2）麦芽糖——蔗糖的同分异构体：

$2(C_6H_{10}O_5)_n+nH_2O \xrightarrow[\text{麦芽糖}]{\text{催化剂}} nC_{12}H_{22}O_{11}$

$\underset{\text{麦芽糖}}{C_{12}H_{22}O_{11}}+H_2O \xrightarrow{\text{催化剂}} 2\underset{\text{葡萄糖}}{C_6H_{12}O_6}$

3.多糖：

（1）淀粉：

$C_6H_{12}O_6 \xrightarrow{\text{催化剂}} 2C_2H_5OH+2CO_2\uparrow$

（2）纤维素：

存在于芹菜、小白菜等中。

4.α-氨基酸的两性：

α-氨基酸是羧酸分子里α-氢原子被氨基取代的生成物，具有酸性和碱性。

```
        H
        |
H2N— C —COOH
碱性    |    酸性
        R
```

5.蛋白质的性质：

（1）蛋白质的盐析：

蛋白质+硫酸铵{少量 $\xrightarrow{\text{促进}}$ 蛋白溶解；大量 $\xrightarrow{\text{析出}}$ 沉淀，分离}——性质不变（多次）（可逆）

(2)蛋白质变性:

条件:酸、碱、重金属盐、紫外线、加热——不可逆。

(3)颜色反应:如硝酸使皮肤变黄。

(4)灼烧:蛋白质灼烧后有烧焦羽毛味。

(5)水解成氨基酸—尿素—排至体外。

(6)酶是一种蛋白质——高效生物催化剂。

6.蛋白质的应用:没有蛋白质就没有生命。

7.食品添加剂的要求:对人体无害,不影响营养价值,增进食品感官性状,提高食品质量,即对人体健康有好处。

8.常用的食品添加剂:

(1)防腐剂:苯甲酸、苯甲酸钠、山梨酸等对细菌、霉菌有抑制作用。

(2)漂白剂:亚硫酸钠、二氧化硫等。

(3)抗氧剂:丁基羟基茴香醚、二丁基羟基苯、没食子酸丙酯等。

(4)凝固剂:氯化钙、硫酸钙、氯化镁、葡萄糖酸内酯(目前应用较多)。

(5)膨松剂:活性酵母、碳酸氢钠、碳酸钠等。

(6)营养强化剂:各种维生素、铁、钙、锌、赖氨酸、苏氨酸等。

练习题

★ 夯实基础

一、选择题

1.下列选项中,一般有机物不具有的是(　　)。

A.易溶于水　　B.不易导电　　C.反应一般比较慢　　D.易燃烧

2.甲烷分子中碳、氢元素的原子个数比是(　　)。

A.1∶4　　B.1∶3　　C.4∶1　　D.3∶1

3.最简单的有机物是(　　)。

A.CO　　B.CO_2　　C.C_2H_2　　D.CH_4

4.下列气体中,主要成分不是甲烷的是(　　)。

A.煤气　　B.天然气　　C.沼气　　D.液化石油气

5.乙醇俗称酒精,在下列有关乙醇性质的描述中,属于化学性质的是(　　)。

A.无色液体　　B.挥发性　　C.与水能互溶　　D.可燃性

6.以下关于酒精的说法错误的是(　　)。

A.酒精是一种有机溶剂　　B.酒精能发生脱水反应

C.酒精浓度越高,消毒效果越好　　D.酒精能与水以任意比互溶

7.细嚼米饭,觉得有甜味,这个过程属于(　　)。

A.物理性消化　　B.化学性消化

C.物理性和化学性消化　　D.异化作用

8.检验食物中是否含有淀粉可以用(　　)。

A.pH 试纸　B.酚酞　C.石蕊　D.碘的水溶液

9.区别毛织品和棉布的方法是(　　)。

A.用盐酸　B.用水浸泡　C.用火灼烧　D.闻气味

10.乙酸(CH_3COOH)是一种弱酸,在下列选项中能找到乙酸的是(　　)。

A.食盐　B.味精　C.食醋　D.酱油

11.人的胃液里有少量的酸,可以帮助人消化食物,这种酸是(　　)。

A.HCl　B.H_2SO_4　C.HNO_3　D.$CaCO_3$

12.乙酸不具有的性质是(　　)。

A.与小苏打反应　B.使石蕊试液变成红色

C.具有较强氧化性　D.能灼伤皮肤

13.下列各糖属于二糖的是(　　)。

A.果糖　B.葡萄糖　C.蔗糖　D.淀粉

14.下列说法中不正确的是(　　)。

A.没有蛋白质就没有生命

B.蛋白质变性是可逆的

C.毛、发、蹄、角等都是蛋白质

D.蛋白质水解的产物是各种不同氨基酸

15.下列操作中,不能达到清毒作用的是(　　)。

A.用食盐水洗涤　B.用 75%酒精洗涤　C.开水煮沸　D.用紫外光照射

16.下列物质中不属于高分子化合物的是(　　)。

A.淀粉　B.蛋白质　C.纤维素　D.氨基酸

17.医疗上用于消毒的酒精溶液浓度为(　　)。

A.10%~30%　B.40%~50%　C.70%~75%　D.80%~90%

18.下列不属于单糖的物质是(　　)。

A.葡萄糖　B.麦芽糖　C.果糖　D.核糖

19.下列糖中最甜的是(　　)。

A.葡萄糖　B.果糖　C.蔗糖　D.核糖

20.麦芽糖水解的产物是(　　)。

A.葡萄糖和果糖　B.葡萄糖　C.半乳糖　D.半乳糖和果糖

21.血糖通常指血液中的(　　)。

A.果糖　B.葡萄糖　C.糖原　D.麦芽糖

二、填空题

1.有机物指的是含________元素的化合物。

2.天然气里含量最高的气体是________。

3.甲烷的分子式是________。

4.甘油的化学名称是________。

5.乙醇的俗称是________,工业酒精含________乙醇,________叫无水乙醇 。

6.啤酒含________乙醇,葡萄酒含________乙醇,黄酒含________乙醇,白酒含________乙醇。

7.医疗上用________浓度的酒精作消毒剂。

8.普通的食醋含________乙酸。

9.在常温下,我们把呈固态的油脂称作________,把呈液态的油脂称作________。

10.油脂在碱性条件下进行的水解反应,称为________反应。

11.肥皂的主要成分是____________________。

12.我们通常称糖类物质是________化合物。

13.单糖是____________________。常见的________都属于单糖。

14.淀粉和纤维素都是________。

15.用浓的盐溶液使蛋白质的溶解度降低而从溶液中析出,这种作用叫________。

16.蛋白质水解后的产物是若干种不同的________。

17.在外界条件(如热、酸、碱、重金属盐、紫外线)作用下,蛋白质能发生________而凝结起来。

18.若皮肤上不慎沾上了浓硝酸后,皮肤将变成________色。

19.1965年,我国科学家在世界上第一次人工合成具有生命活力的蛋白质是________。

20.肥皂之所以能够去污,是因为肥皂中主要成分是高级脂肪酸钠,有________的—COONa和________的—R。

21.酸和醇可以发生________反应,生成的物质称为________。

22.麦芽糖在硫酸催化下发生水解反应,生成两分子________。

23.食品中适当加入添加剂,使食品________俱全,有利于________。对添加剂的________,应有目的地控制。

三、判断题

1.无机物的种类比有机物多得多。 (　　)

2.所有含碳化合物都属于有机物。 (　　)

3.液化石油气和天然气一样,主要成分是甲烷。 (　　)

4.动物的丝、毛、皮的主要成分是氨基酸。 (　　)

5.木糖醇是甜味的,所以是糖。 (　　)

6.所有的糖都有甜味。 (　　)

7.苹果放久了就会产生酒味,是因为苹果在空气中被氧化了。 (　　)

8.蛋白质遇浓硝酸变黄色。 (　　)

9.蔗糖既溶于水又溶于酒精。 (　　)

10.用酒精作清毒剂时,酒精的浓度越大消毒效果越好。 (　　)

11.家庭用的食醋也叫冰醋酸。 (　　)

12.乙酸是有机酸,但它的酸性比碳酸强,所以乙酸能分解碳酸盐。 (　　)

13.酯所有的水解反应都叫皂化反应。（　　）

14.糖类化合物中的氢、氧原子个数比一定是2∶1。（　　）

15.所有淀粉遇碘都能变蓝。（　　）

16.淀粉是绿色植物进行光合作用的产物。（　　）

17.肥肉的主要成分是油脂,瘦肉的主要成分是蛋白质。（　　）

18.氨基酸一定显酸性。（　　）

19.我们可以用点燃织物后是否产生烧焦羽毛气味的方法鉴别毛织品。（　　）

20.最甜的糖是葡萄糖。（　　）

21.食品添加剂是现代食品工业生产中不可缺少的化学物质,所以在食品中应该多加食品添加剂。（　　）

四、名词解释

1.有机物

2.甲烷

3.醇类

4.羧酸

5.糖类

6.蛋白质

7.食品添加剂

8.酯化反应

9.单糖

10.低聚糖

11.多糖

★ **熟能生巧**

一、选择题

1.下列关于甲烷的说法不正确的是(　　)。
A.甲烷也叫沼气　B.无色无味　C.　属于烷烃　D.比空气重

2.可用于制造“塑料王”聚四氟乙烯的重要材料是(　　)。
A.一氯甲烷　B.二氯甲烷　C.三氯甲烷　D.四氯甲烷

3.甲烷在高温条件下,还可能会发生(　　)反应。
A.取代　B.置换　C.中和　D.裂解

4.两个甲烷分子在高温条件下会转化成(　　)。
A.乙烷　B.丙烷　C.乙炔　D.乙醇

5.乙醇分子中,氧元素所占质量分数大约是(　　)。
A.35%　B.45%　C.50%　D.60%

6.下列酒类中,乙醇含量最高的是(　　)。
A.白酒　B.啤酒　C.黄酒　D.葡萄酒

7.下列说法中,不正确的是(　　)。
A.早在 2 000 多年前,我们祖先就已经懂得酿酒工艺了
B.木糖醇有甜味,所以糖尿病患者不能吃它
C.甘油能护肤,是因为它具有强烈的吸水性
D.舞台上的烟雾是由乙二醇加热得到的

8.乙醇不具有的性质是(　　)。

A.容易挥发　B.能跟水以任意比互溶

C.具有较强氧化性　D.易燃烧

9.下列各糖属于二糖的是(　　)。

A.果糖　B.葡萄糖　C.蔗糖　D.淀粉

10.以下有关乙醇的描述,不正确的是(　　)。

A.乙醇俗称酒精　B.乙醇不溶于水

C.医疗中可用乙醇作消毒剂　D.可用乙醇制造饮料

11.以下糖类属于单糖的是(　　)。

A.麦芽糖　B.乳糖　C.淀粉　D.果糖

12.生物体各种生命活动所需能量的主要来源是(　　)。

A.蛋白质　B.糖类　C.腺苷三磷酸(ATP)　D.水

13.下列物质中属于低聚糖的是(　　)。

A.葡萄糖　B.纤维素　C.麦芽糖　D.果糖

14.下列变化中不属于水解反应的是(　　)。

A.淀粉生成葡萄糖　B.蛋白质生成氨基酸　C.油脂的皂化　D.酸与醇生成酯

15.下列物质中属于单糖的是(　　)。

A.麦芽糖　B.淀粉　C.蔗糖　D.葡萄糖

16.下列关于乙醇物理性质的叙述,不正确的是(　　)。

A.乙醇易挥发

B.乙醇是无色、透明、有特殊香味的液体

C.乙醇在常温常压下,沸点比水高

D.乙醇在常温常压下,密度比水小

17.下列物质中不属于单糖的是(　　)。

A.果糖　B.葡萄糖　C.核糖　D.蔗糖

18.下列选项中属于有机物的是(　　)。

A.硫酸　B.水　C.食盐　D.蛋白质

19.下列选项中不属于糖类的是(　　)。

A.葡萄糖　B.麦芽糖　C.木糖醇　D.淀粉

20.淀粉水解可得到(　　)。

A.蔗糖　B.麦芽糖　C.果糖　D.葡萄糖

21.下列属于弱酸的是(　　)。

A.HCl　B.H_2SO_4　C.HNO_3　D.CH_3COOH

22.乙酸乙酯不具有的特点是(　　)。

A.有香味　B.油状液体　C.无色透明　D.无味

23.下列属于多糖类物质的是(　　)。

A.淀粉　B.果糖　C.葡萄糖　D.蔗糖

24.甘油的化学名称是(　　)。

A.丙醇　　B.乙醇　　C.丙三醇　　D.丙二醇

二、填空题

1.烃是只含________两种元素的化合物。

2.甲烷和氯气的混合物可以在________条件下长期保存而不起任何反应。

3.最简单的炔烃是________。

4.乙醇的分子式是________，________色，________，________的液体。乙醇的俗称是________，医用消毒酒精含乙醇________。

5.乙酸的分子式是________，俗称________，________色________气味的液体。

6.糖类分为____________________三大类。常见的单糖有________，常见的二糖有________，常见的多糖有________。

7.氨基酸分子里含有的羧基呈________性，氨基呈________性。

8.蛋白质除了含有________外，还含有________和少量的________。

9.糖类由__________________________________三种元素组成的高分子化合物。

10.淀粉跟碘作用呈现________色。

三、判断题

1.天然气是纯净的甲烷气体，所以燃烧是淡蓝色火焰。（　）

2.炒菜不刷锅，会使人食入大量致癌物。（　）

3.甲烷的氧化反应会释放出大量热。（　）

4.糖分为单糖和多糖。（　）

5.用酒精作消毒剂，酒精的浓度越高消毒效果越好。（　）

6.多糖能使碘呈现蓝色。（　）

7.在外界条件下，蛋白质发生盐析而凝结起来。（　）

8.在食物中适当加入添加剂，有利于人体健康。（　）

9.蛋白质的盐析是可逆的，蛋白质的变性是不可逆的。（　）

10.食品添加剂对人体都有伤害，因此应尽量少食用。（　）

11.关于食品添加剂的量，应有目的地控制。（　）

12.水壶或热水瓶里的水垢可以用乙醇来泡洗。（　）

13.醋也有杀死胃内痢疾菌的作用。（　）

★ 综合运用

综合题

1.甲烷的化学性质是什么？主要有什么用途？

2.请用化学反应方程式来表达甲烷和氯气发生的取代反应。

3.我们都知道白酒存放的时间越长越好,你能回答出这里面所包含的化学知识吗?

4.消毒酒精为什么乙醇含量为70%~75%时消毒效果最佳?

5.甘油为什么可用于制造日用化工产品?甘油浓度越大护肤效果越好吗?为什么?

6.水壶中的水垢的主要成分是什么?乙酸为什么能将水垢除掉?写出有关的化学反应方程式。

7.什么叫作单糖、低聚糖和多糖?并举较熟悉的例子来说明。

8.根据已掌握的蛋白质的性质回答下列问题:

(1)为什么暴晒衣物可以使其杀菌?

(2)用什么方法来鉴别纯棉制品和纯毛织品?

(3)为什么用硫酸铜能制造杀菌剂?

(4)为什么用煮沸的方法可以使医疗器械消毒?

(5)为什么铜、汞、铅等重金属盐对人畜有毒?因这些重金属盐引起中毒后,怎样才能解毒?

9.是不是食品的色泽越鲜艳越好吃?为了有效防腐,是不是食品添加剂越多越好?

第五章检测题(一)

(总分:100 分　考试时间:45 分钟)

一、选择题(每题 2 分,共 30 分)

1.下列化合物中不是有机物的是(　　)。

A.尿素　　B.氨水　　C.汽油　　D.糖

2.甲烷和氯气在(　　)条件下能发生反应。

A.高温　　B.催化剂　　C.光亮　　D.高压

3.甲烷和氯气的混合物在光亮条件下会发生(　　)。

A.爆炸　　B.燃烧　　C.取代反应　　D.裂解反应

4.甲烷分子在(　　)高温下会生成炭黑。

A.800 ℃　　B.1 100 ℃　　C.1 400 ℃　　D.1 500 ℃

5.工业中,可利用(　　)来切割和焊接金属。

A.甲烷　　B.一氯甲烷　　C.乙炔　　D.乙烯

6.可作为灭火剂使用是(　　)。

A.一氯甲烷　　B.二氯甲烷　　C.三氯甲烷　　D.四氯甲烷

7.以下有关乙醇的描述,不正确的是(　　)。

A.乙醇俗称酒精　　B.乙醇不能燃烧

C.医疗中可用乙醇作消毒剂　　D.可用乙醇制造饮料

8.食用醋的主要成分是(　　)。

A.乙酸　　B.乙酸乙酯　　C.甲烷　　D.乙醇

9.下列糖类属于单糖的是(　　)。

A.纤维素　　B.乳糖　　C.淀粉　　D.果糖

10.作为人类生命活动重要能量来源的是(　　)。

A.葡萄糖　　B.果糖　　C.蔗糖　　D.淀粉

11.下列物质中属于低聚糖的是(　　)。

A.葡萄糖　　B.纤维素　　C.麦芽糖　　D.果糖

12.下列关于乙醇的物理性质的叙述,不正确的是(　　)。

A.乙醇不易挥发

B.乙醇是无色、透明、有特殊香味的液体

C.乙醇在常温常压下,沸点比水低

D.乙醇在常温常压下,密度比水小

13.下列操作中,不能起到清毒作用的是(　　)。

A.用食盐水洗涤　　B.用75%酒精洗涤　　C.开水煮　　D.用紫外光照射

14.下列物质中不属于高分子化合物的是(　　)。

A.淀粉　　B.蛋白质　　C.纤维素　　D.氨基酸

15.下列物质中,可用来灭火的是(　　)。

A.四氯化碳　　B.乙酸　　C.淀粉　　D.乙二醇

二、填空题(每空1分,共20分)

1.烷烃的通式是________。

2.氯化甲烷中,只有________是气体。

3.湖、池塘、死水坑里产生的气体含大量________。

4.乙醇的俗称是________,________色,______________________________的液体。医用消毒酒精含乙醇________。

5.乙酸的俗称是________,________色________味的液体。普通的食醋中含有________的乙酸,含量达96%以上的醋酸又叫________。

6.糖类由________三种元素组成,分为________三类。

7.常用的食品添加剂有________剂、________剂、________剂、________剂、________剂、________剂。

三、判断题(每题2分,共20分)

1.大多数有机物分子是由共价键组成的。(　　)

2.甲烷易溶于水,易燃烧。(　　)

3.淀粉遇碘会变黄。(　　)

4.甘油浓度越大护肤效果越好。(　　)

5.葡萄糖、果糖和蔗糖都属于单糖。 (　　)

6.乙醇会刺激神经系统而使人醉,甚至中毒,所以饮酒要适量。 (　　)

7.食品添加剂对食品的营养成分不应有破坏作用。 (　　)

8.淀粉、蛋白质、纤维素、核糖都是高分子化合物。 (　　)

9.葡萄糖在人体内的生理作用属于氧化反应。 (　　)

10.蛋白质的基本单位是氨基酸。 (　　)

四、综合题(每题 6 分,共 30 分)

1.有机物有哪些区别于无机物的特点?请举例说明。

2.食品添加剂是什么?你是怎样认识的?

3.酒为什么能解除鱼腥味?

4.什么是酯化反应?为什么炒菜时加醋和酒格外香?

5.为什么用煮沸的方法可以给医疗器械消毒?

第五章检测题(二)

(总分:100 分　考试时间:45 分钟)

一、选择题(每题 2 分,共 30 分)

1.乙醇分子中,氢与碳原子的个数之比是(　　)。

A.2∶1　　B.3∶1　　C.1∶1　　D.1∶2

2.被蚊虫叮咬后皮肤红肿,是因为其分泌物中含有(　　)。

A.甲酸　　B.甲醛　　C.乙醇　　D.甲醇

3.下列物质中,不属于糖类的是(　　)。

A.脂肪　　B.葡萄糖　　C.纤维素　　D.淀粉

4.下列糖中,(　　)是二糖。

A.葡萄糖　　B.果糖　　C.蔗糖　　D.核糖

5.乙酸不具有的是(　　)。

A.与小苏打反应　　B.除去水壶内壁的水垢

C.具有较强氧化性　　D.用作调味品

6.下列物质中是制造塑料王聚四氟乙烯的重要原料的是(　　)。

A.甲烷　　B.一氯甲烷　　C.二氯甲烷　　D.三氯甲烷

7.下列属于弱酸的是(　　)。

A.HCl　　B.H_2SO_4　　C.HNO_3　　D.CH_3COOH

8.下列属于多糖类物质的是(　　)。

A.淀粉　　B.果糖　　C.葡萄糖　　D.蔗糖

9.醋酸能使石蕊变(　　)。

A.蓝　　B.红　　C.不变色　　D.紫

10.谷物中含量丰富的多糖是(　　)。

A.糖原和纤维素　　B.淀粉和葡萄糖　　C.淀粉和纤维素　　D.蔗糖和麦芽糖

11.细嚼米饭,觉得有甜味,这个过程属于(　　)。

A.物理性消化　　B.化学性消化

C.物理性和化学性消化　　D.异化作用

12.检验食物中是否含有淀粉可以用(　　)。

A.pH 试纸　　B.酚酞　　C.石蕊　　D.碘的水溶液

13.区别毛织品和棉布的方法是(　　)。

A.用盐酸　　B.用水浸泡　　C.用火灼烧　　D.闻气味

14.乙酸(CH_3COOH)是一种弱酸,可以在家里的哪种物品中找到它?(　　)

A.食盐　　B.味精　　C.食醋　　D.酱油

15.下列物质中可以用于制造护肤品的原料的是(　　)。

A.乙醇　　B.木糖醇　　C.乙二醇　　D.丙三醇

二、填空题(每空 1 分,共 20 分)

1.点燃甲烷和空气的混合物会________。

2.乙醇的沸点比水________,容易________,密度比水________。乙醇燃烧能生成________和________,并放出大量的________。

3.乙酸分子里的官能团叫________。乙酸是一种________酸。

4.糖类叫作________化合物。淀粉水解最后得到的产物是________。淀粉的特性是遇碘变________。

5.蛋白质被灼烧时,产生具有________气味。

6.自己发面,用________作为膨松剂。以豆浆为原料,用________作凝固剂做豆腐脑。

7.蛋白质水解后的产物是若干种不同的________。

8.在外界条件(如热、酸、碱、重金属盐、紫外线)作用下,蛋白质能发生________而凝结起来。

9.若皮肤上不慎沾上了浓硝酸,皮肤将变成________色。

10.1965 年,我国科学家在世界上第一次人工合成具有生命活力的蛋白质是________。

11.酸和醇可以发生________反应,生成的物质叫________。

三、判断题(每题 2 分,共 20 分)

1.甲烷性质比较稳定,一般不起反应。 ( )

2.食品中加入适量食品添加剂不利于人体健康,应尽量少用。 ( )

3.糖分为单糖和多糖。 ( )

4.蛋白质是人类的重要营养物质,可以说没有蛋白质就没有生命。 ( )

5.葡萄糖是单糖,果糖是双糖。 ( )

6.可以用煮沸的方法给餐具消毒。 ( )

7.白酒易点燃,而黄酒不易点燃。 ( )

8.淀粉是低聚糖。 ( )

9.食盐水洗涤,可以用来消毒。 ( )

10.食品添加剂是现代食品工业生产中不可缺少的化学物质,所以在食品中应该多加食品添加剂。 ( )

四、综合题(每题 6 分,共 30 分)

1.为什么白酒煮沸后易使人醉?

2.人们吃的哪些食物中富含纤维素?为什么每天都应吃一点含纤维素的食物?

3.常见的利用蛋白质变性来杀菌的生活技巧有哪些?

4.食品中加入食品添加剂到底好不好?

5.吃到嘴里的米饭为什么越嚼越甜?

生物篇

第六章

有趣的生物

第一节　生命的结构基础——细胞

基本概念

1.**细胞**:构成生物体的基本单位。

2.**结合水**:细胞中的水一部分与细胞内的其他物质相结合叫作结合水。

3.**自由水**:细胞中大部分水以游离的形式存在,可以自由流动,叫作自由水。

4.**染色质**:在细胞核中分布着一些易被碱性染料染成深色的物质,这些物质主要是由DNA 和蛋白质组成的,这些物质叫作染色质。

知识要点

英国物理学家罗伯特 · 虎克使用自制的光学显微镜发现了细胞。

1.**细胞的化学组成**:

(1)水:含量最多,分为结合水和自由水。

(2)无机盐:大多数以离子形式存在于细胞中。

(3)糖:单糖——葡萄糖、果糖;

二糖——蔗糖、麦芽糖、乳糖;

多糖——淀粉、纤维素、糖原。

(4)脂类:脂肪、类脂、固醇。

(5)蛋白质:约占细胞干重 50%。基本组成单位是氨基酸,组成蛋白质的氨基酸有20 种。

(6)核酸:遗传物质,有 DNA(脱氧核糖核酸)和 RNA(核糖核酸)。

2.**细胞结构与功能**:

(1)动物细胞与植物细胞的比较:

相同点:有细胞膜、细胞质、细胞核;

不同点:植物细胞特有的结构——细胞壁、叶绿体、液泡。

(2)细胞的结构组成:

①细胞膜:主要由蛋白质分子和脂类(主要是磷脂)组成,是一种选择透过性膜。

②细胞质:基质和细胞器。线粒体——细胞内供应能量的“动力工厂”;核糖体——细胞内将氨基酸合成为蛋白质的场所。

③细胞核:遗传物质贮存和复制的场所。染色质和染色体是同一物质在不同时期细胞中的两种形态。

④细胞壁:植物细胞最外层结构,化学成分主要是纤维素和果胶。

⑤液泡:表面是液泡膜,里面是细胞液, 主要含有糖、盐、脂类、有机酸、单宁、生物碱、花青素等。

⑥叶绿体:主要是叶绿素 a、叶绿素 b、胡萝卜素、叶黄素;次要是蛋白质、脂类、少量 RNA 和 DNA。

(3)细胞的结构、特点及功能。

理解:选择透过性膜。

★ 夯实基础

一、填空题

1.细胞膜是由蛋白质分子、脂类分子构成的________,具有一定的________性。

2.细胞质由________和________组成。

3.线粒体是细胞内供应________的“动力工厂”,________的主要场所,占细胞必需能量的________。

4.核糖体是________的“装配机器”,是将________合成________的场所。

5.植物细胞的高尔基体与________形成有关。动物细胞的高尔基体与________的形成有关。

6.中心体与细胞的________有关。

7.细胞核组成:________、________、________、________;它的功能是遗传物质________和________场所。

8.染色质是由________和________组成。

9.细胞壁对细胞有________和________的作用,由________和________组成。

10.叶绿体是植物细胞的一种________,主要是由________、________、________、________组成。

11.叶绿体各种色素当中,________含量最多,所以植物叶子大多是绿色的。

12.植物细胞特有的细胞器是________和________,其中________是光合作用的场所。

13.如果细胞液当中不含有________,花的颜色将会是白色的。

14.细胞是由________构成的,原生质又分化为________、________、________等部分。

15.液泡里的水状液体是________。

16.英国物理学家________用自制的光学显微镜发现了细胞。

17.________是构成生物体的基本单位。

18.构成细胞的化合物,包括________和________。前者有________和________,后者有________、________、________和________。

19.糖类可以分为________、________和________三大类。糖类的作用是________。

20.脂类主要包括________、________和________三种,其中________是构成细胞膜的主要成分。

二、选择题

1.叶绿体主要成分之一是(　　)。

A.胡萝卜素　　B.蛋白质　　C.脂类　　D.RNA 和 DNA

2.柿子中含有(　　),所以味道表现出涩味。

A.单宁　　B.生物碱　　C.花青素　　D.有机酸

3.液泡含量最多的成分是(　　)。

A.水　　B.糖、盐

C.脂类、有机酸　　D.单宁、生物碱、花青素等

4.构成细胞膜的主要成分是(　　)。

A.蛋白质和淀粉　　B.淀粉和脂肪　　C.蛋白质和葡萄糖　　D.蛋白质和脂类

5.生物体进行生命活动的主要能源物质是(　　)。

A.脂类　　B.糖类　　C.核酸　　D.蛋白质

6.下列关于核酸叙述中,不正确的是(　　)。

A.核酸由 C、H、O、N、P 等元素构成的　　B.核酸的基本组成单位是氨基酸

C.核酸有 DNA 和 RNA 两种　　D.核酸存在于细胞核和细胞质中

7.下列物质不是有机物的是(　　)。

A.糖类　　B.无机盐　　C.蛋白质　　D.核酸

8.蛋白质约占细胞干重的(　　)。

A.80%　　B.50%以上　　C.10%以上　　D.30%

9.下列哪种不是动物细胞所具备的(　　)。

A.细胞壁　　B.细胞质　　C.细胞核　　D.细胞膜

三、名词解释

染色质

四、问答题

1.细胞的化学成分有哪些?它们分别占细胞鲜重含量的多少?

2.细胞中各种化合物的功能是什么?

3.细胞膜的作用是什么?

4.动物细胞与植物细胞的区别与联系是什么?

第二节　生命的自我更新——新陈代谢

■ 基本概念

1.**新陈代谢**:生物体与外界环境间的物质与能量的交换,以及生物体内物质和能量的转变过程。

2.**同化作用(合成代谢)**:生物体把从外界环境中摄取的营养物质转变成自身的组成物质,并储存能量。

3.**异化作用(分解代谢)**:生物体把自身组成的一部分物质分解释放出其中的能量,并把代谢的最终产物排出体外。

4.**光合作用**:绿色植物通过叶绿体,利用光能,把二氧化碳和水合成储藏能量的有机物,并且释放出氧气的过程。

5.**有氧呼吸**:细胞在氧气的参与下,把糖类等有机物彻底氧化分解,产生二氧化碳和水,同时释放出大量能量的过程。有氧呼吸是高等植物的主要呼吸形式。

6.**无氧呼吸**:在无氧的条件下,细胞把糖类等有机物分解成不彻底的氧化产物,同时释放出少量能量的过程。微生物的无氧呼吸又称为发酵。

7.**人体的内环境**:人体内的细胞外液,构成人体内细胞生活的液体环境。

8.**ATP**:也叫腺苷三磷酸,是生物体各种生命活动所需能量的直接来源。ATP 与 ADP 可以相互转化。ATP→ADP+Pi+能量。

知识要点

1.**新陈代谢,包括同化作用和异化作用两个方面**。

意义:①生命的最基本特征。

②生物与非生物最根本的区别。

③生物体的自我更新过程。

2.绿色植物的新陈代谢：

①水分代谢：是指水分的吸收、运输、利用、散失。（只讲水分的吸收）

②矿质代谢：是指矿质元素的吸收、运输、利用。（只讲矿质元素的吸收）

③有机物与能量代谢：植物通过光合作用合成有机物、储存能量；又通过呼吸作用分解有机物、释放能量，供给生命需要。

注：植物的光合作用是一种合成作用，呼吸作用则是一种分解作用。光合作用把光能转化成化学能储存在有机物中，而呼吸作用分解有机物，并释放出其中的能量，这些能量最终都来自光能。不能把呼吸作用看成是光合作用的简单逆转。

3.动物的新陈代谢：

（1）物质代谢：

①食物消化：包括物理性消化和化学性消化。

②营养吸收：消化系统吸收营养物质，包括水、无机盐、维生素、甘油和脂肪酸、氨基酸、糖等。

③中间代谢：主要指包括糖类、脂类、蛋白质代谢。还有循环系统运输营养到组织、细胞。

④废物排出：包括呼吸系统排出二氧化碳、排泄系统排出废物和水。

（2）能量代谢：物质代谢过程中伴随着能量代谢，包括能量的释放、转移、利用等。

★ 夯实基础

一、填空题

1.水分代谢，是指水分的________、________、________、________。

2.植物吸收水分的器官：________，吸收部位：________，吸收方式：________。

3.矿质代谢，是指矿质元素的________、________、________。矿质元素：除________之外，主要是________。吸收状态：________吸收。吸收方式：________。

4.呼吸作用类型：不能简单看成是________的逆过程，它包括________和________两种形式。

5.________能为植物各项生命活动提供能量，________是高等植物主要呼吸形式。

6.物质代谢包括________、________、________、________，物质代谢过程中伴随着能量代谢，包括能量的________、________、________等。

7.________是生物体各种生命活动所需能量的直接来源。

8.动物的新陈代谢当中，通过________将呼吸系统所获得的________，消化系统吸收的________，运送给体内的________；将细胞在新陈代谢过程中产生的废物运送到________，________运送到呼吸系统，最后排出体外。

9.参加光合作用的物质有________和________。光合作用生成的物质有________、________、________。

10.食物的消化和分解：淀粉、纤维素等消化分解成________。吸收后的糖在人体细胞内分解成________和________，并释放________。蛋白质消化分解成________。吸收后的氨基酸再合成蛋白质，蛋白质在人体细胞内分解为________排出体外。脂肪消化分解成________和________。吸收后重新合成脂肪，脂肪在人体细胞内分解为________和________。

二、选择题

1.高等动物体内细胞与外界环境进行物质交换的途径是(　　)。

A.外环境　　B.体表　　C.内环境　　D.口腔

2.在制造乳酸饮料或者食品的过程中，可用乳酸菌使葡萄糖分解成乳酸，此过程称为(　　)。

A.还原　　B.合成　　C.发酵　　D.酸化

3.下面哪个过程是生物与非生物最根本的区别？(　　)

A.水分的吸收　　B.矿物质的吸收　　C.光合作用　　D.新陈代谢

4.光合作用所释放的分子氧，来源于(　　)。

A.CO_2　　B.H_2O　　C.三碳化合物　　D.葡萄糖

三、名词解释

1.新陈代谢

2.同化作用(合成代谢)

3.异化作用(分解代谢)

4.光合作用

5.内环境

四、简答题

1.食物是怎样被消化的？

2.新陈代谢的意义是什么?

3.简述什么是呼吸作用。

第三节 生物的生殖和发育

基本概念

1.**无性生殖**:不经过生殖细胞的结合,由母体直接产生出新个体的生殖方式。

2.**分裂生殖**:又叫裂殖,是生物由一个母体分裂成两个子体的生殖方式。

3.**孢子生殖**:有的生物,其身体长成以后,能产生一种细胞,这种细胞不经过两两结合,就可以直接形成新个体。这种细胞叫作孢子,这种生殖方式叫作孢子生殖。

4.**出芽生殖**:又叫芽殖,是由母体在一定部位生出芽体的生殖方式。

5.**营养生殖**:由植物体的营养器官产生出新个体的生殖方式。

6.**有性生殖**:经过两性生殖细胞的结合产生合子,由合子发育成新个体的生殖方式。这是生物界普遍存在的生殖方式。有性生殖主要是指配子生殖,配子生殖最常见的是卵式生殖。

7.**配子生殖**:由亲体产生的有性生殖细胞——配子,两两相配成对、互相结合,成为合子,再由合子发育成新个体的生殖方式。

8.**卵式生殖**:由卵细胞与精子结合的生殖方式,是高等植物和多数动物(如蛙、果蝇)所普遍具有的一种生殖方式。

9.**生物的生殖**:生物体产生自己的后代的过程。

10.**生物的个体发育**:受精卵是一个细胞,这个细胞经过细胞分裂、组织分化和器官形成,直到发育成性成熟的个体。

知识要点

1.**生物的生殖**:

生殖的类型:无性生殖和有性生殖。

①无性生殖主要有以下几种方式：

a.分裂生殖，如变形虫、细菌；

b.孢子生殖，如根霉、孢子虫；

c.出芽生殖，如酵母菌、水螅；

d.营养生殖，如草莓的匍匐茎、土豆发芽。

②有性生殖。

2.生物的发育：

（1）植物的发育：以荠菜为例，说明植物的个体发育。

①胚的发育：被子植物的受精卵在胚珠中发育成胚。胚珠发育成种子。子叶、胚芽、胚轴和胚根这四部分构成胚。

②胚乳的发育：双受精——被子植物的卵细胞受精时，两个极核也与另一个精子结合，生成受精极核，发育成胚乳。单子叶植物种子中含有胚乳，很多双子叶植物在胚和胚乳的发育中，胚乳被子叶吸收。

（2）动物的发育：以蛙为例，讲述动物的个体发育。

高等动物的个体发育包括胚的发育和胚后发育。

①胚的发育：受精卵分为动物极和植物极。受精卵开始发育时首先进行细胞分裂，称为卵裂。原肠胚的外面有胚孔，此时期具备三个胚层，进一步发育出各种组织、器官和系统。

②胚后发育：以蝌蚪发育成青蛙为例，理解变态发育。

★ 夯实基础

一、填空题

1.生物的生殖包括________和________两类。生物界中普遍存在的生殖方式是________。

2.单细胞生物普遍的生殖方式是________；根霉的生殖方式是________；水螅的生殖方式是________；扦插柳树枝的方式是________。

3.被子植物的个体发育过程主要是指________的发育和________的发育；高等动物的个体发育包括________的发育和________发育。

4.无性生殖主要有________、________、________、________。

5.营养生殖的方式有________、________、________等。

6.有性生殖产生的后代具备两个亲体的________，具有更大的________和________，因此对于生物的进化是很有意义的。

7.胚的构成________、________、________、________。

8.植物受精卵在发育之前，先进入________状态。

二、选择题

1.使保持后代亲本性状生殖的是（　　）。

A.营养生殖　B.分裂生殖　C.孢子生殖　D.出芽生殖

2.受精卵发育前的休眠时期长达几个月的是(　　)。

A.水稻　B.橡胶草　C.棉花　D.秋水仙

3.在果树栽培中,常用的优良品种的芽进行嫁接,这属于(　　)。

A.营养生殖　B.分裂生殖　C.断裂生殖　D.出芽生殖

4.能发育成种子的结构是(　　)。

A.胚珠　B.胚　C.球状胚体　D.子房

5.被子植物的极核受精时(　　)。

A.一个极核和一个精子结合　B.一个极核与两个精子结合

C.两个极核和一个精子结合　D.两个极核与两个精子结合

6.种子不属于胚的组成部分是(　　)。

A.胚芽　B.胚轴　C.胚根　D.胚乳

7.大豆种子没有胚乳的原因是(　　)。

A.大豆种子不是双受精　B.极核没有受精

C.受精极核没有发育　D.胚乳被子叶吸收

8.花生种子里贮存养料的结构是由下列哪项发育的(　　)。

A.受精极核　B.受精卵　C.胚珠　D.胚乳细胞

9.我们吃的大米、面粉、大豆、花生的营养物质,依次是植物种子是(　　)。

A.胚乳、子叶、子叶、胚乳　B.胚乳、胚乳、子叶、子叶

C.胚乳、子叶、子叶、子叶　D.子叶、胚乳、胚乳、胚乳

10.荠菜胚的发育过程中,球状胚体的形成是(　　)。

A.受精卵连续分裂多次的结果　B.受精卵连续分裂三次的结果

C.基细胞连续分裂多次的结果　D.顶细胞连续分裂多次的结果

11.绿色开花植物受精作用发生在(　　)。

A.花粉管　B.雄蕊　C.雌蕊　D.胚珠

12.在玉米种子形成过程中,胚乳发育的正确途径是(　　)。

A.受精卵→胚乳核→胚乳细胞→胚乳

B.受精卵→胚乳细胞→胚乳核→胚乳

C.受精极核→胚乳核→胚乳细胞→胚乳

D.受精极核→胚乳细胞→胚乳核→胚乳

13.蛙的胚胎发育中,有三个胚层的是(　　)。

A.受精卵　B.卵裂期　C.囊胚　D.原肠胚

14.在植物个体发育过程中,胚乳被子叶吸收的是(　　)。

A.水稻　B.小麦　C.玉米　D.大豆

15.生物个体发育的含义(　　)。

A.从受精卵发育到成体直至死亡　B.从受精卵发育到成体

C.从受精卵发育到幼体　D.新个体经过幼年到成年

三、名词解释

1.无性生殖

2.有性生殖

3.孢子生殖

4.配子生殖

四、简答题

1.无性生殖分为哪几类?

2.以蛙为例,简述动物个体的发育。

第四节　生命活动的调节

■ 基本概念

1.**植物激素**:由植物体的一定部位产生的,含量极少却对植物的新陈代谢、生殖发育等生命活动起着重要调节作用的化学物质。

2.**顶端优势**:植物的顶芽优先生长而侧芽受到抑制的现象。

3.**第二性征**:又称副性征,是指人和动物性成熟所表现的、与性别有关的外表特征。

如雄鸡冠宽大鲜红、羽毛粗长鲜艳、啼鸣高亢，雌鸡则无此特点。

4.**反射弧**：是动物接受刺激和发生反应的神经传导途径，反射是神经系统调节动物体内各部分活动的基本方式。

知识要点

1.**植物激素主要分为五大类**：生长素、赤霉素、细胞分裂素、脱落酸和乙烯。

2.**生长素的生理作用主要有以下几方面**：

(1)促进生长。例如：植物的向光性生长，单侧光引起生长素分布不均匀，背光一侧比向光一侧分布更多。

(2)促进果实发育。举例：农业生产上，利用人工合成的一定浓度的生长素处理没有授粉的番茄花蕾，能获得无籽番茄。

(3)促进扦插的枝条生根。

3.**生长素对植物生长的作用，与其浓度高低有一定关系**。一般来说，低浓度促进植物生长，高浓度抑制植物生长。举例：园艺上利用顶端优势原理进行果树整枝修剪。

4.**高等动物的激素调节**。

(1)甲状腺激素。由甲状腺分泌，主要功能是促进新陈代谢，加速体内物质氧化分解，促进动物个体的生长发育，提高神经系统的兴奋性。

(2)性激素。分为两大类：雄性激素主要由睾丸分泌；雌性激素主要由卵巢分泌。主要功能：促进生殖器官的发育和生殖细胞的生成，激发并维持第二性征。

(3)生长激素。由脑垂体分泌，对动物体的生长有重要作用。

5.**昆虫的激素调节**。昆虫激素分为两大类：内激素和外激素。

(1)内激素。

①蜕皮激素：调节昆虫的蜕皮。

②保幼激素：使昆虫保持幼体性状，抑制成虫性状的出现。

③脑激素：促使蜕皮激素和保幼激素的分泌。

(2)外激素。

外激素又叫信息激素，在个体之间传递化学信息，研究较多的有性外激素。应用：利用昆虫的性外激素作为性引诱剂，用来防止农业害虫。

6.**神经调节**：动物体的主要调节方式。

动物的神经活动的基本过程是反射，它是经过反射弧来完成的。

★ 夯实基础

一、填空题

1.目前已发现的植物激素有许多种，可以把它们分为________、________、________、________和________五大类。其中发现和研究得最早的是________。

2.植物的顶端优势是指植物的________优先生长而侧芽受到________的现象。园艺上常利用该原理进行果树整枝修剪。

3.动物生命活动的调节有两种基本形式:________调节和________调节。

4.昆虫激素分为________和________两大类。

5.昆虫的内激素是由昆虫体内的________分泌的。它对昆虫的________等生命活动起着调节作用。

6.昆虫的内激素包括________、________和________三种。

7.动物神经活动的基本过程是________,这是经过________来完成的。

二、选择题

1.植物的向光性生长,是因为(　　)。

A.向光一侧的生长素分布多,长得更快　B.背光一侧的生长素分布多,长得更快

C.向光一侧的生长素分布少,长得更快　D.背光一侧的生长素分布少,长得更慢

2.高等动物的生长激素是由(　　)分泌的。

A.甲状腺　B.脑垂体　C.肾上腺　D.胸腺

3.利用一定浓度的生长素溶液处理没有授粉的番茄花蕾,能获得无籽番茄,其原因是(　　)。

A.生长素促进子房发育成果实　B.生长素抑制番茄种子的发育

C.生长素抑制番茄的受精　D.生长素使子房发育快,种子发育慢

4.在进行月季扦插繁殖时,常选择带芽的插枝,这是因为(　　)。

A.芽能产生生长素,使茎长长、长粗　B.芽能长出叶和花

C.芽产生的生长素促进生根　D.芽产生的生长素抑制生根

5.对果树进行压条时,需要把压条的树皮环割一圈,环割后剥圈以下的侧芽会迅速发育成侧枝,这是因为(　　)。

A.顶芽不再会产生生长素

B.剥圈以下的侧芽部位生长素浓度升高

C.剥圈以下的侧芽部位生长素浓度降低

D.剥圈以上的侧芽部位生长素浓度降低

6.葵花向阳的原因是(　　)。

A.茎的向光一侧生长素分布多　B.茎的背光一侧细胞分裂快

C.光合作用需要更多的光　D.茎的背光一侧细胞生长得快些

7.用含有甲状腺素的饲料喂养的蝌蚪,能在较短时间内变成小青蛙,这说明甲状腺素能(　　)。

A.促进新陈代谢　B.提高神经系统兴奋性

C.促进动物幼体发育　D.加速体内物质氧化分解

8.为了延长家蚕的幼虫阶段,使蚕多吐丝,可在桑叶上喷洒(　　)。

A.保幼激素　B.蜕皮激素　C.脑激素　D.生长激素

三、简答题

1.植物为什么具有向光性生长?

2.植物生长素有哪些生理功能?

3.高等动物的甲状腺激素有哪些主要作用?

4.昆虫内激素有哪几种?它们是如何协调作用的?

第五节 遗传和变异

基本概念

1.**遗传**:亲代与子代之间,在形态、结构和生理功能上的相似。

2.**变异**:亲代与子代之间、子代的个体之间,总是或多或少地存在着差异。

3.**解旋**:DNA 分子利用细胞提供的能量,在解旋酶的作用下,把两条扭成螺旋的双链解开的过程。

4.**碱基互补配对原则**:碱基对的组成有一定的规律,即腺嘌呤(A)一定与胸腺嘧啶

(T)配对、鸟嘌呤(G)一定与胞嘧啶(C)配对,碱基之间这种一一对应的关系叫作碱基互补配对原则。

5.**基因**:控制生物性状的遗传物质的功能单位和结构单位,是有遗传效应的DNA片段。

6.**性别决定**:雌雄异体的生物决定性别的方式。

7.**伴性遗传**:性染色体上的基因,其遗传方式是与性别相联系的,这种遗传方式叫作伴性遗传。

8.**基因突变**:基因结构的改变,包括DNA碱基对的增添、缺失或改变。

9.**基因重组**:控制不同性状的基因重新组合,从而导致后代发生变异。

10.**染色体变异**:在自然或人为条件的影响下,染色体的结构和数目都可以发生变化,从而导致生物的性状发生变异。

知识要点

1.生物的遗传特性,使生物界的物种能够保持相对稳定;生物的变异性,使生物个体能够产生新的性状,以至形成新的物种。

2.控制生物性状遗传的主要物质是脱氧核糖核酸(DNA)。细胞中的DNA大部分在染色体上,所以说遗传物质的主要载体是染色体。遗传物质除了DNA还有RNA,例如某些病毒只含有RNA。

3.DNA的结构:1953年沃森和克里克提出DNA双螺旋模型。

4.DNA的化学组成:基本单位是脱氧核苷酸。

每个脱氧核苷酸由一分子磷酸、一分子脱氧核糖和一分子含氮碱基组成;组成脱氧核苷酸的含氮碱基有四种:腺嘌呤(A)、鸟嘌呤(G)、胞嘧啶(C)、胸腺嘧啶(T)。

5.DNA双螺旋结构的特点:

(1)DNA分子是由两条平行的脱氧核苷酸长链盘旋而成的。

(2)DNA分子中的脱氧核糖和磷酸交替联结,排列在外侧,构成基本骨架;碱基排列在内侧。

(3)两条链上的碱基通过氢键连接起来,形成碱基对。

6.DNA复制的基本条件:模板、原料、能量和酶等。

7.DNA复制的意义:使亲代的遗传信息传递给子代,从而使前后代保持了一定的连续性。

8.基因对性状的控制是通过DNA控制蛋白质的合成来实现的。

9.性别决定的方式,在生物界普遍存在两种:XY型和ZW型。其中XY型较为普遍。

10.变异分为不可遗传的和可遗传的。可遗传的变异有三种来源:

(1)基因突变。有自然突变、人工诱变。利用人工诱变可以选育优良品种。

(2)基因重组。例如杂交育种,选育出优良品种。

(3)染色体变异。染色体数目的改变是染色体变异的一个重要方面。

★ **夯实基础**

一、填空题

1.生物的________特性,使生物界的物种能够保持相对稳定;生物的________特性,使生物个体能够产生新的性状,以至形成新的________。

2.根据现代细胞学和遗传学的研究得知,控制生物性状遗传的主要物质是________。遗传物质的主要载体是________。

3.________和________于 1953 年提出了著名的 DNA ________,为合理地解释遗传物质的各种功能奠定了基础。

4.组成脱氧核苷酸的含氮碱基有四种,它们分别是________(A)、________(G)、________(C)和________(T)。

5.________一般是指雌雄异体的生物决定性别的方式。

6.________上的基因,它的________方式是与________相联系的,这种方式叫作伴性遗传。人类的________、________都属于伴性遗传。

二、选择题

1.细胞里的 DNA 主要在(　　)上,所以说它是遗传物质的主要载体。

A.线粒体　　B.染色体　　C.中心体　　D.核糖体

2.DNA 的两条链上的碱基通过(　　)连结起来,形成碱基对。

A.共价键　　B.离子键　　C.金属键　　D.氢键

3.某一段 DNA 分子的其中一条链的碱基序列为 A-A-T-C-C-A-G-G-T-C,那么它另一条链的碱基序列为(　　)。

A.A-A-T-C-C-A-G-G-T-C　　B.T-T-A-G-G-T-C-C-A-G

C.C-C-G-A-A-C-T-T-G-T　　D.G-G-A-C-C-G-A-A-G-C

4.某 DNA 分子的碱基中,胞嘧啶的分子数占 30%,那么鸟嘌呤的分子数占(　　)。

A.20%　　B.30%　　C.35%　　D.40%

5.某 DNA 分子的碱基中,胞嘧啶的分子数占 30%,那么腺嘌呤的分子数占(　　)。

A.20%　　B.30%　　C.35%　　D.40%

6.关于 DNA 复制过程,说法正确的是(　　)。

A.DNA 分子先解旋完成再进行复制　　B.DNA 分子是复制完成再进行解旋

C.DNA 分子是边解旋边进行复制　　D.以上情况都有可能

7.DNA 分子的复制能够准确无误地完成,依靠的是(　　)。

A.能量的提供　　B.双螺旋结构

C.酶的参与　　D.碱基互补配对原则

8.(　　)是控制生物性状的遗传物质的功能单位和结构单位。

A.核酸　　B.基因　　C.染色体　　D.碱基

9.在 DNA 复制过程中,发生了碱基对的缺失,这属于(　　)。

A.染色体变异　　B.基因突变　　C.基因重组　　D.染色体重组

10.有两个品种的小麦,一个品种抗倒伏,但容易感染锈病;另一个品种易倒伏,但能抗锈病。通过杂交得到既抗倒伏又抗锈病的新类型,这是利用了(　　)。

A.染色体变异　　B.基因突变　　C.基因重组　　D.染色体重组

11.唐氏综合征又叫先天愚型、21-三体综合征,是由于多了一条21号染色体而导致的疾病,这是属于(　　)。

A.染色体变异　　B.基因突变　　C.基因重组　　D.染色体重组

12.下列关于含氮碱基和它的简称相符合的一组是(　　)。

A.腺嘌呤(A),鸟嘌呤(G)、胞嘧啶(C)、胸腺嘧啶(T)

B.腺嘌呤(A),鸟嘌呤(C)、胞嘧啶(G)、胸腺嘧啶(T)

C.腺嘌呤(C),鸟嘌呤(G)、胞嘧啶(A)、胸腺嘧啶(T)

D.腺嘌呤(A),鸟嘌呤(T)、胞嘧啶(C)、胸腺嘧啶(A)

13.基因在染色体上主要呈(　　)。

A.分散排列　　B.跳跃排列　　C.重叠排列　　D.线性排列

三、简答题

1.作为遗传物质,DNA 有哪些特点?

2.简述 DNA 分子的复制过程。

3.可遗传的变异有哪几种来源?

4.什么是基因?它是如何控制生物性状的?

第六节　生命的起源和生物的进化

基本概念

1.**生物的进化**:一切生命形态发生、发展的演变过程。

2.**用进废退**:最早是法国生物学家拉马克提出的生物进化学说,他认为生物体的器官经常使用就会变得发达,而不经常使用就会逐渐退化。

3.**自然选择**:生物在生存斗争中适者生存、不适者被淘汰的现象。最初由英国博物学家达尔文提出。

4.**过度繁殖**:地球上的各种生物普遍具有很强的繁殖能力,能产生很多后代。

知识要点

1.生命起源是一个化学进化过程,分为四个阶段:

(1)从无机小分子物质生成有机小分子物质。

(2)从有机小分子物质形成有机高分子物质。

(3)从有机高分子物质组成多分子体系。

(4)从多分子体系演变为原始生命。这是最复杂和最有决定意义的阶段。

2.原始大气的主要成分:甲烷(CH_4)、氨(NH_3)、水蒸气(H_2O)、氢(H_2)、硫化氢(H_2S)、氰化氢(HCN)。注意:没有氧气。

3.达尔文自然选择学说的主要内容:

(1)过度繁殖。

(2)生存斗争。

(3)遗传和变异。

(4)适者生存。

★ 夯实基础

一、填空题

1.一般认为,原始大气的主要成分有________、________、________、________,此外还有________和________。

2.原始生命的特点是具有________作用和能够进行________。

3.凡是生存下来的生物都是____________,而被淘汰的生物都是____________,这就是________。

4.达尔文把在________中,________,不适者被________的过程叫作自然选择。自然选择是通过________来实现的。

二、选择题

1.早期的地球是炽热的,一切元素都呈(　　)。

A.液体状态　　B.等离子状态　　C.固体状态　　D.气体状态

2.原始大气的成分不包括(　　)。

A.甲烷　　B.氧气　　C.氨气　　D.水蒸气

3.根据达尔文的进化理论,自然选择是通过(　　)来实现的。

A.过度繁殖　　B.生存斗争　　C.遗传和变异　　D.适者生存

4.生命起源的化学进化过程中,最复杂和最具有决定性意义的阶段是(　　)。

A.无机小分子物质生成有机小分子物质

B.有机小分子物质形成有机高分子物质

C.有机高分子物质组成多分子体系

D.多分子体系演变为原始生命

5.地球上最早的生命起源于(　　)。

A.温泉　　B.原始海洋　　C.岩层　　D.火山附近

6.有资料报道,一对家蝇一天产卵1 000个,每十天产生一代,按照这个数目计算,一年后,这对家蝇的后代可以把整个地球覆盖2.54 cm厚,这种现象在生物学上叫作(　　)。

A.遗传性　　B.过度繁殖　　C.适应性　　D.变异性

7.原始地球上有机小分子物质生成时,所需要的能量来自(　　)。

A.有机物的燃烧　　B.物质合成时释放

C.物质分解时释放　　D.闪电、紫外线和宇宙射线

8.达尔文进化学说的核心是(　　)。

A.适者生存　　B.遗传和变异　　C.生存斗争　　D.自然选择

三、简答题

1.生命起源的化学进化过程包括哪几个阶段?

2.自然选择学说的主要内容有哪几点?

3.用自己的语言解释适者生存。

第七节　生物与环境

基本概念

1.**生态因素**:环境中影响生物的形态、生理和分布等的因素。

2.**生态学**:研究生物与环境之间相互关系的科学。

3.**共生**:两种生物共同生活在一起,相互依赖,彼此有利;如果彼此分开,则双方或一方不能独立生存。

4.**寄生**:一种生物寄居在另一种生物的体内或体表,从那里吸取营养物质来维持生活。

5.**竞争**:两种生物生活在一起,由于争夺资源、空间等而发生斗争的现象。

6.**捕食**:一种生物以另一种生物为食的现象。

7.**保护色**:动物适应栖息环境而具有的与环境色彩相似的体色。

8.**警戒色**:某些有恶臭或有毒刺的动物所具有的鲜艳色彩和斑纹。

9.**拟态**:某些生物在进化中形成的外表性状或色泽,与其他生物或非生物异常相似的状态。

知识要点

1.环境对生物的影响:

(1)非生物因素,很多,重点了解阳光、温度和水这三种非生物因素对生物的影响。

①阳光。阳光对植物的生理和分布起着决定性作用;海洋里,随着深度增加,光线减弱,所分布的植物种类也有差异;日照时间长短对植物的开花时期有影响;阳光影响动物的视觉;日照时间对动物的繁殖活动也有影响。

②温度。生物只能在一定范围的温度内生存;温度对动物的形态有影响;温度对动物的生活习性也有明显影响;温度对植物的分布有着重要的影响。

③水。一切生物的生活都离不开水;年降水量和雨季的分布,是限制陆生生物分布的重要因素,例如:干旱的沙漠动植物种类少;热带雨林地区森林繁茂,动植物种类多。

(2)生物因素:

①种内关系。

种内互助,蚂蚁、蜜蜂等社会性昆虫;群居的鱼类、鸟类。

种内斗争,同种个体之间由于食物、栖所、配偶等矛盾而发生斗争。对失败的个体是有害的,但是对于种群的生存是有利的。

②种间关系。

共生,典型例子:地衣,是真菌和藻类的共生体。

寄生，非常普遍，例如：虱、蛔虫、菟丝子等。

竞争，例如：地里的小麦和杂草之间为了争夺水分、养料、阳光而发生的竞争。

捕食，例如：大鱼吃小鱼，小鱼吃虾米。

2.生物对环境的适应：

(1)保护色。例如：生活中草丛的蝗虫是绿色，生活在沙地里的蝗虫是土黄色；雷鸟在冬季换上白色羽毛，在春季换成褐色羽毛。

(2)警戒色。例如：大黄蜂的黄黑条纹。

(3)拟态。例如：竹节虫、枯叶蝶、尺蠖幼虫。

★ 夯实基础

一、填空题

1.非生物因素有很多种，其中比较重要的有________、________和________。

2.阳光能够影响动物的________、________、________和________等，此外，日照时间的长短对动物的________也有影响。

3.种间关系是指________生物之间的关系，其包括________、________、________、________。

4.警戒色的特点是________、________，能够对敌害起到________的作用，因而有利于动物的自我保护。

二、选择题

1.海洋中随着深度的增加，植物的种类有所差别，这主要是受(　　)因素的影响。

A.温度　　B.阳光　　C.水　　D.溶氧

2.雄狮为了获得交配机会，会将哺乳期母狮的幼崽咬死，这属于(　　)。

A.种内互助　　B.种内斗争　　C.竞争　　D.捕食

3.下列属于寄生关系的是(　　)。

A.菟丝子和豆类植物　　B.真菌和藻类在一起形成地衣

C.寄居蟹和海螺壳、海葵　　D.农田里的杂草和小麦

4.下列属于共生关系的是(　　)。

A.菟丝子和豆类植物　　B.真菌和藻类在一起形成地衣

C.蜂巢里的蜂王、工蜂、雄蜂等　　D.农田里的杂草和小麦

5.下列属于竞争关系的是(　　)。

A.菟丝子和豆类植物　　B.真菌和藻类在一起形成地衣

C.蜂巢里的蜂王、工蜂、雄蜂等　　D.农田里的杂草和小麦

6.下列属于捕食关系的是(　　)。

A.蚂蟥吸食人血

B.大鱼吃小鱼，小鱼吃虾米

C.雄狮为了获得交配机会，将哺乳期母狮的幼崽咬死

D.食物匮乏的时候,大狮子吃掉幼小的狮子

7.老虎身体上的斑纹类似阳光投射到树林里的光影,有利于它在林间隐匿,这属于(　　)。

A.警戒色　　B.拟态

C.保护色　　D.以上情况都不是

8.选出下列不属于拟态的项(　　)。

A.枯叶蝶似枯叶

B.有的无毒蛇具有毒蛇的鲜艳体色

C.南美蚕蛾幼虫的体态、颜色似眼镜蛇

D.美洲棕王蝶幼虫有毒,体节有棕色大斑纹

9.下列分别属于保护色和警戒色的一组是(　　)。

A.老虎具有斑纹和黄蜂腹部的条纹

B.蝗虫的体色和北极熊的体色

C.枯叶蝶具有的特征和有毒的黄刺蛾幼虫的鲜艳色彩

D.银环蛇体表的黑白相间斑纹和比目鱼的体色

三、简答题

1.简述生物与环境之间的关系。

2.区分警戒色和保护色的依据是什么?试举例说明。

第八节　生物多样性及其保护

■ 基本概念

1.**生物多样性**:地球上所有的植物、动物和微生物,它们所拥有的全部基因以及各种各样的生态系统。

2.**就地保护**:为了保护生物多样性,把包含保护对象在内的一定面积的陆地或水体划分出来,进行保护和管理,主要指自然保护区。

3.**迁地保护**:为了保护生物多样性,把因生存条件不复存在,物种数量极少或难以找到配偶等原因,而生存和繁衍受到严重威胁的物种迁出原地,移入动物园、植物园、水族馆和濒危动物繁育中心进行特殊的保护和管理。

知识要点

1.**生物多样性的价值:**

(1)直接使用价值:

①药用价值,例如:青蒿素、五灵脂、海螵蛸。

②工业原料,例如:用霍霍巴的种子提炼的油脂可以替代鲸油作为高级润滑油的原料。

③科学研究价值,例如:杂交育种。

④美学价值,例如:秀丽山川、鸟语花香。

(2)间接使用价值

野生生物之间相互依存和制约,共同维系着生态系统的结构和功能。

(3)潜在使用价值

大量野生生物的使用价值目前还不清楚,但是具有巨大的潜在使用价值。

2.**我国生物多样性特点:**

(1)物种丰富。

(2)特有的和古老的物种多。

(3)经济物种丰富。

(4)生态系统多样。

3.**生物多样性面临威胁的原因:**

(1)生存环境的改变和破坏(主要原因)。森林超量砍伐、开垦草原、过度放牧等。

(2)掠夺式的开发利用。滥捕乱猎、乱砍滥伐。

(3)环境污染。例如:工业废水和生活污水对河流湖泊的污染。

(4)外来物种入侵。

4.**生物多样性的保护:**

(1)就地保护,主要指建立自然保护区。

(2)迁地保护,比如动物园、植物园、水族馆和濒危物种繁育中心。

(3)加强教育和法制管理。我国相继颁布了《中华人民共和国森林法》《中华人民共和国野生动物保护法》《中国自然保护纲要》等法律和文件。

5.保护生物多样性,并不是禁止开发和利用,合理地开发和利用有利于保护生物多样性。

★ 夯实基础

一、填空题

1.生物多样性包括________、________和________。

2.我国生物多样性的特点有________、________、________、________。

3.生物多样性的保护,包括________、________以及________。

二、选择题

1.生物多样性的三个层面不包括(　　)。

A.个体多样性　　B.物种多样性

C.遗传多样性　　D.生态系统多样性

2.从青蒿中提取的青蒿素用于治疗疟疾,这体现了生物多样性的(　　)。

A.直接使用价值　B.间接使用价值　C.潜在使用价值　D.非使用价值

3.游览风光秀丽的景区,使人心旷神怡,这体现了生物多样性的(　　)。

A.直接使用价值　B.间接使用价值　C.潜在使用价值　D.非使用价值

4.袁隆平团队在杂交水稻的科研道路上孜孜以求,历经千辛万苦,1970 年在海南岛寻找到一株野生稻的天然败育株,极大地促进了杂交水稻的研究成功,这体现了生物多样性的(　　)。

A.直接使用价值　B.间接使用价值　C.潜在使用价值　D.非使用价值

5.各种野生生物之间相互依存相互制约,共同维系着生态系统的结构和功能的稳定。这体现了生物多样性的(　　)。

A.直接使用价值　B.间接使用价值　C.潜在使用价值　D.非使用价值

6.下列哪项不属于我国生物多样性的特点(　　)。

A.物种丰富　　B.特有的和古老的物种多

C.生态系统多样　　D.可食用的野生动物种类多

7.生物多样性面临威胁的主要原因不包括(　　)。

A.生存环境的改变和破坏　　B.合理的利用和开发

C.环境污染　　D.外来物种入侵

8.为保护斑头雁、棕头鸥等鸟类,在青海省建立了青海湖鸟岛自然保护区,这属于(　　)。

A.就地保护　B.迁地保护　C.加强法制管理　D.禁止开发利用

三、简答题

1.举例说明生物多样性的价值。

2.保护生物多样性的措施有哪些？举例说明。

★ 能力提升

一、选择题

1.下列哪项不属于植物细胞和动物细胞的共有特征(　　)。

A.细胞膜　　B.细胞质　　C.细胞核　　D.细胞壁

2.构成蛋白质的基本单位是(　　)。

A.葡萄糖　　B.脂肪酸　　C.核苷酸　　D.氨基酸

3.制作泡菜时,坛子要密封,原因是(　　)。

A.防止产生乳酸挥发　　B.防止水分过度蒸发

C.防止氧气进入坛内,发酵作用被抑制　　D.防止坛内蔬菜萎蔫

4.下面不是物质代谢的是(　　)。

A.水和无机盐　　B.糖　　C.脂类　　D.蛋白质

5.一个番茄中含有 30 粒种子,则在这个雌蕊内参与受精的雄配子至少有(　　)。

A.15 个　　B.30 个　　C.60 个　　D.90 个

6.一个豆角共有 10 粒种子,发育成它所需要的子房和胚珠数目分别是(　　)。

A.1 和 10　　B.1 和 20　　C.2 和 10　　D.2 和 20

7.下列有关“DNA 是生物的主要遗传物质”的叙述中,正确的是(　　)。

A.所有生物的遗传物质都是 DNA

B.真核生物、原核生物的遗传物质是 DNA,其他生物的遗传物质是 RNA

C.动物、植物、真菌的遗传物质是 DNA,除此之外的其他生物的遗传物质是 RNA

D.真核生物、原核生物、大部分病毒的遗传物质是 DNA,少部分病毒的遗传物质是 RNA

8.以下不属于遗传的变异的是(　　)。

A.基因重组

B.基因突变

C.精耕细作、科学施肥使小麦的穗大粒多

D.染色体变异

9.候鸟的迁徙是由于(　　)起了重要的信号作用。

A.光照长短　　B.温度高低

C.水分多少　　D.空气的运动和变化

10.地球上一切生物的生命活动所需要的能量,几乎全部来自(　　)。

A.食物　B.绿色植物　C.阳光　D.土地

11.促进人体产生热量的激素是(　　)。

A.甲状腺素　B.生长激素　C.性激素　D.胰岛素

12.在双链 DNA 分子中,一条链上的 A∶T=2/3,则另一条链上的 A∶T 为(　　)。

A.2/3　B.1　C.3/2　D.1/3

13.在草地枯黄的情况下,一些昆虫的体色对自身失去了保护的意义,这种现象体现了适应的(　　)。

A.普遍性　B.相对性　C.连续性　D.稳定性

14.水污染物最主要的来源是(　　)。

A.海水倒灌　B.城市工业废水　C.生活废水　D.农业排水

15.下列属于警戒色的是(　　)。

A.枯叶蝶似枯叶

B.有的无毒蛇具有毒蛇的鲜艳体色

C.南美蚕蛾幼虫的体态、颜色似眼镜蛇

D.美洲棕王蝶幼虫有毒,体节有棕色大斑纹

二、判断题

1.植物细胞具有细胞壁、液泡、质体等细胞器,这是植物细胞区别于动物细胞的显著特征。(　　)

2.凡是植物都能进行光合作用。(　　)

3.植物的个体发育是从受精卵开始的。(　　)

4.公鸡的鸡冠发达、尾羽长而鲜艳,这是第一性征。(　　)

5.一个 DNA 分子经过复制以后形成两个不同的 DNA 分子。(　　)

6.DNA 的某一片段被称为一个基因。(　　)

7.关于生命起源的化学进化过程的几个阶段,均已在实验室里得到验证。(　　)

8.生活在亚马孙流域的南美鲈鱼形如败叶浮于水面,这属于保护色。(　　)

9.适时、适量地捕捞成鱼,有利于长久实现渔业的高产稳产。(　　)

三、简答题

1.人在一生(以 60 岁计算)中与外界交换的物质主要有哪些?估计各占多少?

2.以荠菜为例,说明植物的个体发育。

3.简述顶端优势及其原理和应用。

4.简述 DNA 分子的复制过程。

5.生命的化学进化的过程包括哪几个阶段？

6.生态因素都包括哪些？其作用是什么？

7.简述生物多样性面临威胁的原因。

第六章检测题(一)

(总分:100 分　考试时间:90 分钟)

一、选择题(每小题 3 分,共 45 分)

1.花、果实为五颜六色,这是因为液泡主要含有(　　)。

A.单宁　B.生物碱　C.花青素　D.有机酸

2.下列属于出芽生殖的是(　　)。

A.种子发芽长成新个体

B.酵母菌长出芽体,由芽体长成新个体

C.马铃薯块茎长出芽并长成新个体

D.扦插的草莓枝,枝上长出新芽并长成新个体

3.葡萄糖是生物体内的(　　)。

A.贮能物质　B.调节物质　C.主要组成成分　D.主要能源物质

4.绿色植物吸收水分的主要器官是(　　)。

A.根　B.根毛区细胞　C.成熟区　D.茎

5.26 岁的路易斯·布朗——世界上第一个试管婴儿。"试管婴儿"是利用了(　　)生殖方式。

A.无性生殖　B.卵式生殖　C.克隆技术　D.胚胎移植

6.达尔文进化学说的核心是(　　)。

A.适者生存　B.遗传和变异　C.生存斗争　D.自然选择

7.候鸟的迁徙是由于(　　)起了重要的信号作用。

A.光照长短　B.温度高低

C.水分多少　D.空气的运动和变化

8.生物的遗传物质是(　　)。

A.核酸　B.核苷酸　C.蛋白质　D.碱基

9.DNA 分子中鸟嘌呤数一定等于(　　)。

A.腺嘌呤数　B.胞嘧啶数

C.胸腺嘧啶数　D.胞嘧啶数和胸腺嘧啶数之和

10.麦田里小麦与杂草之间的关系是(　　)。

A.竞争　B.共生　C.捕食　D.寄生

11.以下不属于生物多样性保护措施的是(　　)。

A.迁地保护　B.加强教育和法制管理

C.禁止开发和利用　D.就地保护

12.以下不属于生物多样性的直接使用价值的是(　　)。

A.美学价值　B.工业原料　C.科学研究价值　D.生态功能

13.尺蠖幼虫的形态像树枝,是为了保护自身不受侵害,这是昆虫的(　　)。

A.保护色　B.警戒色　C.拟态　D.以上都对

14.高等动物的生长激素是由(　　)分泌的。

A.甲状腺　　B.脑垂体　　C.肾上腺　　D.胸腺

15.根据达尔文的进化理论,自然选择是通过(　　)来实现的。

A.过度繁殖　　B.生存斗争　　C.遗传和变异　　D.适者生存

二、名词解释(每小题5分,共10分)

1.新陈代谢

2.生物多样性

三、判断题(每小题2分,共30分)

1.荠菜的受精卵分裂一次,形成两个细胞,接近珠孔的细胞叫顶细胞,另一个叫基细胞。(　　)

2.生物体各种生命活动所需能量的直接来源是糖类。(　　)

3.细菌的主要生殖方式属于孢子生殖。(　　)

4.植物的胚由子叶、胚芽、胚轴和胚根组成。(　　)

5.植物细胞和动物细胞都有细胞壁。(　　)

6.光合作用是绿色植物通过叶绿体,利用光能,把二氧化碳和水合成葡萄糖,并且释放出氧气的过程。(　　)

7.各种生物体内都有核酸,它是一切生物的遗传物质。(　　)

8.DNA是细胞核中的遗传物质,它只存在于细胞核中。(　　)

9.染色质和染色体是两种不同的物质。(　　)

10.动物生命活动的调节有神经调节和激素调节两种基本形式,以激素调节为主。(　　)

11.关于生命起源的化学进化过程的几个阶段,均已在实验室里得到验证。(　　)

12.葵花向阳的原因是葵花花盘需要更多的阳光。(　　)

13.动物神经活动的基本过程是反射。(　　)

14.生存斗争是通过自然选择来实现的。(　　)

15.生长素对植物生长的促进作用与浓度有密切的关系。(　　)

四、简答题(每小题5分,共15分)

1.蛙的受精卵有哪些特点?意义是什么?

2.自然选择学说的主要内容有哪些?

3.昆虫的外激素主要有什么功能?

第六章检测题(二)

(总分:100分　考试时间:90分钟)

一、选择题(每小题3分,共45分)

1.蘑菇伞盖下面的菌褶上能产生一种细胞,落在适宜的环境中可以萌发成菌丝,最终形成新蘑菇,这种生殖方式叫作(　　)。

A.有性生殖　B.营养生殖　C.孢子生殖　D.出芽生殖

2.人体中食物消化和吸收的主要场所是(　　)。

A.胃　B.肝脏　C.小肠　D.大肠

3.进行光合作用的主要场所是(　　)。

A.核糖体　B.线粒体　C.叶绿体　D.中心体

4.无机盐在细胞中的存在形式是(　　)。

A.分子　B.化合物　C.原子　D.离子

5.要使一株开白花的月季植株开出五种颜色的月季,下列方法可行的是(　　)。

A.杂交　B.嫁接　C.诱变育种　D.组织培养

6.植物果实发育所需生长素来自发育着的(　　)。

A.侧芽　B.顶芽　C.种子　D.胚芽

7.用含有甲状腺激素的饲料喂养蝌蚪,能在较短时间内变成小青蛙,这说明甲状腺激素能(　　)。

A.促进新陈代谢　　B.提高神经系统兴奋性

C.促进动物幼体发育　　D.加速体内物质氧化分解

8.组成 DNA 的碱基种类有(　　)。

A.2 种　　B.3 种　　C.4 种　　D.5 种

9.地球上最早的生命起源于(　　)。

A.温泉　　B.原始海洋　　C.岩层　　D.火山附近

10.农田里的蔬菜和杂草之间的关系是(　　)。

A.竞争　　B.共生　　C.捕食　　D.寄生

11.下列几种生物之间的关系种,属于寄生的是(　　)。

A.狼吃兔　　B.麦田里的小麦和杂草

C.大豆与菟丝子　　D.地衣中的真菌和藻类

12.下列生物现象中与温度有关的是(　　)。

①鸟类的迁徙;②鸟类的换羽;③植物在海洋中深度的分布;④植物在山上海拔高度的分布

A.①②　　B.③④　　C.①④　　D.②③

13.1990 年左右,成都市建立了大熊猫繁育研究基地,这属于保护生物多样性措施中的(　　)。

A.就地保护　　B.迁地保护

C.加强教育和法制管理　　D.以上都不是

14.海洋中的寄居蟹具有奇妙的“三位一体”现象:寄居蟹生活在死掉的海螺外壳里,壳上还生活着海葵,海螺壳保护寄居蟹柔软的腹部,原本固着生活的海葵可以被寄居蟹带着活动而获得更多的食物,海葵的毒刺可以保护寄居蟹免受敌害侵扰。寄居蟹和海葵之间属于(　　)关系。

A.共生　　B.寄生　　C.捕食　　D.竞争

15.下列农业生产措施中,与激素的作用无关的是(　　)。

A.果树整枝修剪　　B.无籽番茄的培育

C.移栽植物常去掉部分叶片　　D.带芽的枝条扦插易生根

二、名词解释(每小题 5 分,共 10 分)

1.有性生殖

2.碱基互补配对原则

三、判断题(每小题2分,共30分)

1.人类和高等动物唯一的生殖方式是卵式生殖。 ( )
2.在细胞中有“动力工厂”之称的是高尔基体。 ( )
3.新陈代谢是生物与非生物的根本区别。 ( )
4.高等植物进行呼吸作用的主要形式是有氧呼吸。 ( )
5.植物的受精卵在发育之前一般先进入休眠状态。 ( )
6.乙烯可以促进子房发育成果实。 ( )
7.植物的向光性生长是因为向光一侧的生长素浓度更高。 ( )
8.雄孔雀在繁殖季节,展现出美丽的尾屏,这是雄性激素作用的结果。 ( )
9.生男、生女是由男人决定的。 ( )
10.基因突变是指基因突然发生形态改变。 ( )
11.“种瓜得瓜,种豆得豆”指的是遗传现象。 ( )
12.爱护动植物,就是爱护人类自己。 ( )
13.生存斗争是通过自然选择来实现的。 ( )
14.生物的环境是指生物的生存地点。 ( )
15.我国是世界上鸟类种类最多的国家之一。 ( )

四、简答题(每小题5分,共15分)

1.绿色植物和动物的新陈代谢各包括什么内容?

2.原始大气都有哪些主要成分?

3.生物具有哪些基本特征?

◈【历年高考真题】

一、选择题

(2015 年真题)1.下列生物之间的关系,属于共生的是(　　)。

A.狼和兔子　　B.大豆与菟丝子

C.地衣中的真菌与藻类　　D.麦田中的小麦与杂草

(2015 年真题)2.生物的遗传物质是(　　)。

A.碱基　　B.核苷酸　　C.蛋白质　　D.核酸

(2016 年真题)3.高等动物的体内细胞与外界环境进行物质交换的途径是(　　)。

A.内环境　　B.口腔　　C.外环境　　D.体表

(2016 年真题)4.保护生物多样性,最有效的措施是(　　)。

A.迁地保护　　B.克隆　　C.就地保护　　D.法制管理

(2017 年真题)5.动物细胞没有的细胞结构是(　　)。

A 细胞壁　　B.细胞膜　　C.细胞质　　D.细胞核

(2017 年真题)6.在果树栽培中,常用优良品种的芽进行嫁接,这种生殖方式是(　　)。

A.分裂生殖　　B.出芽生殖　　C.营养生殖　　D.孢子生殖

(2018 年真题)7.下列选项中不属于糖类的是(　　)。

A.葡萄糖　　B.麦芽糖　　C.木糖醇　　D.淀粉

(2018 年真题)8.下列动物具有警戒色的是(　　)。

A.灰狼　　B.乌鸦　　C.白熊　　D.黄蜂

(2019 年真题)9.控制生物性状遗传的主要物质是(　　)。

A.蛋白质　　B.无机盐

C.脂肪　　D.脱氧核糖核酸(DNA)

(2019 年真题)10.麦田中小麦与杂草之间的关系是(　　)。

A.竞争　　B.共生　　C.捕食　　D.寄生

(2020 年真题)11.下列不属于威胁生物多样性的因素是(　　)。

A.森林面积减少　　B.环境污染

C.生物入侵　　D.生物进化

(2020 年真题)12.自然生长的植物果实发育所需生长素的主要来源是(　　)。

A.发育着的种子　　B.发育着的侧芽

C.发育着的顶芽　　D.发育着的胚芽

二、判断题

(2015 年真题)1.DNA 是生物的遗传物质。(　　)

(2015 年真题)2.糖类是生物体进行生命活动的主要能源。(　　)

(2016 年真题)3.生长素对植物生长的促进作用与其浓度高低无关。(　　)

(2016 年真题)4.生存斗争是通过自然选择来实现的。(　　)

（2017 年真题）5.新陈代谢就是能量转换。（　　）

（2017 年真题）6.腺苷三磷酸（ATP）是生物体各种生命活动所需能量的直接来源。（　　）

（2018 年真题）7.葵花向阳的原因是葵花花盘需要更多的阳光。（　　）

（2018 年真题）8.ATP 是生物体各种生命活动所需能量的直接来源。（　　）

（2019 年真题）9.成熟植物细胞的液泡储存了大量的氧气。（　　）

（2020 年真题）10.基因突变是指基因突然发生形态改变。（　　）

三、论述题

（2018 年真题）试述生物的无性生殖及其主要方式。

幼儿科学教育活动设计篇

第七章
幼儿科学教育活动设计

■ 基本概念

1.**科学教育活动设计**:是教师的经验、知识、结构、组织能力,以及对科学教育内容、教法熟练程度等的集中反映,是一种创造性劳动。

2.**幼儿科学教育活动**:是根据幼儿园在科学教育方面的目的任务和幼儿年龄特点及发展规律,实施的一种有目的、有计划的教育影响活动,是幼儿在教师的指导下,通过自身活动,对周围物质世界进行感知、观察、操作,进而发现问题,寻求答案的探索过程。

3.**趣味性原则**:在进行活动设计时,必须使活动的各个环节充满趣味性,才能引起幼儿的浓厚兴趣,激发幼儿带着喜悦的情绪,全身心地投入到活动中去。

4.**适宜性原则**:教师在设计科学教育活动时,必须符合幼儿的年龄特点,以及符合本班幼儿的智力、体力、知识的实际水平。

知识要点

1.**幼儿科学教育的形式**:

幼儿园五大教育领域:科学、健康、语言、社会、艺术;

向幼儿进行科学教育的主要形式:科学教育活动。

2.**幼儿科学教育活动设计的依据**:科学教育目标(核心和灵魂)。

3.**幼儿科学教育活动设计的原则**:

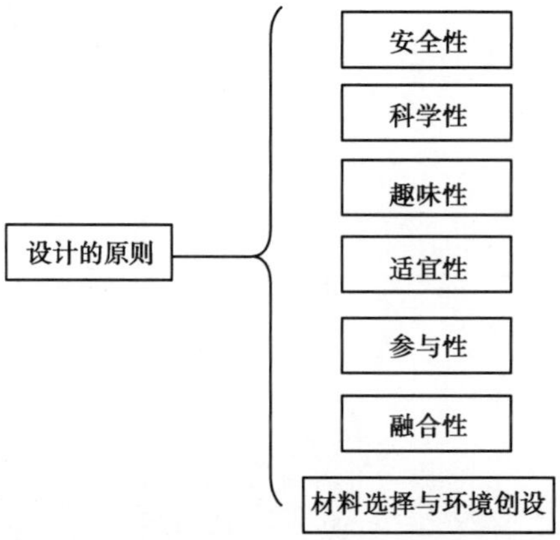

4.幼儿科学教育活动设计的步骤：

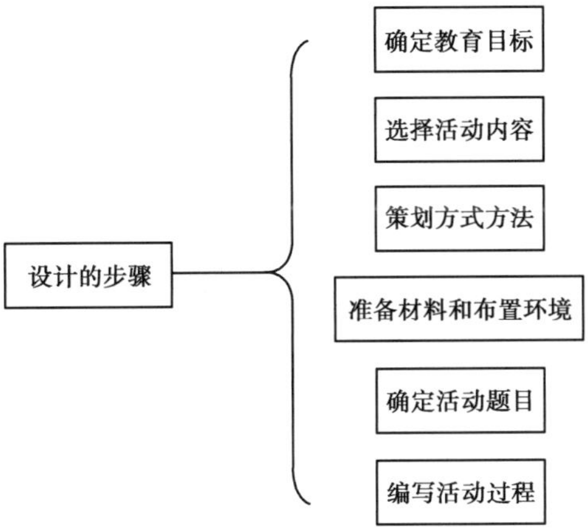

5.幼儿科学教育活动的设计案例：

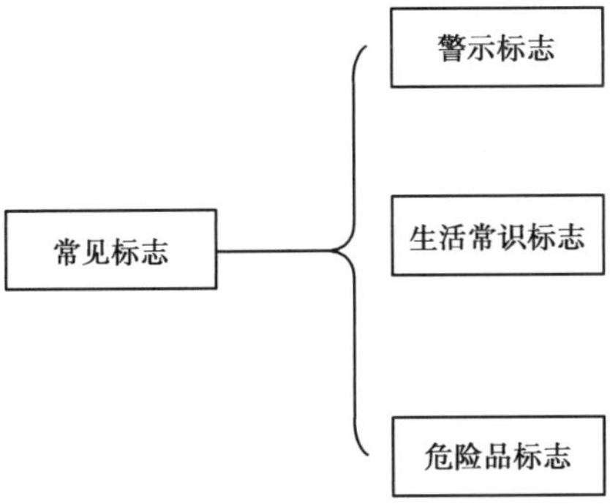

★ 夯实基础

一、选择题

1.(　　)是促进幼儿学习和探索的动力。

A.科学性　　B.适宜性　　C.趣味性　　D.参与性

2.在准备幼儿科学教育活动设计之前，应首先确定(　　)。

A.教育内容　　B.教育形式　　C.教育方法　　D.教育目标

3.在幼儿科学教育活动设计原则中，(　　)是第一位的。

A.安全性　　B.科学性　　C.趣味性　　D.适宜性

4.新的教育观注重的内容不包括(　　)。

A.动态活动　　B.行动性知识　　C.掌握知识　　D.构建知识

5.下列不属于幼儿科学教育活动设计的主要原则是(　　)。

A.参与性　　B.独立性　　C.趣味性　　D.安全性

6.幼儿园科学教育活动设计中，为幼儿选择的科学教育内容必须是客观的、实在的、符合科学发展方向的。这体现的是幼儿科学教育活动设计原则的(　　)。

A.趣味性　　B.科学性　　C.活动性　　D.发展性

7.为了让幼儿主动参与学习,教师不应成为活动的(　　)。

A.旁观者　　B.支持者　　C.帮助者　　D.引导者

8.制订科学教育活动目标不包括(　　)。

A.知识目标　　B.能力目标　　C.情感目标　　D.责任目标

9.我们在进行材料选择时,不应(　　)。

A.选幼儿熟悉的常见物品　　B.只从经济上考虑

C.提供与科学探究有关的工具　　D.体现材料的作用与价值

10.设计科学教育活动时,与语言、艺术等领域相互渗透有机结合,这体现了(　　)原则。

A.融合性　　B.科学性　　C.活动性　　D.发展性

二、填空题

1.以________为主体,以________为核心,给幼儿充分的________和________的机会,乃是向幼儿进行科学教育的主要形式。

2.在幼儿教育阶段,不仅要注重________和________的掌握,更需重视幼儿________和________的倾向,为幼儿可持续发展服务。

3.科学教育目标是进行幼儿科学教育活动的________和________。

4.幼儿科学教育活动设计原则中,________性是第一位的。在设计教学方案时,要周密考虑。精心安排,确保幼儿________和________两方面的安全。

5.幼儿科学教育趣味性原则,是指在进行活动设计时,必须使各环节充满________,才能引起幼儿浓厚的兴趣。

6.在教学时不仅要注重预定目标,还要关注________________________________。

7.幼儿科学教育的根本目的,就是实现________,因此幼儿的科学教育活动,应当从新《幼儿园教育指导纲要》规定的目标________,以达到目标为________。

8.在活动步骤设计中,一定要首先明确________,然后根据目标要求再选择,设计________,选择科学教育活动方法等。

9.在内容的选择上,要保证科学教育活动中的________、________、________。

10.绿色食品标志颜色为绿色,象征着________、________、________。

三、判断题

1.幼儿科学教育目标是以静态知识的传递为主,以幼儿的情感态度和探究解决问题的能力为辅。(　　)

2.幼儿科学教育应采用课堂教育形式,在规定的时间内,让幼儿老老实实地听老师讲,不准说,不准动。(　　)

3.幼儿科学教育活动设计的原则中首要的是要遵循科学性原则。(　　)

4.幼儿的发展是通过活动实现的。(　　)

5.适宜性原则要求设计幼儿科学教育活动时要使活动的内容不能太难或太易,不能具有一定的挑战性。(　　)

6.要确定教育目的必须先得选择教育内容，内容选好了，教育目标也就达到了。（　　）

7.在幼儿科学教育活动中，要确保幼儿身体和心理两方面的安全。（　　）

8.科学教育是幼儿园五大教育领域之一。（　　）

9.科学教育活动应有明确的教育目标，无目的的教育是盲目的。（　　）

10.幼儿是主动学习者，他们是主动的探索者、研究者和发现者。（　　）

11.幼儿园的科学教育活动目标的实现，是通过科学教育内容来实现的。（　　）

12.自然科学深奥难懂，学习它对幼儿教育毫无用处。（　　）

13.活动过程一般可分为开始部分、基本部分、集体活动部分、分别活动部分、活动结尾和活动延伸部分等。（　　）

14.幼儿科学教育活动的方式方法是多种多样的。（　　）

15.警示标志的颜色为黄底黑边黑图案，顶角向上，形状为圆形。（　　）

四、名词解释

1.科学教育活动设计

2.适宜性原则

五、简答题

1.简述幼儿科学教育活动设计的原则。

2.设计幼儿科学教育活动，应按哪些步骤进行？

3.请在图的下面写出相应标志的名称。

★ **熟能生巧**

一、选择题

1.幼儿科学教育活动设计一般不包括(　　)等环节。

A.活动目标　　B.活动准备　　C.活动过程　　D.活动影响

2.以下关于危险品说法错误的是(　　)。

A.易燃　　B.有氧化性　　C.有毒　　D.无氧化性

3.在设计幼儿科学教育活动方案时关于开放式提问说法正确的是(　　)。

A.答案唯一　　B.范围较小　　C.没有固定的答案　　D.思维受限

4.下列属于科学情感和态度目标的是(　　)。

A.激发和培养学前儿童好奇、好问、好探索的态度

B.帮助学前儿童学会使用简单工具

C.向学前儿童介绍周围生活中的环境污染现象和人们保护生态环境的活动

D.引导学前儿童探索周围生活中常见的自然现象,获取有关的科学经验

5.给大班幼儿进行"我学刷牙"的科学活动,这违背了(　　)原则。

A.融合性　　B.科学性　　C.趣味性　　D.适宜性

6.幼儿科学教育活动的根本目的是(　　)。

A.实现教育目标　　B.选择教育内容　　C.采用不同教学方法　D.创设活动条件

7.警示标志图形形状为(　　)。

A.圆形　　B.三角形　　C.长方形　　D.正方形

8.节能标志含义不包括(　　)。

A.energy 第一个字母"e"

B.CHINA 第一个字母 C

C.一个变形的汉字"节"

D.节的上半部是"能"的汉语拼音第一个字母"N"

二、判断题

1.采取传统的课堂教育形式,会禁锢幼儿的思维,影响智力的发展。　(　　)

2.只要科学教育活动主题幼儿感兴趣,活动效果就一定好。　(　　)

3.活动场地安全可靠,幼儿使用物品安全卫生、无毒、不易破碎,这就保证了幼儿精神方面的安全。　(　　)

4.教师在介绍乌龟时说,"由于乌龟既能生活在水里又能生活在陆地上,所以乌龟是两栖动物",这违背了科学性原则。　(　　)

5.先选择教育内容再确定教育目标可以更加省时、高效。　(　　)

三、简答题

设计幼儿科学教育活动方案时,需要完成哪些目标?

★ 综合运用

1.幼儿都喜欢吹泡泡,但他们只是在享受“吹”的乐趣,对泡泡的探索缺乏深度。请你设计一活动方案,激发幼儿的探究欲望。

2.2003 年的 SARS 病毒是由野生动物传播到人身上,导致在人与人之间大规模流行,请以“野生动物”为主题设计一份科学教育活动教案。

模拟测试题

自然科学模拟测试题

（一）

（总分:64 分　考试时间:40 分钟）

一、选择题（每小题 3 分，共 30 分）

1.火车站有甲、乙两列原本静止的火车，坐在乙车上的乘客突然发现站台和甲车都以相同的速度运动，此时他选择的参照物是(　　)。

A.乙车　　B.甲车　　C.站台　　D.无法判断

2.自由摆动的秋千，摆动的弧度越来越小，此过程中，下列说法正确的是(　　)。

A.机械能守恒　　B.能量在逐渐消失　　C.能量在逐渐增加　　D.总能量守恒

3.电阻 R_1、R_2 串联在电路中，已知 $R_1=10\ \Omega$，$R_2=5\ \Omega$，R_1 两端电压为 30 V，则 R_2 两端电压为(　　)。

A.30 V　　B.25 V　　C.20 V　　D.15 V

4.在使用家用电器时，下列说法正确的是(　　)。

A.洗衣机使用三孔插座主要是为了防雷击中

B.电冰箱紧贴墙壁放置有利于散热

C.电饭锅的插头沾水后不能接入电路是因为容易造成断路

D.电视机处于待机状态时仍会消耗电能

5.通常把分子的无规则运动叫作(　　)。

A.热运动　　B.分子热运动　　C.花粉运动　　D.布朗运动

6.在太阳的九大行星中最亮的一颗是(　　)。

A.水星　　B.金星　　C.木星　　D.火星

7.下列物质中，不能溶于水但能溶于盐酸的是(　　)。

A.$AgNO_3$　　B.$AgCl$　　C.$BaCO_3$　　D.$BaSO_4$

8.家庭中所食用的食醋里含(　　)。

A.盐酸　　B.柠檬酸　　C.乙酸　　D.碳酸

9.下列各糖属于二糖的是(　　)。

A.葡萄糖　　B.果糖　　C.麦芽糖　　D.淀粉

10.下列四个图标是绿色食品标志的是(　　)。

A

B

C

D

二、判断题(每小题 3 分,共 24 分)

1.只有相互接触的物体之间才存在作用力与反作用力。(　　)

2.保险丝在电路中可有可无,可以用铜丝代替。(　　)

3.人呼出的气体可以使澄清的石灰水变浑浊。(　　)

4.有盐和水生成的不一定是酸碱中和反应。(　　)

5.我们每天清晨看到的启明星就是金星。(　　)

6.先后以大小相等的速度使一个物体分别做平抛运动和斜抛运动,斜抛时的动能较大。(　　)

7.掠夺式开发利用是生物多样性面临威胁的主要原因。(　　)

8.在进行幼儿科学教育活动设计原则中科学性是第一位的。(　　)

三、综合题(共 10 分)

什么叫个体发育？试以被子植物为例说明植物的个体发育过程。

自然科学模拟测试题

(二)

(总分:64 分　考试时间:40 分钟)

一、选择题(每小题 3 分,共 30 分)

1.歌词“小小竹排江中游,巍巍青山两岸走”中,“青山两岸走”是以(　　)为参照物。

A.江岸　　B.岸上的树　　C.岸边的人　　D.漂流的竹排

2.弹簧秤挂一重物,悬挂在升降电梯的顶部,电梯匀速下降过程中突然停止的瞬间,弹簧秤的读数将(　　)。

A.增大　　B.减小　　C.不变　　D.不能确定

3.下列物体不属于导体的是(　　)。

A.大地　　B.人体　　C.橡胶　　D.水银

4.已知 $R_1=10\ \Omega$,$R_2=20\ \Omega$,将它们并联在电压稳定的电路中,测得 R_1 两端的电压为 40 V,则通过 R_2 的电流为(　　)。

A.1 A　　B.2 A　　C.3 A　　D.4 A

5.下列关于太阳的说法正确的是(　　)。

A.太阳是离地球最近的天体
B.太阳是太阳系唯一的恒星
C.我们看到的太阳视平面是太阳的色球层
D.太阳黑子是太阳表层上的黑色固体物质

6.关于氢氧化钠的说法错误的是(　　)。
A.氢氧化钠俗称烧碱,具有强烈腐蚀性
B.氢氧化钠是一种白色固体,易溶于水,溶解时放出大量的热
C.氢氧化钠敞放在空气中,会吸收水分而潮解
D.衣服或皮肤上沾上了氢氧化钠溶液,应立即用大量的水冲洗,再用稀碳酸钠溶液冲洗

7.关于甲烷的说法不正确的是(　　)。
A.甲烷是最简单的有机物
B.天然气的主要成分就是甲烷
C.甲烷易燃,和空气混合后点燃可能发生爆炸
D.甲烷是一种无色无味的气体,比空气重,易溶于水

8.关于儿童玩教具制作的说法错误的是(　　)。
A.根据教学内容的需要设计与制作玩教具
B.根据教师的喜好设计与制作玩教具
C.根据手头现有材料设计与制作玩教具
D.根据多渠道开发幼儿智力的原则,设计与制作多功能玩教具

9.关于细胞成分的说法不正确的是(　　)。
A.构成细胞的物质都是有机物
B.大多数无机盐在细胞中都是以离子的形式存在
C.糖类的作用是给生物体的生命活动提供主要能源
D.核酸是一切生物的遗传物质

10.在生命起源的化学进化过程中,最复杂和最有决定意义的阶段是(　　)。
A.从无机小分子物质生成有机小分子物质
B.从有机小分子物质形成有机高分子物质
C.从有机高分子物质组成多分子体系
D.从多分子体系演变为原始生命

二、判断题(每小题3分,共24分)

1.两物体从同一高度做自由落体运动,质量大的物体先到达底部。(　　)
2.物体的加速度大,说明物体的速度变化很快。(　　)
3.推桌子时,只要用了力,就对桌子做了功。(　　)
4.5等星比4等星要亮。(　　)
5.氯化铵(NH_4Cl)属于盐,所以它的水溶液呈中性。(　　)
6.动物血液中的血糖属于单糖。(　　)

7.动物的生长激素是由脑垂体分泌的,它对动物的生长有重要的作用。（　　）

8.生物多样性的保护最有效的措施是把生物迁到适合生存的环境中去。（　　）

三、综合题(共 10 分)

试述糖的分类、概念及其主要代表物。

自然科学模拟测试题

(三)

(总分:64 分　考试时间:40 分钟)

一、选择题(每小题 3 分,共 30 分)

1.力的三要素指的是(　　)。

A.大小、方向、性质　　B.性质、方向、效果

C.大小、方向、作用点　　D.种类、效果、大小

2.下面关于避免触电事故说法错误的是(　　)。

A.不接触低压带电体,更不准靠近高压带电体

B.湿的手不能接触带电体

C.经常检查,及时维修电气设备

D.为了方便,家用三脚插座中的接地线可以不接

3.人站在行驶的公共汽车内,汽车突然刹车,人向前倾倒的原因是(　　)。

A.汽车有惯性,所以人向前倒

B.汽车刹车时,使人受到一个向前的力,所以人就向前倒

C.人有惯性,汽车刹车,人的脚停止运动,上身保持原有向前运动状态,所以人向前倒

D.人受到惯性力的作用,所以会向前倾倒

4.下列说法正确的是(　　)。

A.两个相互接触的物体之间一定存在弹力

B.弹力的大小跟物体的质量成正比

C.弹簧可以产生弹力,玻璃不可以产生弹力

D.弹力的大小跟形变的程度有关

5.下列说法正确的是(　　)。

A.两个相互接触的物体一定存在或大或小的摩擦力

B.轮胎表面的花纹是为了增大摩擦力

C.皮带运输机是利用了滑动摩擦力

D.滚动轴承加润滑油是为了增大摩擦力

6.下列说法正确的是(　　)。

A.太阳是宇宙空间中最大的恒星

B.太阳具有强大的自我修复功能,它将永不熄灭

C.太阳的光和热来自它自身的燃烧

D.太阳光到达地球需要 12 h

7.下列关于酸说法错误的是(　　)。

A.胃酸实际上是一种极稀的盐酸

B.蚊子咬人后会在皮肤上留下一种乙酸

C.食用醋的成分是乙酸

D.二氧化碳溶于水可以生成碳酸

8.关于糖下列说法错误的是(　　)。

A.葡萄糖是重要的单糖　　B.蔗糖是单糖

C.淀粉是多糖　　D.纤维素也是糖

9.关于同化作用和异化作用,下列说法错误的是(　　)。

A.同化作用与异化作用都属于新陈代谢

B.同化作用是吸收营养,形成有机物和贮存能量的过程

C.异化作用是生物的分解代谢,并释放能量的过程

D.只有高等生物才同时具有同化作用与异化作用

10.下列关于物种的保护错误的是(　　)。

A.应该遵循自然规律,不人为参与物种的保护

B.保护珍稀物种可以采取就地保护和迁地保护

C.生物的多样性对人类的科学研究具有重要的意义

D.生物的多样性保护需要不断完善法律制度

二、判断题(每小题 3 分,共 24 分)

1.自然界中存在两种电荷,同种电荷相互吸引,异种电荷相互排斥。(　　)

2.日常家用电的电压值是 220 V,安全电压是指 36 V 以下的电压。(　　)

3.小明围绕 400 m 操场跑了两圈又回到原点,他发生的位移和路程都是 400 m。(　　)

4.常用于自来水消毒的一种物质是液态氯。(　　)

5.小苏打是一种常用于制作馒头的膨松剂。(　　)

6.绿色植物进行光合作用的器官是叶绿体,光合作用可以生成有机物,并释放出氧气。(　　)

7.动物细胞与植物细胞共同的结构有细胞膜、细胞质和细胞核。(　　)

8.地球上的昼夜更替是因为太阳绕地球的转动而形成的;地球上的四季轮回是因为地球绕太阳的转动而形成的。(　　)

三、综合题(共 10 分)

简述日常生活中安全用电要注意哪些方面。

自然科学模拟测试题

(四)

(总分:64 分　考试时间:40 分钟)

一、选择题(每小题 3 分,共 30 分)

1.坐在电梯里的乘客看见高楼楼顶在向上运动,他所选择的参照物是(　　)。

A.高楼　　B.地面　　C.电梯　　D.路灯

2.飞机降落后在机场道路上滑行,与起飞升空时比较,它的惯性变小了,原因是(　　)。

A.运动速度变小了　　B.高度降低了

C.质量变小了　　D.阻力变大了

3.竖直向下 120 N 的力分解为两个分力,使其中一个分力在水平方向上为 160 N,则另一个分力的大小为(　　)。

A.120 N　　B.150 N　　C.160 N　　D.200 N

4.某同学安装电路时,想用一个开关同时控制两盏电灯的发光和熄灭,下列各种设计方法中正确的是(　　)。

A.只能将两盏灯并联　　B.只能将两盏灯串联

C.两盏灯可以串联,也可以并联　　D.以上说法都不正确

5.从能量转化的角度来看,下列说法错误的是(　　)。

A.电风扇工作时将电能转化为机械能

B.蓄电池充电时将化学能转化为电能

C.发电机工作时将机械能转化电能

D.电热水壶工作时电能转化为热能

6.21 世纪人类除了要再次登上月球开发之外,最感兴趣的星球是(　　)。

A.水星　　B.金星　　C.土星　　D.火星

7.太阳黑子位于太阳大气的(　　)。

A.光球层　　B.色球层　　C.日冕　　D.对流层

8.只用紫色石蕊试液能将下列各组溶液区分开来的是(　　)。

A.$NaCl$、$NaNO_3$　　B.$NaOH$、KOH　　C.HCl、$NaCl$　　D.HCl、H_2SO_4

9.含有硫酸根离子的盐称为硫酸盐,下列物质属于硫酸盐的是(　　)。

A.H_2SO_4　　B.Na_2S　　C.K_2SO_4　　D.SO_2

10.下列所举实例中,不是生物性状的是(　　)。

A.羊体表长毛　　B.家猪头小,野猪头大

C.鱼生活在水中　　D.黄瓜有的刺多,有的刺少

二、判断题(每小题 3 分,共 24 分)

1.感冒不属于遗传病。 (　　)

2.“种瓜得瓜,种豆得豆”反映了生物的遗传现象。 (　　)

3.一个力只有在知道两个分力的大小时,才能分解为一对分力。 (　　)

4.地球最高点是珠穆朗玛峰,最低点是马里亚纳海沟。 (　　)

5.磁感线是从磁体的南极出发回到北极。 (　　)

6.植物细胞特有的细胞器是细胞壁和叶绿体。 (　　)

7.对生物多样性的保护最有效的措施是迁地保护。 (　　)

8.幼儿科学教育活动设计的首要原则是趣味性。 (　　)

三、综合题(每小题 10 分,共 10 分)

鸡蛋是我们生活常见的营养食物,除了供我们食用外,还可以用蛋壳做成很多工艺品供人们欣赏,请以“辨认生熟鸡蛋”为主题,设计一份大班幼儿科学活动教案。

自然科学模拟测试题

(五)

(总分:64 分　考试时间:40 分钟)

一、选择题(每小题 3 分,共 30 分)

1.由高处的某一点开始 ,甲物体先做自由落体运动,乙物体以相同的高度后做自由落体运动,以乙为参考系,甲的运动情况(　　)。

A.相对静止　　B.向下做匀速直线运动

C.向下做匀加速直线运动　　D.向下做自由落体运动

2.我们所说的“旭日东升”是以(　　)为参照物的。

A.太阳　　B.月亮　　C.地面　　D.云

3.有两个力,一个是 20 N,一个是 10 N,它们合力的最大值是(　　)。

A.15 N　　B.20 N　　C.25 N　　D.30 N

4.一个标有“220 V 40 W”的电热水袋,在额定功率下使用,每分钟产生(　　)的热量。

A.1 500 J　　B.2 400 J　　C.1 700 J　　D.1 800 J

5.关于安全用电,下列说法正确的是(　　)。

A.可以在有绝缘皮的电线上晾衣服

B.线路中的保险丝断了可以用铜丝代替

C.发现有人触电了,应立即去把触电者拉开

D.家用电器的金属外壳必须接地

6.关于功和能的联系与区别,下列说法正确的是(　　)。

A.功包含动能和势能,它们具有相同的单位

B.功就是能,它们具有相同的单位

C.功是能的量度,它们具有相同的单位

D.功是能量转化的量度,它们具有相同的单位

7."天狗吃日"指的是(　　)这一天文事件。

A.日食　　B.月食　　C.上弦月　　D.下弦月

8.下列既能和酸反应又能和碱反应的物质是(　　)。

A.HCl　　B.NaOH　　C.$Al(OH)_3$　　D.H_2SO_4

9.下列不属于单糖的物质是(　　)。

A.葡萄糖　　B.麦芽糖　　C.果糖　　D.核糖

10.进行光合作用的主要场所是(　　)。

A.核糖体　　B.线粒体　　C.叶绿体　　D.中心体

二、判断题(每小题3分,共24分)

1.以卵击石,石头没有明显变化而鸡蛋破了,是因为鸡蛋对石头的作用力小于石头对鸡蛋的作用力。(　　)

2.避雷针能避雷利用的是尖端放电原理。(　　)

3.白天黑夜的交替变换是由于地球的公转。(　　)

4.厨师炒菜时喜欢加入醋和酒,实际上利用的是醇和酸的酯化反应。(　　)

5.活动蛇玩具是利用曲轴原理制作而成的。(　　)

6.为了有效杀灭细菌,把餐具在沸水中煮15 min以上,可以到达消毒的目的。(　　)

7.红绿色盲是伴性遗传病,一般情况下 ,红绿色盲的患者中女孩多于男孩。(　　)

8.葡萄糖和麦芽糖都是低聚糖,而果糖和蔗糖都是单糖。(　　)

三、综合题(共10分)

在生活中,孩子们特别有爱心,喜欢小动物、观察小动物,甚至饲养小动物。请以"可爱的小动物"为主题,设计一份中班科学教育活动案例。

自然科学模拟测试题

(六)

(总分:64分　考试时间:40分钟)

一、选择题(每小题3分,共30分)

1.歌词"月亮走我也走"是以(　　)为参照物。

A.月亮　　B.地面　　C.我　　D.浮云

2.一物体做变速运动,全程 48 m,前一半路程用 12 s,后一半路程用 8 s,则全程平均速度为(　　)m/s。

A.2　　B.3　　C.2.4　　D.3.4

3.一根均匀的铜导线,其电阻为 2 Ω,当加在它两端上的电压增加了一倍时,它的电阻为(　　)。

A.4 Ω　　B.1 Ω　　C.2 Ω　　D.0.5 Ω

4.以下几种发电方式,属于利用机械能转化为电能的是(　　)。

A.火力发电　　B.水力发电　　C.太阳能发电　　D.核能发电

5.大年三十的晚上,一定看不到的是(　　)。

A.月亮　　B.星星　　C.行星　　D.月亮和星星

6.鸡蛋壳的主要成分是(　　)。

A.NaCl　　B.$CaCl_2$　　C.Na_2CO_3　　D.$CaCO_3$

7.下列酒类中,乙醇含量最低的是(　　)。

A.白酒　　B.啤酒　　C.黄酒　　D.葡萄酒

8.组成 DNA 碱基的种类有(　　)。

A.2 种　　B.3 种　　C.4 种　　D.5 种

9.下列哪项不属于幼儿科学教育活动的主要设计原则?(　　)

A.安全性　　B.趣味性　　C.独立性　　D.参与性

10.下列标志中表示“当心触电”的是(　　)。

A

B

C

D

二、判断题(每小题 3 分,共 24 分)

1.拔河比赛中,甲组把绳子匀速拉过去,说明甲组对绳子的拉力大于乙组对绳子的拉力。(　　)

2.有人触电或电气着火时,正确的做法是先切断电源,再进行施救。(　　)

3.做功的过程就是物体能量转化的过程。(　　)

4.发生日食时,三个天体的正确位置关系:太阳、月球、地球。(　　)

5.氯化铵是由强酸和弱碱中和生成的盐,所以水溶液显酸性。(　　)

6.如 $Al(OH)_3$ 或 $Zn(OH)_2$ 一样,既能跟酸反应又能跟碱起反应,都生成盐和水,这类氢氧化物叫作两性氢氧化物。(　　)

7.煤气就是天然气,主要成分是甲烷。(　　)

8.生物多样性包括物种的多样性、食物的多样性和生态系统的多样性。(　　)

三、综合题(共 10 分)

中班幼儿对身边的事物有着敏锐的观察力,请以“有趣的脚印”为内容,按照活动目标、活动准备、活动过程的模式设计一份幼儿科学教育活动案例。

自然科学模拟测试题
（七）

（总分:64 分　考试时间:40 分钟）

一、选择题(每小题 3 分,共 30 分)

1.李恒同学乘坐公共汽车回家,汽车前行速度为 50 km/h,看到公路两旁的绿化树都在往后退,觉得很奇怪,请问李恒同学是以(　　)为参照物。

A.行驶的汽车　　B.绿化树　　C.公路上的行人　　D.以上都不对

2.小王同学乘坐公共汽车从黔江到重庆,汽车从黔江出发以 60 km/h 的速度行驶 2 h 到达武隆,到武隆后以 80 km/h 的速度行驶 2 h 到达重庆,小王此次旅程的平均速度是(　　)。

A.60 km/h　　B.80 km/h　　C.70 km/h　　D.75 km/h

3.以下运动中,属于匀加速直线运动的是(　　)。

A.平抛运动　　B.山路上行驶的汽车

C.自由落体运动　　D.行驶中的火车

4.以下不属于电功的单位是(　　)。

A.度　　B.千瓦时　　C.焦耳　　D.瓦特

5.下列天体中,属于恒星的是(　　)。

A.月球　　B.太阳　　C.地球　　D.海王星

6.小苏打的化学式是(　　)。

A.$NH_3 \cdot H_2O$　　B.Na_2CO_3　　C.$NaHCO_3$　　D.$CaCO_3$

7.胃酸过多可以服用(　　)药物。

A.氨水　　B.碳酸氢钠或氢氧化铝

C.氢氧化钠　　D.葡萄糖

8.医用酒精中乙醇的含量是(　　)。

A.100%　　B.75%　　C.99.5%　　D.60%

9.以下属于节约用电的是(　　)。

A.夏天使用空调时,将温度调到最低

B.坐飞机时,不必将手机关机

C.出教室随手关灯

D.以上都不对

10.以下不属于动物细胞结构的是(　　)。

A.细胞壁　　B.细胞膜　　C.细胞核　　D.细胞质

二、判断题(每小题 3 分,共 24 分)

1.太阳系中离太阳最近的是火星。 (　　)

2.不倒翁是利用稳定平衡原理做成的玩具。 (　　)

3.在并联电路中,电阻大的两端电压高。 (　　)

4.发现有人低压触电,应先拨打 120 求救,再断开电源。 (　　)

5.木糖醇是糖尿病人的代糖品。 (　　)

6.两个力的合力是唯一的,而且一个力的分力也是唯一的。 (　　)

7.因为盐具有咸味,所以 NaCl 具有咸味。 (　　)

8.幼儿教师只能根据家长以及幼儿的喜好来设计和制作玩教具。 (　　)

三、综合题(共 10 分)

生长素的生理作用有哪些?

自然科学模拟测试题

(八)

(总分:64 分　考试时间:40 分钟)

一、选择题(每小题 3 分,共 30 分)

1.坐在直升机上的驾驶员看见旁边高楼在向上运动,若以地面为参照物,直升机(　　)。

A.向下运动　　B.向上运动　　C.静止不动　　D.水平运动

2.一个标有"220 V,45 W"的灯泡,正常工作时电流大约是(　　)。

A.0.4 A　　B.0.6 A　　C.1 A　　D.0.2 A

3.下列能量的转化中,属于机械能转化为内能的是(　　)。

A.点燃爆竹,爆竹腾空而起　　B.汽车紧急刹车,轮胎发热

C.给生石灰加水,温度升高　　D.给电炉通电,电炉发热

4.在太阳系中属于卫星的是(　　)。

A.金星　　B.太阳　　C.地球　　D.月球

5.发生日食时,日、地、月三者的位置关系是(　　)。

A.太阳—地球—月球　　B.地球—太阳—月球

C.月球—太阳—地球　　D.太阳—月球—地球

6.下列各组中的化学式、俗名与化学名称均一致的是(　　)。

A.CaO　熟石灰　氧化钙　　B.$Ca(OH)_2$　生石灰　氢氧化钙

C.HCl　盐酸　氢氯酸　　D.$NaOH$　纯碱　氢氧化钠

7.某种溶液的 pH 值为 12,滴入紫色的石蕊试液,将变成(　　)。

A.紫色　　B.蓝色　　C.红色　　D.黄色

8.下列哪个结构是植物细胞特有而动物细胞没有的?(　　)

A.细胞膜　　B.细胞质　　C.细胞壁　　D.细胞核

9.食用醋的主要成分是乙酸,其分子式为(　　)。

A.CH_3COOH　　B.HCl　　C.HNO_3　　D.H_2SO_4

10.幼儿园教学活动的方法不包括(　　)。

A.教学内容　　B.教学方法　　C.教学环境　　D.教学手段

二、判断题(每小题 3 分,共 24 分)

1.放在桌子上的杯子一动不动,因此一切物体都在运动的说法是错误的。(　　)

2.重的物体下落得快,轻的物体下落得慢。(　　)

3.电阻跟电压成正比,跟电流成反比。(　　)

4.月相的变化是因为月球的自转引起的。(　　)

5.铜能跟稀硫酸发生置换反应而生成 H_2。(　　)

6.植物进行光合作用的场所是线粒体。(　　)

7.牛羊都可以在草原上生活,牛羊之间属于共生关系。(　　)

8.幼儿园一切教学活动必须以促进幼儿发展为目的。(　　)

三、综合题(共 10 分)

请举例说明生物因素包含哪些内容。

自然科学模拟测试题

(九)

(总分:64 分　考试时间:40 分钟)

一、选择题(每小题 3 分,共 30 分)

1.骑自行车的人看到路边的树向后退,他选的参照物是(　　)。

A.地面　　B.自行车　　C.树　　D.房屋

2.下列几个物体中,惯性最大的是(　　)。

A.比赛中的滑雪运动员　　B.静止在路边的小汽车

C.开枪射出去的子弹　　D.飘浮在空中的玩具气球

3.一根导体的电阻值为 R,若将其从中间对折合成一根新导线,则阻值为(　　)。

A.$R/4$　　B.$R/2$　　C.R　　D.$2R$

4.一辆货车的质量为 M,行驶速度为 V,当它装上质量为 $2M$ 的货物后,继续以原有速度行驶,其动能为原来的(　　)。

A.相等　　B.2 倍　　C.3 倍　　D.4 倍

5.下列气体中无色、有臭味、有毒的是(　　)。

A.CO　　B.CO_2　　C.NH_3　　D.H_2S

6.下列不属于天然高分子有机化合物的是(　　)。

A.蛋白质　　B.淀粉　　C.纤维素　　D.脂肪

7.细胞内把氨基酸合成为蛋白质的场所,又被比喻为蛋白质的“装配机器”指的是(　　)。

A.叶绿体　　B.核糖体　　C.线粒体　　D.中心体

8.种土豆时,切下来的土豆块上的每个芽点能长出一个小芽然后长成新的植株,这是(　　)。

A.出芽生殖　　B.营养生殖　　C.配子生殖　　D.孢子生殖

9.地球的形状确切地说是(　　)。

A.球形　　B.椭球体　　C.梨状体　　D.苹果形

10.太阳大气由三个圈层组成,底层是(　　)。

A.光球　　B.色球　　C.日冕　　D.太阳风

二、判断题(每小题 3 分,共 24 分)

1.人推车运动时,人对车有力的作用;当人对车停止用力后,车会慢慢停下来,这证明了“力是使物体运动的原因”。(　　)

2.避雷针是利用“尖端放电”原理,使雷电远离建筑物而达到保护作用。(　　)

3.汽车刹车后停止下来,说明其能量消失了。(　　)

4.明矾等可溶性铝盐可以作为净水剂,是因为电离出的铝离子具有杀菌作用。(　　)

5.炒菜不刷锅,不仅会影响下一锅菜的口味,而且对健康不利。(　　)

6.染色质和染色体是同一种物质在不同时期细胞中的两种形态。(　　)

7.根霉的直立菌丝顶端能产生很多孢子,这些孢子落在适宜的环境里就能发育成新的根霉,这个孢子就是种子。(　　)

8.日食分为日全食、日环食、日偏食三种。(　　)

三、综合题(共 10 分)

活动设计:以“谁是我们的朋友”为题,设计一个中班科学活动教案,帮助幼儿认识益虫和害虫。

自然科学模拟测试题

(十)

(总分:64 分　考试时间:40 分钟)

一、选择题(每小题 3 分,共 30 分)

1.歌词“月亮在白莲花般的云朵里穿行”中,描述的是月亮在运动的状态,是以(　　)为参照物的。

A.月亮　B.云朵　C.白莲花　D.天空

2.分力 $F_1=8$ N,$F_2=12$ N,它们的合力的大小不可能是(　　)。

A.20 N　B.28 N　C.15 N　D.4 N

3.导体中的电流跟加在导体两端的电压成正比,跟导体的电阻成反比,这是(　　)。

A.牛顿第一定律　B.欧姆定律　C.库仑定律　D.安培定则

4.在地球上不可能观察到的天象是(　　)。

A.日偏食　B.日环食　C.月偏食　D.月环食

5.下列化合物中,不属于有机物的是(　　)。

A.淀粉　B.棉花　C.苏打　D.大米

6.在医学上可以用来治疗胃酸过多症的是(　　)化合物。

A.碳酸钠　B.碳酸氢钠　C.氢氧化钠　D.稀盐酸

7.柿饼上的“白霜”是(　　)。

A.单糖　B.低聚糖　C.多糖　D.二糖

8.下列种间关系中属于共生的是(　　)。

A.虱子　B.蛔虫　C.地衣　D.虫草

9.某用电器的电阻是 4 Ω,通过它的电流是 5 A,则该用电器的功率是(　　)。

A.100 W　B.80 W　C.20 W　D.12 W

10.下列不属于环境对生物的影响中非生物因素的是(　　)。

A.矿物质　B.阳光　C.温度　D.水

二、判断题(每小题 3 分,共 24 分)

1.溴易挥发,但不具有升华现象。(　　)

2.竹节虫的形状像竹节或是树枝,这是竹节虫在面对天敌时的保护色。(　　)

3.我们在体育课上推铅球时,理论上的最佳抛掷角度是 45 度。(　　)

4.自由摆动的秋千,摆动的幅度越来越小,是因为能量在逐渐消失。(　　)

5.所有物体的重心都在物体的中心上。(　　)

6.凡是植物都能进行光合作用。(　　)

7.离地球最近的两颗恒星是太阳和月球。(　　)

8.细菌和变形虫都是进行分裂生殖的。(　　)

三、综合题(共10分)

简述金属的防护有哪些。

自然科学模拟测试题

(十一)

(总分:64分　考试时间:40分钟)

一、选择题(每小题3分,共30分)

1.大人拉小孩,小孩被匀速地拉过去,说法正确的是(　　)。

A.大人对小孩的拉力大于小孩对大人的力

B.大人对小孩的拉力小于小孩对大人的力

C.大人对小孩的拉力等于小孩对大人的力

D.以上三种情况都可能存在

2.太阳是一颗(　　)。

A.恒星　　B.行星　　C.卫星　　D.彗星

3.电阻R_1、R_2并联在电路中,已知$R_1=20\ \Omega$、$R_2=10\ \Omega$,通过R_1的电流为2 A,则通过R_2的电流是(　　)。

A.2 A　　B.1.5 A　　C.4 A　　D.5 A

4.在下列哪种情况中,物体处于超重状态?(　　)

A.匀速上升　　B.匀加速下降　　C.匀减速下降　　D.匀减速上升

5.下列物质水溶液呈碱性的是(　　)。

A.蔗糖　　B.氯化钠　　C.碳酸钠　　D.硫酸钠

6.鸡蛋壳的主要成分是(　　)。

A.$NaCl$　　B.$CaCl_2$　　C.Na_2CO_3　　D.$CaCO_3$

7.在准备幼儿科学教育活动设计之前,应首先确定(　　)。

A.教育内容　　B.教育形式　　C.教育方法　　D.教育目标

8.尺蠖的形态像树枝,是为保护自身不受侵害,这是昆虫的(　　)。

A.保护色　　B.警戒色　　C.拟态　　D.A、B、C都可以

9.在太阳的九大行星中最亮的一颗是(　　)。

A.水星　　B.金星　　C.木星　　D.火星

10.有关蛋白质的说法不正确的是(　　)。

A.蛋白质的盐析是可逆的

B.蛋白质的变性是可逆的

C.蛋白质是有机物

D.蛋白质广泛存在于生物体内,是组成细胞的基础物质

二、判断题(每小题 3 分,共 24 分)

1.在工作和生活中,常用硫粉来处理散落的汞滴。 (　　)

2.人的色盲遗传、血友病遗传都不属于伴性遗传。 (　　)

3.布朗运动是微粒的运动,但是它的无规则运动是液体分子无规则运动的反映。 (　　)

4.有机物都含有碳元素。 (　　)

5.将标有"220 V、60 W"和"220 V、40 W"的两只灯泡,串联在 220 V 的电压上,则 60 W的灯泡比 40 W 的灯泡要亮。 (　　)

6.平时我们用肉眼看到的太阳平面,是太阳的色球层。 (　　)

7.物体的速度越大,惯性也就越大。 (　　)

8.钢铁在潮湿的空气中容易腐蚀,是通过原电池反应而发生电化学腐蚀。 (　　)

三、综合题(共 10 分)

什么叫作新陈代谢? 新陈代谢过程有哪两个方面? 绿色植物在生命活动的过程中有哪几种代谢?

参考文献

[1] 毕毓俊.自然科学基础知识[M].北京:高等教育出版社,2005.

[2] 毕毓俊.自然科学基础知识练习与指导[M].北京:高等教育出版社,2005.

[3] 阎伦亮.题根:初中物理[M].上海:华东师范大学出版社,2014.

[4] 人民教育出版社物理室.物理学 · 试用本(第一册)[M].北京:人民教育出版社,1998.

[5] 黄果.对口升学考试教育类专业冲刺模拟试卷[M].重庆:重庆大学出版社,2019.

[6] 中华人民共和国教育部.中等职业学校物理课程标准(2020 年版)[M].北京:高等教育出版社,2020.

[7] 中华人民共和国教育部.中等职业学校化学课程标准(2020 年版)[M].北京:高等教育出版社,2020.